DEVOCIONAL

DECLARA

Bendición

SOBRE TU DÍA

CINDY TRIMM

CASA
CREACIÓN

Para vivir la Palabra

Para vivir la Palabra

MANTÉNGANSE ALERTA;
PERMANEZCAN FIRMES EN LA FE;
SEAN VALIENTES Y FUERTES.
—1 CORINTIOS 16:13 (NVI)

Devocional Declara bendición sobre tu día por Cindy Trimm
Publicado por Casa Creación
Miami, Florida
www.casacreacion.com
©2014, 2021 Derechos reservados

Library of Congress Control Number: 2013952672
ISBN: 978-1-62136-504-4
E-book ISBN: 978-1-62136-505-1

Desarrollo editorial: *Grupo Nivel Uno, Inc.*
Apatación de diseño interior y portada: *Grupo Nivel Uno, Inc.*

Publicado originalmente en inglés bajo el título:
Commanding Your Morning Daily Devotional
Publicado por Charisma House,
Charisma Media/Charisma House Book Group
Copyright © 2014 Cindy Trimm
Todos los derechos reservados.

Nota de la editorial: Aunque el autor hizo todo lo posible por proveer teléfonos y páginas de internet correctos al momento de la publicación de este libro, ni la editorial ni el autor se responsabilizan por errores o cambios que puedan surgir luego de haberse publicado.

Impreso en Colombia

21 22 23 24 25 LBS 9 8 7 6 5 4 3 2 1

Este es el comienzo de un nuevo día.

Este día te ha sido dado para que lo uses como quieras.

Tú puedes malgastarlo o usarlo para bien.

Lo que hagas hoy es importante

Porque a cambio estarás dando un día de tu vida.

Cuando llegue mañana, este día se habrá ido para siempre.

En su lugar estará algo que habrás dejado atrás...

Haz que sea algo bueno.

—Autor desconocido

Introducción

MUCHAS PERSONAS SE sienten impotentes para controlar sus vidas y circunstancias. Saben que no van a obtener todo lo que suponen que deben lograr de la vida, pero no pueden imaginarse por qué. No se dan cuenta de que la vida no está sujeta al azar. No tiene por qué ser un misterio, y no tenemos por qué ser impotentes para cambiar la dirección a donde nos dirigimos. Si no estamos experimentando el éxito y la prosperidad divinos, podemos hacer algo al respecto.

En este devocional diario, se te provee una estrategia de oración que yo llamo "ordenarle a tu mañana". Antes de cada gran evento del Reino demostrado por Jesús, la Biblia indica que Él estuvo a solas con Dios y pasó un tiempo en oración. Durante esos tiempos, Jesús estaba estableciendo la agenda de Dios en la esfera terrenal y descargaba victoria, éxito y prosperidad en su día, a la vez que desalojaba el mal. Él le estaba ordenando a la mañana y tomando autoridad sobre su día.

Ordenar significa:

- ✦ Instruir
- ✦ Dictar
- ✦ Ejercer autoridad
- ✦ Dominar y conquistar

- Controlar
- Dar órdenes a
- Exigir recibir lo que se te debe
- Regir
- Decretar
- Supervisar
- Vigilar
- Dirigir
- Administrar
- Regular

No olvides este principio. El poder para cambiar está en tu boca. El poder para la prosperidad está en tu boca. El poder para la salud y la curación está en tu boca. El poder para ser exitoso en el ministerio, el matrimonio, los negocios, las relaciones o lo que necesites ¡está en tu boca! Dios tiene un plan para tu mundo personal, pero depende de ti cumplirlo comenzando por tomar el control de tu mente y de tu boca. Debes llenar tus pensamientos y palabras de luz y verdad. Definimos nuestras vidas por nuestras palabras y pensamientos.

Cuando ordenas a tu mañana, jalas el éxito desde la esfera espiritual a tu día. Cuando ordenas a tu mañana, le das a tu realidad asignaciones divinas. Debes estar dispuesto a declarar y establecer hoy en la esfera espiritual lo que mañana quieres ver manifestado.

En este contexto, mañana no se refiere únicamente a las horas registradas en la cara de un reloj, sino al período que media hasta que las circunstancias sucedan. No debes esperar a enfermarte o experimentar pérdidas financieras o la caída en picada de las relaciones matrimoniales antes de ubicarte y posicionarte a ti mismo orando. Hay muchas situaciones que pueden ser prohibidas en tu vida mediante la oración preventiva.

En el Nuevo Testamento vemos la oración estratégica específica que Jesús empleó para ordenar sus mañanas. Veamos Mateo 14:23–32:

> Despedida la multitud, subió al monte a orar aparte; y cuando llegó la noche, estaba allí solo. Y ya la barca estaba en medio del mar, azotada por las olas; porque el viento era contrario. Mas a la cuarta vigilia de la noche, Jesús vino a ellos andando sobre el mar. Y los discípulos, viéndole andar sobre el mar, se turbaron, diciendo: ¡Un fantasma! Y dieron voces de miedo. Pero en seguida Jesús les habló, diciendo: ¡Tened ánimo; yo soy, no temáis! Entonces le respondió Pedro, y dijo: Señor, si eres tú, manda que yo vaya a ti sobre las aguas. Y él dijo: Ven. Y descendiendo Pedro de la barca, andaba sobre las aguas para ir a Jesús. Pero al ver el fuerte viento, tuvo miedo; y comenzando a hundirse, dio voces, diciendo: ¡Señor, sálvame! Al momento Jesús, extendiendo la mano, asió de él, y le dijo: ¡Hombre de poca fe! ¿Por qué dudaste? Y cuando ellos subieron en la barca, se calmó el viento.

Mucho antes de que el enemigo se manifestara creando una tormenta, Jesús había programado vida, prosperidad y éxito en su día y en la vida de sus discípulos. El diablo no podía matarlos o hacer que fallaran. Aunque se encontraron con circunstancias frustrantes, prevalecieron porque Jesús ya había preparado el camino para su éxito con sus oraciones.

Este principio se encuentra también en el Antiguo Testamento. Job 38:12–13 revela una conversación que Dios tuvo con Job. Él hizo una serie de preguntas que exponen el principio de ordenar la mañana:

> ¿Alguna vez en tu vida has dado órdenes
> de que salga la aurora y amanezca el día?
> ¿Y de que la luz se difunda por la tierra
> y los malvados vayan a esconderse? (DHH)

Cuando entiendes y aplicas esta estrategia de oración de ordenarle a tu mañana, literalmente, empiezas a experimentar lo que yo llamo el éxito "de la noche a la mañana". Cuando digo "de la noche a la mañana", me refiero una vez más el poder de la palabra hablada en relación con el eterno plan de Dios para tu vida y tu postura de oración en relación con la puesta en marcha de estos planes. Lo que decretas por la noche antes de irte a la cama y sigues declarando cuando te levantas por la mañana mantendrá la esfera espiritual activa durante toda la noche, ¡mientras tú duermes el sueño tranquilo de los justos! Vas a empezar tu día con poder y acabarlo con bendición. Recuerda, cuando nos referimos a días, noches, a las estaciones, no nos referimos al tiempo en un reloj o un día en un calendario, nos referimos al tiempo del Señor, que no requiere ni reloj ni calendario. Su tiempo de bendición es

ahora, en el momento presente, y es regulado por simples y continuos actos de obediencia (Deuteronomio 28:1–2).

Cuando empleas esta estrategia, activas el dispositivo de las veinticuatro horas de unción, una unción que trae todos los elementos que rodean tu vida a alinearse con el propósito de Dios para ti. Esta unción te lleva a una especie de masa crítica profética. Un ejemplo de esto sería la vida de José. Una noche, después de un largo período de cautiverio, José se fue a la cama como un delincuente, y despertó posicionado para ser primer ministro. Todos los elementos de su vida colisionaron con propósito y explotaron en una masa crítica profética. No había nada ni nadie que pudiera detener su inminente éxito y prosperidad. Cuando le ordenas a tu mañana, nada ni nadie puede impedir, alterar o abortar tu destino.

Utiliza este libro para dejar que Dios se siente a conversar contigo cada día y llene tu espíritu con su consejo y guía. Eso enriquecerá tu vida y te preparará para salir victorioso en cada circunstancia y situación que enfrentes. La Palabra de Dios "ya sea escrita u susurrada silenciosamente en tu espíritu", será todo lo que necesites para vivir una vida totalmente agradable a Él.

enero

El amanecer de nuevas posibilidades

Por eso, glorifiquen al Señor en el oriente; el nombre
del Señor, Dios de Israel, en las costas del mar.
—Isaías 24:15

Cada nuevo día con Dios trae un amanecer a nuevas y mejores posibilidades. Hoy puede llegar a ser el mejor día de tu vida, pero cómo termine depende en gran parte de cómo lo empieces. Eres responsable de tomar el control de tu día desde su mismo principio—cuando le ordenas a tu mañana—y mientras lo haces, sabes que lo que comienza con Dios tiene que terminar bien. No importa cuán buena o mala sea tu vida, cada circunstancia puede cambiar y mejorar si aprendes a ordenarle a tu mañana antes de que comience tu día.

Padre, me levanto y declaro que hoy es un nuevo día. Cada elemento de mi día colaborará con tu propósito y tu destino para mí. Le ordeno a cualquier persona o cosa asignada para debilitarme, frustrarme, lastimarme o serme de obstáculo que salga de mi esfera de influencia. Recibo el día de hoy con gran expectativa por las cosas buenas que preparaste para mí. En el nombre de Jesús, amén.

Llámalo a la existencia

Que exista…
—Génesis 1

Eones atrás, sin fanfarria ni audiencia, el poderoso Creador del universo habló. Su aseveración conforma las primeras palabras registradas. Dios pensó, luego dijo, y el universo vino a la existencia. Dios declaró lo que había visto en su mente cuando soñaba crear el universo, y cuando Él habló, la tierra, todos los planetas, el sol, la luna y las estrellas, así como cada planta, animal y la humanidad misma, aparecimos tal como Él nos había visto con el ojo de su mente. Dios habló, y de lo que parecía "nada" vino todo lo que existe en el universo físico.

Señor, tú hablaste y fue hecho, y pusiste el poder de la vida y de la muerte en mi lengua. Así que declararé vida sobre mi día. Que tu Espíritu Santo y su sabiduría, entendimiento y visión profética estén hoy sobre mí. Concédeme la capacidad de oír claramente cuando me des ideas creativas para ser más fructífero y productivo. Abre mis oídos y permite que tu Palabra me estimule hacia la rectitud, en el nombre de Jesús, amén.

Todo será revelado

[Dios] aclarará también lo oculto de las tinieblas, y
manifestará las intenciones de los corazones…
—1 Corintios 4:5, rv60

Todo en el universo comienza y gira alrededor de dos cosas: *palabras* y *pensamientos*. Nuestros pensamientos, intenciones, motivaciones y aspiraciones—ya sean considerados secretamente en el corazón, declarados abiertamente como deseos, o escritos formalmente como metas—moldean y forman nuestro universo personal en algo magnífico y hermoso o vil y espantoso. Lo que abrigues en los corredores más recónditos de tus pensamientos, tarde o temprano, se exteriorizará por medio de tus palabras o acciones. Lo que esté oculto finalmente saldrá a la luz. Como una semilla que por un tiempo está escondida bajo el suelo, finalmente saldrá a la superficie y su verdadera esencia será revelada.

Padre, me comprometo a llenar mi boca con tu Palabra.
Que renueve mi mente y me vuelva más parecido a ti. Erradica todo lo que haya en mi corazón que no se parezca a ti.
¡Hazme más como tú! Haz que mi voluntad obre en armonía con la tuya. Corto todo patrón de pensamiento malo
e inapropiado. Permite que las palabras de mi boca y la
meditación de mi corazón sean gratas delante de ti. En el
nombre de Jesús, amén.

DIOS TIENE TU ÉXITO

*Porque yo sé muy bien los planes que tengo para
ustedes afirma el SEÑOR, planes de bienestar y no de
calamidad, a fin de darles un futuro y una esperanza.*
—JEREMÍAS 29:11

La vida no tiene que ser un misterio para ti. No tienes que
andar a tientas por la vida, en la oscuridad, para encontrar el
camino correcto. Dios ya tiene tu éxito, tu prosperidad, y tu
plenitud planeadas para ti; solo tienes que seguir sus instrucciones para encontrarlo. Puedes asumir el control de tu vida
y experimentar la prosperidad y el éxito divino siguiendo las
indicaciones de Dios trazadas en su Palabra. Él tiene un plan
maravilloso para ti, y su plan para tu mundo personal depende de que primero tomes el control de tu mente y de tu boca.
Aprende a llenar tus pensamientos y tus palabras con luz y
verdad.

*Padre, gracias por tener tan buenos plantes para mí. Has
depositado en mí todo lo que necesito para cumplir tu propósito. Desato en este día la visión, dirección, creatividad e
inventiva que has colocado en mí. Sincroniza mi vida con
tu tiempo perfecto. Permite que en este día todo coopere con
tu plan y tu propósito. En el nombre de Jesús, amén.*

Vive en la luz

*Él nos libró del dominio de la oscuridad y nos
trasladó al reino de su amado Hijo.*
—Colosenses 1:13

La Biblia nos dice que podemos vivir en una esfera espiritual que se caracteriza por la felicidad, la vida investida de poder, éxito y prosperidad. Mediante una relación con Dios, somos milagrosamente transportados al Reino de la luz: una esfera que abre ilimitadas puertas de oportunidad, nos capacita para descubrir nuestro propósito divino, maximizar nuestro mejor potencial y experimentar abundancia infinita.

La luz no es solo ausencia de oscuridad, sino que también es la presencia de Dios que quiebra yugos, la liberadora esencia de la verdad, y el potencial de cada revelación de Dios para transformar la mente. Es todo lo que es bueno en nuestro interior y entre nosotros.

Padre, hazme aún más consciente de tu presencia en mi vida. No temeré los nuevos desafíos que se presenten hoy porque sé que tú estás conmigo. Tomas mi mano y me guías cuando no sé por dónde ir; cambias las tinieblas en luz y lo escabroso en llanura (Isaías 42:16). Eres merecedor de mi confianza total y pongo mi completa seguridad en ti. En el nombre de Jesús, amén.

Tienes todo lo que necesitas

Su divino poder, al darnos el conocimiento de aquel que nos llamó
por su propia gloria y potencia, nos ha concedido todas las cosas
que necesitamos para vivir como Dios manda. Así Dios nos ha
entregado sus preciosas y magníficas promesas para que ustedes,
luego de escapar de la corrupción que hay en el mundo debido a
los malos deseos, lleguen a tener parte en la naturaleza divina.
—2 Pedro 1:3–4

Dios ya nos ha dado todas las cosas que pertenecen a la vida
para que seamos participantes de la naturaleza divina. En este
equipamiento celestial se incluyen los pensamientos divinos y
las palabras inspiradas. Como ser espiritual creado a imagen
de Dios (Génesis 1:26), tus genes espirituales tienen el poder
creativo para formar tu mundo con los pensamientos y las palabras que piensas y hablas, que son herramientas divinas dadas
para tu uso creativo. Todo lo que eres, experimentas y logras
puede ser rastreado a cómo has utilizado estas dos simples,
pero poderosas herramientas: tus palabras y pensamientos.

Señor, la preparación le corresponde al hombre pero los
fines de la lengua te pertenecen a ti. Dame la lengua de los
sabios. Permite que mis palabras sean más que motivación;
que transporten vida. Abre mis ojos para que vea la revela-
ción profética en tu Palabra. Haz que pueda atravesar cual-
quier obstáculo que me impida recibir de ti. Que tu Palabra
renueve mi mente. Amén.

El poder de las palabras

Porque cual es su pensamiento en su corazón, tal es él.
—Proverbios 23:7, rv60

El poder de la palabra hablada es uno de los más grandes misterios de la vida. Todo lo que llegues a lograr o ser depende de cómo elijas gobernar lo que sale de tu boca. Lo que permites que ocupe tu mente y tu boca podrá bendecir tu vida y llevarte a grandes éxitos o hacerte girar alrededor de un mundo de fracaso, tristeza y descontento. Por eso el proverbio urge "Sobre todas las cosas cuida tu corazón, porque éste determina el rumbo de tu vida" (Proverbios 4:23, ntv). Jesús hizo lo mismo al declarar: "Pues lo que está en el corazón determina lo que uno dice. Una persona buena produce cosas buenas del tesoro de su buen corazón, y una persona mala produce cosas malas del tesoro de su mal corazón" (Mateo 12:34–35, ntv).

Señor, guarda mis labios y examina mi corazón. Pruébame y conoce mis pensamientos. Ve si hay en mí camino de perversidad y guíame en el camino eterno (Salmo 139:23–24). Si hay algo en mi vida que no te agrade, Padre, quítalo en el nombre de Jesús. Circuncida mi corazón y haz que mis deseos y mis palabras se alineen con los tuyos. En el nombre de Jesús, amén.

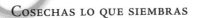

Cosechas lo que siembras

Porque sembraron viento, y torbellino segarán.
—Oseas 8:7, RV60

Lo que ocupa tu mente determina lo que finalmente llenará tu boca. Tu mundo exterior muestra todo lo que domina— y a veces subyuga—tu mundo interior. ¿Eres consciente del verdadero significado de las cosas que estás diciendo? Como señaló el profeta Oseas, cada uno de nosotros debe asumir la responsabilidad de lo que experimenta en la vida. Somos la suma total de todas las elecciones que hayamos hecho o permitido. Si no te gusta lo que eres, solo estás a un pensamiento de cambiar el rumbo hacia la vida que deseas.

Padre, hazme más consciente del poder de mis palabras. Declaro que mi época de frustración se acabó. Al guardar mi lengua, mi vida está cambiando para mejor. En el nombre de Jesús declaro que todo lo que hay en este tiempo para mí, deberá venir. Cada barrera invisible debe ser destruida. Declaro que soy un pionero profético. Estoy tomando nuevo territorio en lo espiritual, lo profesional y en las relaciones. Decreto y declaro que tú estás abriendo puertas que ningún hombre puede abrir, y que estoy avanzando en mi destino profético. En el nombre de Jesús, amén.

Domina tus pensamientos

*Pondré mis instrucciones en lo más profundo
de ellos, y las escribiré en su corazón.*
—Jeremías 31:33, ntv

Es primordial que domines tus pensamientos. Tamiza tus pensamientos. Filtra todo lo que no quieras ver aparecer en el futuro, y concéntrate en lo que verdaderamente deseas. Dios cableó tus pensamientos para que tengan poder y estés equipado para superar cualquier obstáculo. Él te formó para que crees, innoves, seas estratégico y tengas éxito; y solo para estar seguro, puso sus propios pensamientos y naturaleza divina dentro de ti. Conecta tu corazón con la suprema fuente de energía.

Señor, te rindo mis pensamientos a ti. Enséñame a amarte con todo mi corazón y toda mi mente. Me comprometo a poner mi afecto en las cosas de arriba y no en las de la tierra. Me limito cuando confío en mi propia sabiduría. Tus pensamientos y tus caminos son mucho más altos que los míos. Solo puedo honrarte con mis palabras si te permito que cambies mi mente. Así que te doy libertad para que cambies mi vida. Transforma mi pensamiento con tu Palabra. Declaro que no me apoyaré en mi propio entendimiento, por muy tentador que sea, sino que me atendré a tu verdad. En el nombre de Jesús, amén.

LA LEY DE CAUSA Y EFECTO

El que siembra escasamente, escasamente cosechará, y el
que siembra en abundancia, en abundancia cosechará.
—2 CORINTIOS 9:6

Como la ley de causa y efecto opera continuamente, siempre hay una causa interna para un efecto externo. Tu mundo exterior es el resultado directo de tu mundo interior. Cada circunstancia de tu vida es el resultado de una elección y cada elección es el resultado de un pensamiento. Todas esas cosas que llenan tu mente tienen las llaves de tu realidad. Tus pensamientos proveen el combustible para tus palabras, y tus palabras proveen el combustible para tu mundo.

Señor, de acuerdo con tu Palabra, declaro que mis pensamientos solo están gobernados por "todo lo que es verdadero, en todo lo que merece respeto, en todo lo que es justo y bueno" (Filipenses 4:8, TLA). No olvidaré tus caminos ni renunciaré a tu misericordia y verdad. Como resultado, mi día se llenará de paz y hallaré gracia y favor ante los ojos de Dios y de los hombres (Proverbios 3:1–4). En el nombre de Jesús, amén.

Vive una existencia espiritual

Esto es precisamente de lo que hablamos, no con las palabras que enseña la sabiduría humana sino con las que enseña el Espíritu, de modo que expresamos verdades espirituales en términos espirituales.
—1 Corintios 2:13

La esfera temporal tiene sus raíces en la espiritual. Apropiarse de esta profunda verdad espiritual te permitirá hacer conexiones fundamentales que pueden transformar tu vida. Cuando entiendas que la esfera espiritual es la "esfera causal", comenzarás a captar el sólido poder de tus pensamientos, ideas, palabras y oraciones, las cosas espirituales que diseñan, moldean y confeccionan el estado actual y el futuro de tu existencia temporal.

Padre, elijo andar por fe y no por vista. Me pierdo lo mejor de ti cuando sigo mi propio camino. Decreto y declaro que hoy comienza un nuevo tiempo. Las cosas viejas pasaron. La frustración y el fracaso pertenecen a mi pasado. Tú haces nuevas todas las cosas. Decreto y declaro que ahora camino en éxito y prosperidad. Cualquier persona o cosa asignada para socavar o entorpecer los planes y los propósitos de Dios deberá apartarse de mi camino en el nombre de Jesús. Padre, declaro que soy tuyo y que me llevas de tu mano. En el nombre de Jesús, amén.

Tus pensamientos son un campo magnético

Piensen en todo lo que es verdadero, en todo lo que
merece respeto, en todo lo que es justo y bueno; piensen
en todo lo que se reconoce como una virtud, y en
todo lo que es agradable y merece ser alabado.
—Filipenses 4:8, tla

Tus pensamientos y palabras se transmiten como la señal de una radio de onda corta. Ellos envían mensajes en una frecuencia específica y se retransmiten de vuelta a ti como una experiencia o suceso en tu vida. Tus pensamientos crean a tu alrededor algo similar a un campo magnético, y tus palabras proveen un tipo de dispositivo de seguimiento que atrae personas, cosas o experiencias positivas o negativas. Por consiguiente, debes aprender a llenar tu mente con pensamientos buenos, piadosos y estupendos. Aquello en lo que piensas tiene literalmente el poder de transformar tu vida.

Padre, ahora llevo cautivos mis pensamientos y los someto
a ti. Destruyo cada argumento y opinión altaneros que se
levanten contra el conocimiento de Dios. Sé que lo que me
corrompe es lo que sale de mi boca, así que hablo verdad y
vida. Te amo, Señor, con todo mi corazón y toda mi mente
(Mateo 22:37). Coloca sobre mí la unción de Samuel de
sensibilidad y obediencia a la voz de Dios a medida que
me pongo completamente de acuerdo con tu Palabra. En el
nombre de Jesús, amén.

ORDENA LUZ EN LAS TINIEBLAS

¡Que exista la luz!
—GÉNESIS 1:3

En ocasiones, cuando te resulta difícil captar un concepto, simplemente tienes que decir: "¡Que exista la luz!". Esto fue lo primero que dijo Dios que está registrado. La luz ilumina. Lo que realmente quieres es que tu mente y tu espíritu sean iluminados: quieres obtener discernimiento y sabiduría. Cuando sientas que estás deambulando en la oscuridad y no sepas qué hacer, detente y ordena: "¡Que exista la luz!".

Señor, ¡que exista la luz! Ilumina tu Palabra. Dame un espíritu de sabiduría y revelación. Dios todopoderoso, coloca tu unción sobre mí. Dame la unción de Salomón para administrar los recursos, la sabiduría, la riqueza, el triunfo y la prosperidad; la unción de Isaac para invertir estratégicamente; la unción de Ciro para visión para las finanzas; la unción de Ester para favor divino y estrategias del Reino; y la unción de Daniel para el gobierno, la excelencia y la integridad. Que la unción fluya sobre mi vida sin contaminación y sin estorbo. Que ahuyente a cualquier persona que tenga una misión diabólica. Permite que la unción que haya sobre mi vida en este tiempo atraiga solo a quienes estén divinamente ordenados para ayudarme a cumplir mi misión en la tierra. En el nombre de Jesús, amén.

Permanece atento

El que camina en justicia y habla lo recto el que tapa sus oídos
para no oír propuestas sanguinarias; el que cierra sus ojos para no
ver cosa mala; éste habitará en las alturas; fortaleza de rocas será
su lugar de refugio; se le dará su pan, y sus aguas serán seguras.
—Isaías 33:15–16, rv60

Es esencial que estés extremadamente alerta respecto de lo que entra en tu mente cada día. Lo que oyes afecta como piensas y lo que crees. Si quieres tener una vida con pensamientos vitalizantes—pensamientos de triunfo y de prosperidad— llena tus oídos con palabras que produzcan esas cosas en tu vida. Con el tiempo, si oyes algo durante suficiente tiempo, terminará por formarte una opinión, y esa opinión producirá la acción correspondiente. Es ese oír—y volver a oír—lo que impulsa la fe.

La fe viene por el oír y el oír Palabra de Dios. Abre hoy mis
oídos para oír tu verdad. Mi fe no descansa en la sabidu-
ría del hombre sino en tu poder (1 Corintios 2:5). No me
preocupan las cosas de la carne sino las del Espíritu. Como
ando de acuerdo con las cosas del Espíritu y no de la car-
ne, llevo el fruto del Espíritu: amor, gozo, paz, paciencia,
benignidad, bondad, mansedumbre, templanza y fe. No
me dejaré llevar por las circunstancias. Ando por fe y no
por vista. En el nombre de Jesús, amén.

LA FE VIENE POR EL OÍR

Así que la fe viene del oír, y el oír, por la palabra de Cristo.
—ROMANOS 10:17, LBLA

Jesucristo, un practicante del Reino, conocía el poder de la verdad combinada con el principio de la fe. Sabía que la fe viene por el oír, así que pasaba horas enseñando y dialogando con sus discípulos. Les enseñó a sus estudiantes los principios del éxito derivados de leyes espirituales para edificar su fe en la capacidad de marcar una diferencia en el mundo. Comenzó la ardua tarea de transformar los patrones mentales de doce marginados y pescadores. Les dijo muchas verdades espirituales para ensanchar sus paradigmas del éxito y la prosperidad más allá de la esfera temporal y tridimensional. Sabía que era necesaria una constante exposición a la luz para que finalmente la luz se encendiera en ellos.

Padre, ensánchame. Amplía mi entendimiento sobre tu voluntad y tus caminos. Que la unción de los discípulos para aprender caiga hoy sobre mí. Dejo atrás mis opiniones, doctrinas y creencias preconcebidas y me siento en la escuela del Espíritu Santo. Ayúdame a crecer en el conocimiento de ti. Abre mi corazón y mi mente para recibir tu verdad. En el nombre de Jesús, amén.

Puedes obtener la perfección

Todo lo que es bueno y perfecto desciende a nosotros de parte
de Dios nuestro Padre, quien creó todas las luces de los cielos.
Él nunca cambia ni varía como una sombra en movimiento.
—Santiago 1:17, ntv

Dios quiere que tengas lo que es bueno y perfecto. ¿Entiendes?
No tienes que tener solo buena salud; puedes tener una salud
perfecta. No tienes que conformarte con un buen trabajo; puedes tener el trabajo *perfecto*—o mejor aún, el negocio perfecto,
no solo que pague las cuentas sino que también te quede lo
suficiente para que seas una tremenda bendición para otros.
No tienes que conformarte con un buen matrimonio, puedes
tener el matrimonio *perfecto*. No tienes que conformarte con
una buena vida; puedes tener una vida *perfecta*. Así que grita a
los cuatro vientos: "¡Que exista la luz!". Te sorprenderá grata-
mente ver que quizás lo que habías estado buscando está justo
ante tus ojos. Simplemente estaba esperando ser iluminado.

Padre, ilumina hoy tu bondad para conmigo. Eres un Padre
bueno que da cosas buenas a sus hijos. Maravillosas son tus
obras. Utilizaste todas tus habilidades divinas para formar-
me, y soy maravilloso y temible. Declaro que los principa-
dos y las potestades no tienen derecho alguno para tocar mi
vida en manera alguna, porque estoy en pacto con Dios y
escondido en el lugar secreto del Altísimo. Amén.

TIENES ACCESO A LOS SECRETOS DE DIOS

*A ustedes se les ha concedido conocer los secretos del reino
de los cielos; pero a ellos no. Al que tiene, se le dará más, y
tendrá en abundancia. Al que no tiene, hasta lo poco que tiene
se le quitará. Por eso les hablo a ellos en parábolas: Aunque
miran, no ven; aunque oyen, no escuchan ni entienden.*
—MATEO 13:11–13

¿Captaste eso? Mientras la información siga siendo secreta,
oculta en la oscuridad, nadie podrá prosperar por ella, sin
importar cuán poderoso sea el secreto o lo formidable que sea
la persona. Pero aquel a quien se le dé a conocer—sin importar quien sea—tendrá acceso a la abundancia, y a quien no se
le revele, aún lo que tenga le será quitado.

*Padre, tú eres quien revela los secretos. Dame hoy una
visión sobrenatural que me permita llevar adelante mi llamado de manera más eficaz. Baja ideas nuevas que me
empoderen para obrar con mayor eficiencia. Llena mi mente con ideas ingeniosas y revelación divina que me hagan
causar un impacto positivo en mi familia, mi lugar de trabajo, la iglesia, la comunidad y la región. En el nombre de
Jesús, que todo lo que preparaste para mí antes de la fundación del mundo sea soltado en el tiempo señalado. Sin sustitutos ni contratiempos y sin retrasos. Tu Reino se acerca y
tu voluntad será hecha. En el nombre de Jesús, amén.*

Examina tus pensamientos

Por eso, dispónganse para actuar con inteligencia.
—1 Pedro 1:13

Cuando buscas el conocimiento, la sabiduría y la verdad, tu boca debe expresar en palabras que la abundancia rodeará tu mundo. Hazte el hábito de examinar qué persiguen tus pensamientos y lo que tus palabras recogen para ti. Recuerda: el mundo interior no solo colorea el mundo exterior, sino que también conforma su plan de acción. Sé intencionado acerca de lo que oigas, de cómo piensas y de lo que digas, porque estás preparando el escenario para la realidad que vas a experimentar.

Padre, me coloco el yelmo de la salvación para proteger mi mente de pensamientos negativos que podrían desbaratar tus propósitos y planes para mí. La verdad protege mi integridad, la justicia protege mi reputación, el evangelio de la paz guía cada uno de mis pasos, el escudo de la fe asegura mi futuro y mi destino, y la espada del Espíritu me concede dominio y autoridad. Decreto y declaro una renovación profética de mi vida de pensamiento. Anulo el efecto de los procesos y patrones de pensamiento negativos y derrotistas y los pongo bajo mis pies. En el nombre de Jesús, amén.

Se te han dado misterios

A vosotros os es dado saber el misterio del reino de Dios.
—Marcos 4:11, rv60

A todo el mundo le encanta tener parte en un secreto. Una de las peores cosas es sentirse excluido cuando se trata de "estar al tanto", como si todo el mundo fuera consciente de algo vitalmente importante excepto tú. Pero peor aun es el sentimiento de que hay cosas importantes que todo el mundo debería saber, pero pocos conocen. La Biblia llama *misterios* a ese tipo de secreto. Para la mayoría de la gente, la vida es precisamente eso, un misterio. Pero Jesús vino para ayudarnos a resolver nuestros misterios. Él vino para darnos a conocer la verdad.

Padre, abre los ojos de mi entendimiento y revélame tus misterios. Dame nuevas estrategias para lidiar con los desafíos que enfrento. Guíame a toda verdad mientras mantengo mis ojos puestos en ti. Dame una visión profética para que mis oraciones sean estratégicas. Quiero más que oraciones que se sientan bien; quiero que mi boca hable vida a mis circunstancias, mi día y mi futuro. Renueva mi mente con el agua de tu Palabra. Quiero llegar a ser más como tú. En el nombre de Jesús, amén.

Busca sabiduría y buen juicio

Adquiere sabiduría, desarrolla buen juicio. No te olvides de mis palabras ni te alejes de ellas. ¡Adquirir sabiduría es lo más sabio que puedes hacer! Y en todo lo demás que hagas, desarrolla buen juicio.
—Proverbios 4:5, 7, NTV

La clave para la victoria en Cristo—y en esta vida—son la sabiduría y el buen juicio que desbloquean los misterios de la vida. Por eso Dios quiere que busques sabiduría y buen juicio por encima de todo. Busca conocer y entender cómo y por qué te creó Dios. ¡Este es un secreto del que debes participar! Hay un tremendo poder en saber que Dios desea que tengas éxito y prosperes, así como en saber que te ha diseñado para tener éxito y abundancia en todas tus esferas de influencia.

Padre, abre mis ojos para ver mis dones y capacidades en la forma en que tú los ves. Me opongo ahora a toda creencia que me limite, en nombre de Jesús. Desato la voluntad de Dios sobre mi vida y sobre mi día. Permite que el poder del Espíritu Santo me cubra con su sombra. Enséñame tus caminos, Señor, para que pueda conducir mis asuntos con buen juicio, de manera expeditiva y para ser sabio en las finanzas. Padre, permite que solo se me acerquen quienes tengan misiones dadas por ti. Haz que la luz de tu Palabra ilumine mi camino y abra puertas divinas de acceso a nuevas oportunidades. En el nombre de Jesús, amén.

Comienza a imaginar

Conocimiento tan maravilloso rebasa mi comprensión;
tan sublime es que no puedo entenderlo.
—Salmo 139:6

Dave Thomas, el fundador de Wendy's, fue criado por padres adoptivos. De niño siempre imaginó que un día sería dueño de un restaurante de hamburguesas, y el 15 de noviembre de 1969, abrió el primer restaurante de Hamburguesas al Estilo Tradicional Wendy's. Dave Thomas personifica el principio de que si primero puedes verlo en tu mente, puedes lograrlo.

Así que, amigo mío, el secreto está al descubierto. Es hora de que pintes conscientemente el lienzo de tu vida con lo que aspiras a lograr. Llena tu mente con pensamientos majestuosos. Genera expectativa y entusiasmo con cada palabra que salga de tu boca. Te animo a que crees una obra maestra con tu vida. ¡Atrévete a imaginar!

Padre, recuérdame los sueños que pusiste en mi corazón. Les hablo a esas cosas que han muerto prematuramente y declaro que hoy deben vivir. Como los huesos secos volvieron a la vida cuando Ezequiel los llamó, declaro que esas partes muertas de mi destino volverán a la vida. La visión muerta, las estrategias muertas, las alianzas muertas deben vivir. Decreto y declaro que tú haces todo nuevo y que los mejores días están por venir. En el nombre de Jesús, amén.

LUCHA CON TU MENTE Y CON TU BOCA

*Porque nuestra lucha no es contra seres humanos, sino
contra poderes, contra autoridades, contra potestades que
dominan este mundo de tinieblas, contra fuerzas espirituales
malignas en las regiones celestiales. Por lo tanto, pónganse
toda la armadura de Dios, para que cuando llegue el
día malo puedan resistir hasta el fin con firmeza.*
—EFESIOS 6:12–13

Debes aprender a utilizar el poder de tus pensamientos si
vas a gobernar eficazmente como rey y sacerdote en esta tierra. Debes entender que eres un hijo de Dios y su representante en la tierra. Como tal, Él te ha dado poder, autoridad y
dominio para superar adversidades. Tu lucha no es contra seres
humanos, sino contra poderes y autoridades. Esa lucha no puede ser ganada con tus manos sino solo con tu mente y con tu
boca. Debes convertirte en un experto en tus pensamientos y
tu hablar como lo es un espadachín con su espada. Tomar el
control de tus pensamientos hará que asumas el control de tu
vida. Eso es lo que significa ponerse toda la armadura de Dios.

*Padre, las armas de mi milicia no son carnales, sino podero-
sas en Dios para la destrucción de fortalezas. Les recuerdo
a los principados y poderes que no tienen derecho a tocar mi
vida, porque estoy en pacto contigo. Soy más que vencedor, y
declaro que mi vida está marcada por la victoria y no por la
derrota, el éxito y no el fracaso. En el nombre de Jesús, amén.*

Gana la batalla en tu mente

*Porque las armas de nuestra milicia no son carnales, sino
poderosas en Dios para la destrucción de fortalezas, derribando
argumentos y toda altivez que se levanta contra el conocimiento de
Dios, y llevando cautivo todo pensamiento a la obediencia a Cristo.*
—2 Corintios 10:4–5, rv60

En todo el Nuevo Testamento se nos dice que nuestras batallas
no se producen en la esfera temporal sino en la esfera espiritual. En casi todos los libros del Nuevo Testamento se nos
dice: "No tengas miedo, cree nada más" (Marcos 5:36), "dispónganse para actuar con inteligencia" (1 Pedro 1:13), renueva tu mente (Romanos 12:2), y "tenemos la mente de Cristo"
(1 Corintios 2:16). Se nos enseña en Romanos que "el ocuparse de la carne es muerte, pero el ocuparse del Espíritu es vida y
paz" (Romanos 8:6, rv60). Se nos instruye para que llevemos
cautivo todo pensamiento. Cada batalla se gana o se pierde en
el terreno de tu mente.

*De acuerdo con Filipenses 4:8, declaro que mis pensamientos
están gobernados solo por lo que es verdadero, honesto, justo,
puro amable, todo lo que es de buen nombre y virtuoso, lo
mejor y no lo peor; lo bello y no lo feo; cosas dignas de alabanza y no de maldición. Padre, renueva mi mente con tu
Palabra. Haz que se transformen mis pensamientos para
que mi hablar esté en perfecta armonía con lo que tu Palabra dice que puedo ser y hacer. En el nombre de Jesús, amén.*

El miedo puede traumatizarte

*Comparados con ellos, parecíamos langostas, y
así nos veían ellos a nosotros.*
—Números 13:33

Una de las historias más desgarradoras del Antiguo Testamento se cuenta en Números, cuando los israelitas desobedecieron a Dios y se negaron a tomar posesión de la tierra que Él les había preparado. Como en sus mentes se veían pequeños y débiles—creían que eran como langostas ante gigantes—no fueron capaces de cumplir con el llamado de Dios. En cambio los gigantes, que habían tenido miedo del pueblo de Israel, fueron empoderados por el miedo de los israelitas.

Padre, me niego a dejar que el miedo me prive de lo que tienes hoy para mí. Estoy abierto a nuevas oportunidades. Atravieso puertas abiertas. No temeré a los nuevos desafíos que se me presenten porque tú me estás guiando con tu mano y me conduces a tu perfecta voluntad. Rehúso recibir las palabras negativas del acusador. Repetiré solo lo que tú dices de mí. Tengo la mente de Cristo y por lo tanto busco las cosas de arriba y no las de abajo. En el nombre de Jesús, amén.

No pronuncies palabras vanas

*En el día del juicio todos tendrán que dar cuenta de
toda palabra ociosa que hayan pronunciado.*
—Mateo 12:36

Demasiadas personas sueltan a la atmósfera palabras
descuidadas y no se dan cuenta de por qué la vida que Dios
les ha prometido no sucede de la forma que ellos esperaban.
Las Escrituras nos han revelado todo en el universo tiene que
ajustarse para acomodarse a nuestras palabras buenas o malas,
intencionadas o descuidadas (mira Proverbios 13:3; 18:21;
21:23). Las palabras que no tienen asignada una misión en el
Reino serán llevadas a juicio. Serás responsable por cada palabra vana, pero también serás recompensado por cada palabra
llena de fe.

*Que los dichos de mi boca y la meditación de mi cora-
zón sean gratos delante de ti, oh, Señor, mi fortaleza y mi
redentor. No permitiré que ninguna comunicación corrom-
pida salga de mi boca sino solo la que sea edificante. Decreto y declaro una elevación profética en mi habla y mi vida
de pensamiento. Anulo el efecto de las palabras y pensamientos negativos y derrotistas y los pongo debajo de mis
pies. Declaro que nuevos ciclos de victoria, éxito y prosperidad reemplazarán los ciclos de fracaso, pobreza y muerte
en mi vida. En el nombre de Jesús, amén.*

Medita en la Palabra de Dios

Recita siempre el libro de la ley y medita en él de día y de noche; cumple con cuidado todo lo que en él está escrito. Así prosperarás y tendrás éxito. Ya te lo he ordenado: ¡Sé fuerte y valiente! ¡No tengas miedo ni te desanimes! Porque el Señor tu Dios te acompañará dondequiera que vayas.
—Josué 1:8–9

Dios le dio a Josué instrucciones muy específicas sobre cómo asegurarse el éxito, la prosperidad y la victoria sobre cada adversario. Le ordenó a Josué que meditara en su Palabra de día y de noche para que esta llenara su corazón, su mente y su boca. Luego le mandó a Josué ser fuerte y valiente. ¿Ves la conexión? Hasta que su mente no pensara y su boca no hablara solo la Palabra de Dios, Josué no podía tener esperanzas de ser fuerte y valiente. Desde el principio la prioridad de Dios fue referirse a la cuestión de la mente de Josué: ninguna otra instrucción o estrategia tuvo precedencia sobre lo que ocupaba los pensamientos de Josué.

En el nombre de Jesús, decreto y declaro que tengo una mentalidad de Reino, innovadora, que me concede nuevas formas de pensar, obrar y vivir. Como tu Palabra es lámpara a mis pies nunca voy a tropezar ni caer. Estoy entusiasmado; mi espíritu está encendido; camino con el favor de Dios y del hombre. En el nombre de Jesús, amén.

Toma posesión de tus pensamientos

Destruimos argumentos y toda altivez que se levanta
contra el conocimiento de Dios, y llevamos cautivo
todo pensamiento para que se someta a Cristo.
—2 Corintios 10:5

Lo primero que debes hacer para apropiarte de todo lo que Dios ha preparado para ti es tomar posesión de tus pensamientos. Quizás pienses que esto no requiere gran esfuerzo, y mucho menos entrenamiento o práctica, pero solo hay una cosa más difícil de dominar que tus pensamientos, ¡y es tu lengua! (mira Santiago 3:8). Ganar la batalla en tus pensamientos requiere que medites diariamente en las verdades que se encuentran en las Escrituras, las estudies diligentemente para mostrarte aprobado y te conviertas de por vida en un estudiante serio del arte de la guerra espiritual.

Estudio para mostrarme ante Dios aprobado, un obrero que no tiene de qué avergonzarse, que usa bien la palabra de verdad. Tu Palabra se ha acercado a mí. Está en mi boca y en mi corazón para que la ponga por obra. Medito en tu verdad, para conocer tus caminos y el sendero que debo seguir. Pongo mi confianza en ti. Declaro que andaré en tu favor y tu bendición mientras guardo diligentemente tus mandamientos y sigo tus caminos. En el nombre de Jesús, amén.

Empuña la espada de dos filos

Ciertamente, la palabra de Dios es viva y poderosa, y más cortante que cualquier espada de dos filos. Penetra hasta lo más profundo del alma y del espíritu, hasta la médula de los huesos, y juzga los pensamientos y las intenciones del corazón.
—Hebreos 4:12

Tienes la Palabra hecha carne —el Espíritu de Cristo— morando en ti. Se te ha dado el nombre sobre todo nombre como autoridad espiritual, y tienes una espada de doble filo, que es la Palabra de Dios, a tu disposición. ¿Ves lo importante que es la Palabra de Dios? Todo es posible para los que creen (Marcos 9:23), pero sin el conocimiento de la Palabra, no tendrás las verdades correctas en las que creer.

Guardo tu Palabra en mi corazón para no pecar contra ti. Todas las promesas de Dios son sí y amén en ti, así que declaro tus promesas sobre mi vida. Declaro que camino en dominio y autoridad. Mi vida está caracterizada por la libertad. No hay negligencia en mi mano. Dios me da la tierra bajo mis pies. Gracias por coronarme con tu amor y tu misericordia y por satisfacerme con todas cosas buenas. En el nombre de Jesús, amén.

RENUEVA TU MENTE

*No se amolden al mundo actual, sino sean transformados
mediante la renovación de su mente. Así podrán comprobar
cuál es la voluntad de Dios, buena, agradable y perfecta.*
—ROMANOS 12:2

¿Cómo renuevas tu mente? Con el conocimiento de la verdad
en cuanto a quién eres en Cristo. Si fueras a edificar tu vida
como una casa de fe, el conocimiento de Dios sería el fundamento, mientras que el conocimiento de quién eres en Cristo
sería su estructura. Si no tomas control de tus pensamientos
íntimos, te convertirás en esclavo de tus circunstancias exter-
nas. Tú no estarás dirigiendo tu vida; las tormentas y el clima
cambiante lo harán.

*Padre, sé quien soy en ti. Fui perdonado de mis pecados y
redimido por tu sangre. Estoy lleno de tu Espíritu Santo y
libre del poder de las tinieblas. Soy más que vencedor. Fui
hecho formidable y maravillosamente y soy la niña de tu
ojo. Gracias por bendecirme con toda bendición espiritual
en los lugares celestes. Me has hecho completo en ti, sin que
me falte absolutamente nada. Por ser tú quién eres, tengo
todo lo que necesito para llevar una vida de rectitud. En el
nombre de Jesús, amén.*

TOMA CONCIENCIA DE TUS PENSAMIENTOS

Finalmente, hermanos, piensen en todo lo que es verdadero, en todo lo que merece respeto, en todo lo que es justo y bueno; piensen en todo lo que se reconoce como una virtud, y en todo lo que es agradable y merece ser alabado. Practiquen todas las enseñanzas que les he dado, hagan todo lo que me vieron hacer y me oyeron decir, y Dios, que nos da su paz, estará con ustedes siempre.
—FILIPENSES 4:8–9, TLA

Es de fundamental importancia que seas consciente de lo que sucede en tu mente. Los pensamientos erráticos te llevarán a logros erráticos que pocas veces se basan unos en otros. Eres la suma total de tus pensamientos. Asegúrate de fundamentar tus creencias y basar tu fe en la "vida abundante" de Dios —no en alguna falsificación, sino en la abundancia de su Reino— llenando tu corazón y tu mente con la vivificante verdad bíblica.

Padre, ilumina los ojos de mi corazón para que conozca las riquezas de la gloria de tu herencia. Me niego a estar de acuerdo con el enemigo. Camino en libertad porque camino en la verdad. Declaro que tengo la mente de Cristo. Viviré según las cosas de arriba y no según las de la tierra. Las armas de mi milicia fueron especialmente diseñadas para derribar cualquier pensamiento que se exalte a sí mismo contra el conocimiento de Dios. Declaro que soy bendecido hoy porque pongo mi confianza en ti. En el nombre de Jesús, amén.

Desbloquea los secretos de Dios para ti

A causa de la ignorancia que los domina y por la dureza
de su corazón, éstos tienen oscurecido el entendimiento
y están alejados de la vida que proviene de Dios.
—Efesios 4:18

No te quedes en la oscuridad como un exiliado alejado de la buena vida que Dios tiene para ti. No estés entre los que perecen por falta de conocimiento (Oseas 4:6). En lugar de ello, mantente "al tanto", desbloquea los secretos de Dios para ti, y entra en la buena vida. Al seguir las instrucciones específicas de Dios y llenar tus pensamientos con esas cosas que la Biblia te dice, descubrirás que el mundo comenzará a develarse ante ti con una variedad de posibilidades y recuerda la que has elegido para concentrarte en ella.

Ojo no vio ni oído oyó las cosas que tú has preparado para mí. Escojo concentrarme en las cosas que son verdaderas, nobles, buenas y puras; cosas que son bonitas, excelentes o dignas de alabanza. Me guardas en perfecta paz porque conservo mi mente en ti. Utilizaste toda tu habilidad divina para formarme, y me conoces bien. Dame una revelación más profunda de qué es lo que me has equipado para hacer. Quiero todo lo que tienes para mí. Tu Reino es mi prioridad, y tu misión es mi deleite. Padre, dame la plenitud de lo que tienes para mí. En el nombre de Jesús, amén.

febrero

VER ES CREER

*Y se dijo: Todos forman un solo pueblo y hablan un
solo idioma; esto es sólo el comienzo de sus obras, y
todo lo que se propongan lo podrán lograr.*
—GÉNESIS 11:6

Los pensamientos son espirituales y el proceso de inspiración
también lo es. El hombre comienza con un concepto en su
mente, algo que él cree que es capaz de lograr. Une su voluntad y su intelecto a su imaginación, y luego busca llevarlo a
cabo. En Génesis 11 las personas creyeron que podrían construir una torre que llegara al cielo, y como veían esa torre en
sus mentes, eran capaces de construirla. Dios los detuvo cau-
sando confusión entre ellos, haciendo que les fuera imposible
comunicarse porque la torre se había convertido en un ídolo
para ellos. Sin embargo, esta historia sigue ilustrando el poder
de nuestros pensamientos y nuestras palabras.

*Padre, alineo mi voluntad con la tuya, mis pensamien-
tos con los tuyos. Le ordeno a todo lo que está desalineado que se alinee con tus propósitos y tus planes. Quiero
lo que tú deseas para mí. Tus planes son buenos. Quieres
prosperarme y no hacerme daño, darme esperanza y un
futuro. Lléname con el conocimiento de tu voluntad para
que viva una vida que sea digna de ti y te agrade en todo.
En el nombre de Jesús, amén.*

EL PODER DE LA IMAGINACIÓN

Sean, pues, aceptables ante ti mis palabras y mis
pensamientos, oh Señor, roca mía y redentor mío.
—SALMO 19:14

La imaginación es el producto natural de la meditación. Las oportunidades y la creatividad en la vida disminuyen o prorrumpen según la habilidad que tengas para controlar tu imaginación. Albert Einstein dijo: "Tengo lo suficiente de artista como para dibujar libremente en mi imaginación. La imaginación es más importante que el conocimiento. El conocimiento es limitado. La imaginación rodea al mundo".[1] Si podemos pensar a la imaginación como una puerta que se abre a las posibilidades, las intenciones y las acciones correspondientes serán las llaves que abran esa puerta.

Padre, que mi imaginación sea inspirada por tu Espíritu
Santo. Haz que tenga visiones y sueños proféticos y per-
mite que la estrategia divina los acompañe de manera que
yo pueda saber cómo hacerlos realidad. Cuando te busco,
Padre, enséñame las cosas ocultas que no conozco (Jere-
mías 33:3). Gracias por revelarme tus pensamientos. Me
has llenado con tu Espíritu y me has dado la capacidad, la
inteligencia y el conocimiento para cumplir tu voluntad. No,
no te tendré en poco, Señor, porque sé que contigo nada es
imposible. En el nombre de Jesús, amén.

Puedes cambiar tu destino

Defiendan su posición… Manténganse alerta
y sean persistentes en sus oraciones…
—Efesios 6:14, 18, ntv

No seas una víctima. Toma las riendas y cambia tu destino. Sé proactivo y decisivo mientras declaras la Palabra de Dios para tu vida. Dios te prometió que lo que declares en el nombre de Jesús será hecho (Juan 14:13–14), así que puedes ser todo lo que Él se propuso que seas en la tierra: un brillante ejemplo de la bondad y el amor de Dios.

Padre, hay más para mí de lo que se ve a simple vista. Me pusiste encima y no debajo, por cabeza y no por cola, y no viviré por debajo de mi potencial. En el nombre de Jesús, destruyo todo pensamiento limitante que se haya arraigado en mi mente. Tomo autoridad sobre toda actividad que pretenda alterar mi destino. Rompo toda clase de atadura: emocional, psicológica, financiera y espiritual. No permitiré que el miedo me aleje de mi destino. Decreto y declaro que haré todas las obras para las que tú me creaste. Padre, redime el tiempo que el saltón se comió. Permite que todos los dones y el llamado que has depositado dentro de mí se manifiesten en el momento exacto. En el nombre de Jesús, amén.

UNIDO AL ESPÍRITU

Pero lo que da entendimiento al hombre es el Espíritu
que en él habita; ¡es el hálito del Todopoderoso!
—Job 32:8

Dios concibió y por su Espíritu llamó a la existencia a todo lo que existe. Trajo lo que ya existía en el mundo espiritual al mundo temporal por el poder de su Palabra. Respiró su fuerza creativa—su propio Espíritu—en la humanidad. Es su Espíritu en ti lo que te da inspiración y entendimiento de lo que ya existía en la esfera espiritual. Ese Espíritu que está en ti siempre existió—es eterno—y es la fuente de toda revelación y aliento. El Espíritu de Dios crea un proyecto en forma de entendimiento, y a partir de ese proyecto, todas las cosas vienen a ser.

Padre, tú me esculpiste de la nada, y llevo las marcas de tu gran diseño Estoy bien preparado para realizar cada tarea que me espera hoy. Señor, me has dado creatividad, ingenio, sabiduría, una sólida ética de trabajo y una mente disciplinada. En el nombre de Jesús decreto y declaro que tú estás ensanchando mi límites y que todo en mí está cambiando para mejor. Declaro que mi mente está reforzada y decidida. Mis emociones son profundas y estables. Mi fe está firme e inalterable. Soy tu hijo y me haces vencedor. En el nombre de Jesús, amén.

Inspirado a ser

*Mas vosotros no vivís según la carne, sino según el
Espíritu, si es que el Espíritu de Dios mora en vosotros.*
—Romanos 8:9, rv60

Antes de que tuviéramos las computadoras, ciertas personas
vieron la necesidad de ellas y fueron inspiradas. Esta inspiración salió de la esfera del espíritu. Desde las computadoras hasta las sinfonías, pasando por la cura del cáncer, todo
comenzó con una inspiración. Toda buena inspiración viene
de Dios. Él es el Gran Inspirador y el Poderoso Capacitador.
Todas las cosas son posibles para quienes ponen su confianza
en Él.

*Padre, abre mis ojos y oídos espirituales para captar tu
revelación. No me apartaré de tu voz cuando me hables.
Deseo mayor discernimiento. Abre mis oídos para escuchar
tus ingeniosas ideas y creativas invenciones. Ayúdame a ver
nuevas tácticas y estrategias que me permitan abrir camino en mi campo. Al avanzar en nuevas esferas espiritual,
profesional y socialmente, ayúdame a no ser seducido por el
espíritu de avaricia o de orgullo. Padre, ayúdame a buscar
solo lo que tú deseas para mí. En el nombre de Jesús, amén.*

SUS PENSAMIENTOS HACIA TI SON BUENOS

Al que puede hacer muchísimo más que todo lo que podamos
imaginarnos o pedir, por el poder que obra eficazmente en
nosotros, ¡a él sea la gloria en la iglesia y en Cristo Jesús por
todas las generaciones, por los siglos de los siglos! Amén.
—EFESIOS 3:20–21

La inspiración es una cosa de Dios. La inspiración es Dios mismo hablando en el espíritu humano. Los pensamientos inspirados son Dios buscando expresión para su voluntad a través de las mentes de los seres humanos. De acuerdo con Jeremías 29:11, los pensamientos de Dios son de paz y no de mal. Quiero recordarte que Dios busca lo bueno, y se acuerda de ti—¡más allá de lo que pudieras pedir o imaginar!

Padre, despiértame a las formas en que me estás hablando.
No quiero perderme nada de lo que tengas que decirme. Tú
quieres cosas buenas. Tienes planes para mí que están muy
por encima de cualquier cosa que yo pueda pedir o pensar.
Jamás podría superarte. Sin importar cuán elevados sean
mis deseos y mis metas, tus pensamientos y tus caminos son
siempre más altos que los míos. Gracias por tener un plan
tan bueno para mí. Haz que mi voluntad obre en perfecta
armonía con la tuya. En el nombre de Jesús, amén.

¿CÓMO ESTÁS EDIFICANDO TU VIDA?

Por tanto, todo el que me oye estas palabras y las pone en práctica es como un hombre prudente que construyó su casa sobre la roca. Cayeron las lluvias, crecieron los ríos, y soplaron los vientos y azotaron aquella casa; con todo, la casa no se derrumbó porque estaba cimentada sobre la roca.
—MATEO 7:24–25

Nuestras vidas están construidas por una serie de pensamientos, como los ladrillos que se usan para edificar una casa. Los ladrillos dan vida a lo que se encuentra en un trozo de papel y lo convierten en algo tridimensional. Como un hombre piensa en su corazón así edifica su vida, un ladrillo a la vez. Cada uno de tus pensamientos es un ladrillo fundamental que determinará la calidad de tu futuro. Muchos edificamos nuestras vidas como si fueran chozas, mientras que otros construyen mansiones. Si tus pensamientos son inferiores, tu vida será inferior; pero si tus pensamientos son nobles y elevados, estarás sentando las bases para vivir de acuerdo con ellos.

Padre, elijo honrarte con mis pensamientos. Resisto las formas de pensar derrotistas y elijo pronunciar vida y fortaleza sobre mi día. Declaro que soy bendecido. Todas mis necesidades físicas son satisfechas, y tengo más que suficiente para dar a otros. Trabajo diligentemente y con un espíritu de excelencia. Maximizo mi potencial y me muevo con audacia hacia mi destino. En el nombre de Jesús, amén.

LA CALIDAD IMPORTA

Pues lo que está en el corazón determina lo que uno
dice. Una persona buena produce cosas buenas del
tesoro de su buen corazón, y una persona mala
produce cosas malas del tesoro de su mal corazón.
—MATEO 12:34–35, NTV

Existe una relación directa entre la calidad de tus pensamientos y la calidad de tu vida. Lo que piensas determina quién eres; determina lo que eres, a dónde vas, lo que adquieres, dónde vives, a quién amas, dónde trabajas, lo que logras, lo que lees—y podría seguir y seguir. James Allen escribió en el clásico *Como un hombre piensa así es su vida:* "Todo lo que el hombre logra y todo en lo que falla es resultado directo de sus pensamientos".[2] Si tu vida va a cambiar, tienes que pensar en el cambio. Siempre estás a un pensamiento de cambiar tu vida.

Señor, sé que como pienso en mi corazón, así soy. Mejora mis pensamientos y dame un nuevo paradigma del Reino. Pongo los pensamientos negativos y derrotistas bajo mis pies. No tienen lugar en mi vida. Padre, haz que mi hablar refleje tu voluntad, y condúceme a un nuevo territorio emocional, intelectual, profesional, espiritual y financiero. No pongo límite alguno a lo que quieras hacer a través de mí. En el nombre de Jesús, amén.

Tus pensamientos crean tu realidad

El de corazón descarriado se saciará de sus caminos,
pero el hombre bueno estará satisfecho con el suyo.
—Proverbios 14:14, lbla

Esta es la idea: nunca tendrás más o llegarás más lejos o lograrás más cosas de lo que te permitan tus pensamientos. Por lo tanto, debes crear un entorno opulento para tus pensamientos y crear así una vida opulenta. Tu vida es el reflejo de tus pensamientos y meditaciones más dominantes. Cuando formes el hábito de meditar en el éxito, comenzarás a vivir una vida exitosa.

Decreto y declaro que estoy viviendo mis mejores días y los más bendecidos. Estoy coronado con el amor y la misericordia de Dios. Él me satisface con buenas cosas. Hago mi trabajo como para el Señor con diligencia y un espíritu de excelencia. Trabajo de acuerdo con la agenda diaria de Dios y me desempeño para una audiencia de uno: el Señor Jesucristo. El Señor me está enseñando cómo mejorar mi productividad, así como a trabajar más inteligente y eficientemente; Él me da una actitud extraordinaria y produzco un trabajo de gran calidad. Gracias, Padre, por ordenar mis pasos de acuerdo con tu plan y propósito original para mí. En el nombre de Jesús, amén.

Sé específico

Cuando Salomón terminó de construir la estructura del
templo y en el mes de bul del año undécimo, es decir, en el
mes octavo de ese año, se terminó de construir el templo
siguiendo al pie de la letra todos los detalles del diseño. Siete
años le llevó a Salomón la construcción del templo.
—1 Reyes 6:14, 38

No alcanza con meditar en el éxito en general; debes ser específico. Eres el arquitecto y constructor de tu futuro. Usa tus pensamientos como un arquitecto usa el plano. Piensa en cada detalle. Un arquitecto no solo piensa en las habitaciones de la casa sino también en el tipo de ventanas, la medida de los armarios, la ubicación de las salidas y cosas por el estilo. Nada es insignificante. ¡Piensa en grande y detalladamente!

Padre, creo que me has diseñado para que prospere física
y financieramente, en mis relaciones, en lo social, espiri-
tual y en cada área en la que una persona puede prospe-
rar. Declaro que tengo un espíritu excelente y que no dejo
las cosas para más adelante. Trabajo como para el Señor.
Soy de influencia y dejo un legado a la siguiente generación.
Mi entorno es próspero y saludable. En el nombre de Jesús
declaro que viviré con autenticidad y cumpliré lo que nací
para hacer. En el nombre de Jesús, amén.

¿Qué quieres ver suceder?

Jabés le rogó al Dios de Israel: «Bendíceme y ensancha mi territorio; ayúdame y líbrame del mal, para que no padezca aflicción.» Y Dios le concedió su petición.
—1 Crónicas 4:10

Si quieres que tu vida sea diferente, debes atreverte a pensar de una manera diferente: atrévete a ser original. Piensa en posibilidades. Quizá fue por esta misma razón que Jabes no le pidió a Dios más propiedades ni riquezas sino que ensanchara su territorio intelectual, o su capacidad mental respecto a su propia valía. Le pidió a Dios que le diera una mayor capacidad para concebir lo que podría obtener de parte de Dios, porque se dio cuenta de que su pensamiento limitado lo tenía cautivo. Oró para que Dios le diera una mayor capacidad para pensar en grande. Necesitas cultivar la visión de las posibilidades porque tus pensamientos determinan tu destino.

Padre, no me veré como inferior. Como Jabes, te pido con audacia que ensanches mi territorio. Que toda región que hayas determinado para mí sea liberada en tu tiempo señalado. Gracias, Padre, disponer todas las cosas para potenciar tu voluntad en mi vida. En el nombre de Jesús, amén.

VE MÁS ALLÁ DE LAS FRONTERAS

*Entonces yo echaré de tu presencia a las
naciones, ensancharé tu territorio…*
—ÉXODO 34:24

Nada limita tanto los logros como pensar en pequeño; nada
expande tanto las posibilidades como pensar con originalidad.
Desata el poder de tu mente. Aprende a cultivar la visión de
las posibilidades. Ten pensamientos originales. En 1886 John
Pemberton convirtió el jarabe medicinal común en un fenó-
meno cultural al combinarlo con agua gasificada y servirlo
como una bebida refrescante. La Coca-Cola es ahora la bebida más conocida del planeta. Piensa en algo que jamás se haya
hecho, o dale un nuevo giro a algo que siempre ha estado por
allí.

*Padre, como tú no tienes límites, yo no me encerraré en
una caja. Estoy hecho a tu imagen, a tu semejanza. Tú
pusiste creatividad en mi ADN. Eres quien un revelador
de secretos. Baja a mi mente estrategias proféticas y tácticas
de vanguardia que puedan impulsarme al siguiente nivel
en mi profesión, finanzas, familia y ministerio. Señor, agudiza mis oídos espirituales para que pueda oír claramente
cuando compartes tu visión divina. En el nombre de Jesús,
amén.*

Míralo con nuevos ojos

Donde no hay dirección divina, no hay orden;
¡feliz el pueblo que cumple la ley de Dios!
—Proverbios 29:18, dhh

Determina ahora cuántos pasos necesitarías dar diariamente para mejorar al máximo tu vida en el futuro. Me gusta lo que dice Henry David Thoreau: "Ve confiadamente en la dirección de tus sueños. Vive la vida que has imaginado".[3] A veces es necesario que mires con nuevos ojos. Las posibilidades de tu vida pueden cambiar cuando cambia tu perspectiva. Esto es verdadera visión.

Padre, dame verdadera visión para ver las posibilidades que tú ves. Haz que mis ojos espirituales funcionen con una visión 20/20 para tener una mirada, un entendimiento y una interpretación de tus movimientos correctos. Que soplen vientos nuevos del Espíritu Santo. Abre mis ojos para que pueda ver mis circunstancias y mi potencial con una nueva luz. En el nombre de Jesús, amén.

¿Cuál es tu visión?

> *Durante la noche, Daniel recibió en una visión la respuesta*
> *al misterio. Entonces alabó al Dios del cielo y dijo: "¡Alabado*
> *sea por siempre el nombre de Dios! Suyos son la sabiduría*
> *y el poder. Él cambia los tiempos y las épocas, pone y*
> *depone reyes. A los sabios da sabiduría, y a los inteligentes,*
> *discernimiento. Él revela lo profundo y lo escondido, y sabe*
> *lo que se oculta en las sombras. ¡En él habita la luz!".*
> —Daniel 2:19–22

La visión tiene que ver con tu destino y tu futuro. La autora y oradora sordociega Helen Keller dijo: "La peor tragedia de la vida es que la gente tenga vista pero no visión".[4] Debes verte haciendo más, ganando más y siendo más. La visión es la capacidad de pensar progresivamente. Una visión es una imagen mental de posibilidades futuras.

> *En el nombre de Jesús, confieso hoy que solo voy en pro-*
> *greso. Persistiré hasta que lo logre. Camino en dominio y*
> *autoridad. No hay negligencia en mis manos. Dios me da*
> *la tierra que pisan mis pies. Las bendiciones del Señor me*
> *hacen rico, y diariamente me llena de sus beneficios. Con-*
> *voco a cada individuo y cada recurso asignado para ayu-*
> *darme a cumplir mi misión en el Reino durante esta época.*
> *Declaro que solo atraigo a las personas y recursos adecua-*
> *dos para afianzar y facilitar el plan y propósito de Dios*
> *para mi vida. En el nombre de Jesús, amén.*

GRAFICA TERRITORIOS DESCONOCIDOS

*Si el SEÑOR tu Dios extiende tu territorio, como se lo
juró a tus antepasados, y te da toda la tierra que te
prometió, y si tú obedeces todos estos mandamientos que
hoy te ordeno, y amas al SEÑOR tu Dios y andas siempre
en sus caminos, entonces apartarás tres ciudades más.*
—DEUTERONOMIO 19:8–9

Un amigo me dijo una vez que tus pies nunca pueden llevarte
a donde tu mente no haya estado. Conviértete en el Cristóbal
Colón de tu futuro. Colón se atrevió a perder de vista lo conocido para experimentar lo desconocido. Para conquistar nuevos territorios debes tener el coraje de perder de vista la costa.
Sueña en grande, y luego atrévete a levantarte y lograrlo. El
orador motivacional Robert J. Kriegel dijo: "La vergüenza en
la vida no es fracasar en alcanzar tu sueño, sino fracasar por
no haber tenido un sueño que alcanzar".

*Declaro en el nombre de Jesús que soy un pionero de nue-
vos territorios. Camino en favor con Dios y con el hombre,
y poseeré la tierra que Dios me ha dado. No habrá nada
que me atasque ni me retrase. No miraré hacia atrás para
volver a lo viejo. Padre, haz que ascienda a nuevos mundos
de poder y autoridad y acceda a nuevas dimensiones de
revelación divina. Sopla nueva vida en cada sueño latente.
En el nombre de Jesús, amén.*

PIENSA EN EL PROGRESO

*Allí, en su cama, Su Majestad dirigió sus
pensamientos a las cosas por venir, y el que revela
los misterios le mostró lo que está por suceder.*
—DANIEL 2:29

Si quieres progresar en la vida, necesitas pensamientos de progreso. Para lograrlo, algo nuevo debe reemplazar lo viejo. Debes pensar más allá de donde estás. Alexander Graham Bell pensó más allá de las limitaciones de los puntos y rayas del código Morse y reemplazó el telégrafo con la innovación del teléfono. Conviértete en un visionario: sé creativo. ¡Quita los límites de tu mente!

¡Saco los límites de mi mente! Tú deseas llenar mi mente con la creatividad que fluye de tu Espíritu. Así que abro mi mente y mi corazón para recibir de ti una visión fresca, una nueva revelación y una visión divina. Incluso a la noche espero recibir estrategias innovadoras e ideas ingeniosas en sueños y visiones. De hoy en adelante, alineo mi hablar con el lugar hacia donde voy, no donde estoy. Estoy avanzando hacia mi destino y no retrocediendo. Pronuncio vida sobre cada sueño muerto y despierto la esperanza para el futuro. Padre, obtendré todo lo que tienes para mí. En el nombre de Jesús, amén.

Silencia al enemigo

*Pero en aquel día venidero, ningún arma que te ataque
triunfará. Silenciarás cuanta voz se levante para acusarte.*
—Isaías 54:17, ntv

Debes alzar la voz y avergonzar con furor y pasión todas las
artimañas del enemigo. Debes actuar ofensivamente. No puedes dejar que los planes que Satanás tiene para los hijos de
Dios se hagan realidad. No hoy. No mientras tú vigilas. ¡Ni
nunca! Cada ataque dirigido contra tus seres queridos te da
oportunidad de saquear las posesiones y el territorio del enemigo en lugar de que sea al revés. Quizás no hayas elegido a
Satanás como tu enemigo, pero él te eligió a ti. Pero Dios te
ha dado el poder de bloquear toda iniciativa establecida por
cualquiera que se mueva por impulso satánico. Sus provocaciones para atacarte te servirán a ti y no a él.

*Padre, dame unción de guerrero. Haz que cada dominio
y sistema que me asignaste se suelte en el nombre de Jesús.
Fortalece la cobertura de protección alrededor de mi vida,
mis posesiones, mi familia, mis amigos y asociados y mi
ministerio. ¡Declaro que soy más que vencedor! Las actividades que alteran el destino deben cesar. Poseeré la tierra
que tú me has dado. En el nombre de Jesús, amén.*

Entrena tus sentidos espirituales

Hijo de hombre, a ti te he puesto como centinela del pueblo de Israel. Por tanto, cuando oigas mi palabra, adviértele de mi parte.
—Ezequiel 3:17

La Biblia está repleta de escrituras y de historias que sostienen la importancia de velar y orar, y esto no es menos trascendente para los creyentes de hoy interesados en oír de Dios y alinearse con su voluntad. Ellos velan para no juzgar lo que ven con sus ojos naturales ni oír con sus oídos naturales. En cambio, dejan que el Espíritu Santo entrene sus sentidos espirituales para puedan agudizarse y ser más precisos en todo lo que atañe al espíritu.

Padre, no pongo mi confianza en lo que veo. Pongo mi confianza en ti y en tu Palabra. Soy quien tú dices que soy, y puedo lograr lo que tú dices que puedo lograr. Dios todopoderoso, agudiza mi discernimiento espiritual para que pueda oírte claramente. Que la visión profética caiga hoy sobre mí. Coloca en mí la unción de Isacar para que sea entendido en los tiempos. Dame sabiduría y dirección. "Señálame el camino que debo seguir, porque a ti elevo mi alma" (Salmo 143:8). Desarma los poderes malignos que operan para frustrar mi día, mis tareas y actividades. En el nombre de Jesús, amén.

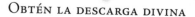

Obtén la descarga divina

Entonces Jesús afirmó: Ciertamente les aseguro que el hijo
no puede hacer nada por su propia cuenta, sino solamente
lo que ve que su padre hace, porque cualquier cosa que hace
el padre, la hace también el hijo. Pues el padre ama al hijo y
le muestra todo lo que hace. Sí, y aun cosas más grandes que
éstas le mostrará, que los dejará a ustedes asombrados.
—Juan 5:19–20

Sigue el ejemplo de Jesús. Él dijo que aunque otras personas
no eran capaces de ver lo que sucedía en el cielo, Él sí podía
hacerlo. Este es el desafío del pensamiento creativo: cuando
abres los canales espirituales de tu mente, Dios puede descargar en tu cerebro pensamientos creativos y divinos. Pídele a
Dios que mejore tu capacidad para pensar y quite tus límites.

Padre, reafirmo mi compromiso de dejar de limitarte. Per-
míteme aprovechar tu mente creativa—tu genio—y ver lo
que otras personas no pueden ver y oír lo que otras personas
no pueden oír. Cuando sueltas descargas divinas, no voy a
dudar de los planes y estrategias que me reveles. No temeré
al territorio desconocido. Padre, coloca en mí la unción de
Moisés como pionero y líder. Aumenta la capacidad de mi
mente para poder pensar en grande y no en pequeño. Per-
mite que tu Reino venga y tu voluntad sea hecha en la tie-
rra como en el cielo. En el nombre de Jesús, amén.

¿PUEDES OÍR LAS PULSACIONES?

Esta visión es para un tiempo futuro. Describe el fin, y éste se cumplirá. Aunque parezca que se demora en llegar, espera con paciencia, porque sin lugar a dudas sucederá. No se tardará.
—HABACUC 2:3, NTV

Dios no solo concederá lo que pidas en oración, sino que también te dará lo que declares diariamente. Así como Jabes cambió su destino cuando le pidió a Dios que le diera pensamientos más altos, tú también puedes cambiar tu destino. Te desafío a que cambies tu rol: de porrista a bastonero. Marcha al ritmo de tu propio tambor, al ritmo de tu individualidad, y de las pulsaciones sinfónicas de tu destino y propósito únicos.

Padre, te alabo porque fui hecho maravilloso y temible. Usaste tu habilidad divina para formarme, y soy la persona adecuada para mi misión única en la tierra. He sido capacitado divinamente con creatividad e ingenio. Soy alguien que resuelve problemas, y me estoy convirtiendo en un experto en este campo. Tengo favor contigo y con el hombre. Hoy soy capaz de enfrentarme a cualquier obstáculo. Has hecho todas las cosas bien, y eso me incluye a mí. Espero que hagas cosas maravillosas y poderosas en mí y a través de mí. En el nombre de Jesús, amén.

Concéntrate en lo positivo

Por último, hermanos, consideren bien todo lo verdadero, todo lo respetable, todo lo justo, todo lo puro, todo lo amable, todo lo digno de admiración, en fin, todo lo que sea excelente o merezca elogio.
—Filipenses 4:8

Aquello en lo te concentras predominantemente, es lo que permites que exista en tu vida. Jabes eligió concentrarse en sus deseos futuros más que en sus circunstancias actuales. Muchas veces la gente se concentra en lo negativo, y vive un ciclo de negativismo. Debes escoger enfocarte en lo positivo. Tienes que entrenar tu mente para pensar en todo lo que es honesto, virtuoso y digno de alabanza. Cualquier cosa que vaya a andar mal en tu vida será el resultado de en qué te concentras. Si no te gusta ¡cambia tu enfoque!

Padre, que mis pensamientos se alineen divinamente hoy. Elijo pensar en las cosas que son verdaderas, nobles, dignas de confianza, auténticas, interesantes y misericordiosas. Medito en lo mejor, no en lo peor; en lo bello, no en lo feo. Tú eres mi esperanza y mi ferviente expectativa. Gracias a ti sé que puedo experimentar más abundantemente y muy por encima de lo que jamás hubiera pensado o pedido. Gracias a ti sé que soy victorioso. Declaro que nuevos ciclos de victoria, éxito y prosperidad reemplazarán los antiguos de fracaso, pobreza y muerte. En el nombre de Jesús, amén.

VISUALIZA LA GRAN EXTENSIÓN

El Señor le dijo: "Abram, levanta la vista desde el lugar
donde estás, y mira hacia el norte y hacia el sur, hacia el este
y hacia el oeste. Yo te daré a ti y a tu descendencia, para
siempre, toda la tierra que abarca tu mirada ¡Ve y recorre
el país a lo largo y a lo ancho, porque a ti te lo daré!".
—GÉNESIS 13:14–17

Dios le enseñó a Abram algo sobre concentrarse. Le dijo que mirara el territorio que le daría, que caminara en esa tierra, en todas las direcciones, y que visualizara la extensión de su legado. Luego le dijo: "Multiplicaré tu descendencia como el polvo de la tierra; si alguien puede contar el polvo de la tierra, también podrá contar tus descendientes" (Génesis 13:16). ¿Dios entrenó a Abram para hacer qué? Lo entrenó para que se concentrara en pensamientos más grandes. Si planeas cambiar tu futuro, no te concentres en cosas o en personas más pequeñas que lo que esperas. Tu enfoque alimentará tu fe o confirmará tus temores. Aprende a pensar como Abram. Piensa intencionalmente, generacionalmente e incluso globalmente. ¡Lo que puedas pensar nunca será demasiado grande, demasiado magnífico, demasiado fabuloso!

Elijo pensar en grande y esperar grandes cosas para mi
futuro. Decreto puertas abiertas y conexiones divinas. Qui-
to los límites y declaro que caminaré en la plenitud de todo
lo que tienes para mí. En el nombre de Jesús, amén.

¿QUÉ TE RODEA?

Tan pronto como desembarcó Jesús, un hombre poseído
por un espíritu maligno le salió al encuentro de entre
los sepulcros. Noche y día andaba por los sepulcros y
por las colinas, gritando y golpeándose con piedras.
—MARCOS 5:2, 5

Tu entorno causará un impacto en tu actitud, en tu enfoque, en tu fe y en la intencionalidad de tus pensamientos. Si estás rodeado de desorden, ruido, recuerdos de carencias y otros problemas, se te hará más difícil superar esos asuntos que te limitan.

A mí me gusta la belleza: todo lo que es bello, limpio y ordenado automáticamente me inspira. A algunas personas les gusta la tranquilidad de la naturaleza o la estimulación de la música o una cafetería bulliciosa. Dios le dio al hombre millares de ámbitos inspiradores para estimular su creatividad. Tienes el poder de crear un ambiente inspirador a tu alrededor. Busca esos ambientes particulares que inspiran tus pensamientos y los llenan de abundancia en todo nivel, y encuentra la manera de pasar tiempo en tu espacio más creativo.

Padre, despierta mi creatividad. Permíteme encontrar un
espacio en el que pueda disfrutar tu belleza y encuentre ins-
piración. Trae orden a mi entorno. Que mi hogar y cada
lugar que frecuento se llenen de tu paz. En el nombre de
Jesús, amén.

Haz de cuenta que ya estás ahí

En esto, una mujer que hacía doce años padecía de hemorragias se le acercó por detrás y le tocó el borde del manto. Pensaba: "Si al menos logro tocar su manto, quedaré sana". Jesús se dio vuelta, la vio y le dijo: "¡Ánimo, hija! Tu fe te ha sanado." Y la mujer quedó sana en aquel momento.
—Mateo 9:20–22

El mayor riesgo en la vida ¡es no correr ningún riesgo! Prepara tu mente para buscar y aceptar grandes desafíos. Si te cuesta pensar con originalidad, imagínate creando algo. Siéntete cómodo con pensamientos de logros y de éxito; piensa y siente como si ya tuvieras lo que deseas. Crea sentimientos de éxito fingiendo que estás viviendo la clase de vida que has imaginado hasta que esta práctica afecte los hábitos de tu mente. Piensa en el presente, y piensa positivamente, ve lo que deseas como si ya lo tuvieras. Condiciona tu mente para aceptar esos pensamientos, y atraerás estas oportunidades y experiencias hacia ti.

Si sigo haciendo lo que hacía, cosecharé los mismos resultados. Así que elijo expandir las fronteras de mis pensamientos. Me veo bendecido y caminando en el favor divino, completamente equipado con todo lo que necesito para desarrollar mi misión en el reino. Recibo cada día con expectativa porque tú me llevas de la mano. Amén.

Dios quiere abundancia para ti

*Porque yo sé muy bien los planes que tengo para
ustedes—afirma el Señor—, planes de bienestar y no de
calamidad, a fin de darles un futuro y una esperanza.*
—Jeremías 29:11

Lo primero que necesitas cambiar son tus pensamientos sobre
lo que Dios quiere para ti. Él quiere que vivas una vida de
abundancia. Su deseo es darte secretos divinos universales
para que tengas gran éxito y prosperidad. Él tiene la receta
espiritual secreta para la vida abundante.

Hay muchas personas que pueden no ser tan espirituales
como tú, y sin embargo fueron capaces de aprovechar algo
fabuloso. Sea por accidente o por providencia, están viviendo
más allá de sus sueños más maravillosos, y tú también puedes
hacerlo. Debes decirte a ti mismo, hasta que esta verdad se
convierta en tu convicción: "¡Dios quiere que viva en abundancia!". Un mundo de posibilidades está esperando.

*¡Tú quieres que viva en abundancia! Decreto y declaro que
soy próspero en todas las formas posibles: espiritual, física, financiera, relacional, intelectual, emocionalmente y
así sucesivamente. Mis pensamientos deben alinearse con
lo que deseas para mí. Rechazo cada pensamiento derro-
tista y lo pongo bajos mis pies. Declaro que soy bendecido
con toda bendición espiritual en los lugares celestiales en el
nombre de Jesús, amén.*

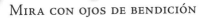

MIRA CON OJOS DE BENDICIÓN

Isaí mandó a buscarlo,[a David] y se lo trajeron. Era buen mozo,
trigueño y de buena presencia. El SEÑOR le dijo a Samuel: "Éste
es; levántate y úngelo." Samuel tomó el cuerno de aceite y ungió
al joven en presencia de sus hermanos. Entonces el Espíritu del
SEÑOR vino con poder sobre David, y desde ese día estuvo con él.
—1 SAMUEL 16:12–13

Cuando Samuel fue hacia David, vertió el aceite de la unción
sobre su cabeza para indicar que él sería el próximo rey de
Israel. Fue muchos años antes de que David llevara realmente
la corona, pero desde el momento en que fue ungido, ya fue el
rey a los ojos de Dios. Cosas buenas comenzaron a sucederle
casi de inmediato porque empezó a mirar el mundo con ojos
de bendición en lugar de mirar con ojos de fracaso. Cuando
venció al oso y al león, supo que podía vencer gigantes. Y así
como él tomó autoridad y superó todo lo que amenazara su
ascenso al trono, tú debes tomar autoridad y vencer todo
lo que pone en peligro tu ascenso a la esfera del éxito y la
prosperidad.

Decreto y declaro que estoy ungido para mi misión. Ningún
arma forjada contra mí prosperará. Aunque no he alcanza-
do mi tierra prometida, decreto que andaré en la plenitud
de todo lo que Dios me ha prometido porque su Palabra no
volverá vacía. En el nombre de Jesús, amén.

DECRETA TU FUTURO

*Pero ustedes son linaje escogido, real sacerdocio,
nación santa, pueblo que pertenece a Dios, para
que proclamen las obras maravillosas de aquel que
los llamó de las tinieblas a su luz admirable.*
—1 PEDRO 2:9

Un rey no suplica ni llora por nada. No tiene que hacerlo. Él
declara algo, y eso queda establecido. Un rey tiene el poder
legal de *decretar*, que es una palabra del inglés antiguo para
legislar. Instituye, confirma, establece, manda: eso es lo que
hace un rey. Pedro dice que somos "real sacerdocio". La palabra *real* habla de nuestros atributos reales como creyentes.
Recuerda, Jesús es el Rey de reyes: Él es rey con *R* mayúscu-
la, y nosotros somos reyes con r minúscula. Debes manifestar
tu unción real para decretar bendiciones sobre tu matrimonio,
familia, negocios, ministerio y toda otra esfera de tu vida.

*Declaro tu Palabra sobre mi vida hoy. Estoy extremada
y abundantemente bendecido, mucho más allá de lo que
pueda imaginar. De acuerdo con Deuteronomio 28, soy
bendecido en la ciudad y en el campo, soy bendecido en mi
entrada y mi salida. Soy fructífero y no me falta nada. Soy
bendecido social, financiera, espiritual, emocional e intelec-
tualmente. Mi familia es bendecida; mi lugar de trabajo es
bendecido; mi iglesia es bendecida. Gracias a ti, como el
bien de la tierra. ¡Gracias, Señor! Amén.*

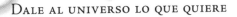

DALE AL UNIVERSO LO QUE QUIERE

*La creación aguarda con ansiedad la
revelación de los hijos de Dios.*
—ROMANOS 8:19

El universo entero está esperando que le demos instrucciones.
El universo entero espera anticipando que los hijos y las hijas
de Dios se manifiesten y se vuelvan a alinear con la intención
original de Dios para ellos. Cada palabra que pronuncias está
cargada de regio poder creativo.

El primero en ilustrar esto fue Dios mismo. De acuerdo
con Hebreos 11:3: "Por la fe entendemos que todo el universo
fue formado por orden de Dios, de modo que *lo que ahora
vemos no vino de cosas visibles*" (NTV, énfasis añadido). Las
palabras son las "cosas" a las que se refiere este versículo.
Aunque las palabras no son visibles, son entidades sustantivas
que hicieron tangible el universo mediante el poder de Dios.

*Creaste el mundo con tus palabras, y colocaste el poder de la
vida y la muerte en mi lengua. Me paro en la autoridad que
me has dado y decreto que todos los elementos de mi día van
a cooperar con tus planes y propósitos. No haré nada por mí
mismo, sino solo con tu guía. Haz que mi voluntad obre en
perfecta armonía con la tuya. En el nombre de Jesús, amén.*

CONÉCTATE A DIOS

Y al orar, no hablen sólo por hablar como hacen los gentiles,
porque ellos se imaginan que serán escuchados por sus
muchas palabras. No sean como ellos, porque su Padre
sabe lo que ustedes necesitan antes de que se lo pidan.
—MATEO 6:7–8

La oración no es un tipo de práctica mecánica que cada vez obtiene la misma respuesta a las mismas palabras, como un conjuro mágico. La oración no es magia ni brujería. La oración es cuestión de conectarse con Dios y obtener su palabra sobre lo que estamos enfrentando, y luego actuar en consecuencia. A menudo Jesús *se convirtió* en la respuesta después de haber orado. Parece que siempre ha habido una acción correspondiente.

Padre, dame descargas proféticas para que mis palabras
sean más que motivación. Que sean vida. Que tu Palabra
renueve mi mente y me haga más como tú. Esta es una nue-
va estación, y me estás alineando con tu plan y propósito
originales. Déjame estar perfectamente en sintonía y sin-
cronía contigo. Padre, mientras insisto en escucharte, dame
una palabra para cada situación que enfrente hoy. Tu Rei-
no es mi prioridad y lo que me asignes es mi placer. Venga
tu Reino y hágase tu voluntad en la tierra como en el cielo.
En el nombre de Jesús, amén.

marzo

LAS PALABRAS SON UN MISTERIO ESPIRITUAL

Tendrás éxito en todo lo que emprendas, y
en tus caminos brillará la luz.
—JOB 22:28

La Escritura está repleta de principios que sostienen el poder de la lengua. Este versículo se refiere a tu unción real: el favor que Dios ha derramado sobre ti porque le perteneces. El verdadero poder de la palabra hablada está más allá de nuestro entendimiento. Es un misterio espiritual—un secreto escondido que ahora es revelado para equipar a los hijos de Dios para una época sin precedentes de empoderamiento e influencia. Ha llegado el tiempo de que los creyentes se levanten y caminen en el conocimiento y la autoridad que Dios les ha dado y que ordenó por medio de su Palabra—la Palabra que Él habló en nosotros y nos creó para que la declaremos. Cuando nos rodean fuerzas que amenazan nuestra paz y estabilidad, nada puede prevalecer contra la palabra hablada de Dios.

Decreto y declaro que mi hombre espiritual está revestido
con la armadura del Señor. El mal no se acercará a mi
morada porque vivo al abrigo del Dios Altísimo, bajo la
sombra del Todopoderoso. Declaro que soy victorioso en ti,
y que cada montaña que impida que posea mi herencia en
ti deberá moverse en el nombre de Jesús, amén.

¿Cuál es tu combinación?

En la lengua hay poder de vida y muerte;
quienes la aman comerán de su fruto.
—Proverbios 18:21

Escoger conscientemente tus palabras es como juntar la combinación correcta de ladrillos y mezcla. Así como los grandes arquitectos han tomado materiales en crudo para construir rascacielos y monumentos eternos, tus palabras son el material en bruto que puede formar la vida para la que fuiste diseñado. Las palabras acarrean poder. Es la palabra de Dios que sale de tu boca la que arranca todos los recursos del cielo para tu situación (vea Mateo 18:18).

Edificaré mi futuro con las palabras que pronuncie hoy. Por lo tanto, alineo mi discurso con la Palabra de Dios porque la Palabra de Dios es su voluntad para mí. No estoy aquí por accidente. Fui hecho para este tiempo señalado, y todo lo que hoy necesito para cumplir con los propósitos de Dios para mí ya está al alcance de mi mano. Decreto y declaro que hoy mi misión no será obstruida. Padre, invísteme de poder para servirte en santidad y justicia. En el nombre de Jesús, amén.

Presta atención a cómo conduces

Fíjense también en los barcos. A pesar de ser tan grandes y de ser impulsados por fuertes vientos, se gobiernan por un pequeño timón a voluntad del piloto. Así también la lengua es un miembro muy pequeño del cuerpo, pero hace alarde de grandes hazañas. ¡Imagínense qué gran bosque se incendia con tan pequeña chispa!
—Santiago 3:4–5

Cuando un barco zarpa para cruzar el océano, el piloto traza el curso. Luego determina los tiempos que necesitará para ajustar la dirección del barco para seguir el curso que ha establecido. Para el piloto, el curso se forma primero en sus pensamientos, lo comunica mediante el timón, y luego lo lleva a cabo cuando el resto de la nave se alinea con su propósito. En nuestro caso, nuestras vidas alcanzan las metas deseadas solo si alineamos nuestros pensamientos, palabras, hábitos y acciones de una manera similar. En vez de dejar que los elementos de tu día dicten tu destino, puedes asumir el control de esos elementos y dirigir el curso a un final mejor.

Decreto y declaro que no dejo que la vida simplemente me pase. Busco tus deseos para mí, y mis palabras y acciones se alinean con esos planes. No permitiré que los desafíos alteren mi atención. Permaneceré firme hasta que alcance "el fin que espero" (Jeremías 29:11). En el nombre de Jesús, amén.

SUEÑA DESPIERTO CON POSIBILIDADES

El Señor llevará a cabo los planes que tiene para mi
vida, pues tu fiel amor, oh Señor, permanece para
siempre. No me abandones, porque tú me creaste.
—SALMO 138:8, NTV

Debes tomar un tiempo para considerar cuidadosamente el curso de tu vida. ¿Hacia dónde te diriges? ¿Cómo se verá cuando llegues allí?

Permite que tu imaginación tome el control. Dedica tiempo a soñar despierto sobre dónde quieres que esté tu vida. Lee al respecto. Estudia ese lugar. Escribe al respecto en tu diario. Dibújalo. Píntalo. Deja correr libremente tu mente con las posibilidades de lo que puedes obtener, lo que puedes ser, y lo que puedes lograr. Transforma tu imaginación en intenciones. Actúa intencionalmente en vez de reaccionar inconscientemente.

Ahora habla de ello. Alinea tu boca con el lugar hacia el cual te diriges. Sé constante y mantén el curso.

Nada es imposible con Dios; por lo tanto, no limitaré lo que
Él puede hacer por mí. Libero mi mente y mi corazón para
soñar. Doy lugar a esos sueños que el Espíritu Santo colocó
en mi corazón hace mucho tiempo, sueños que enterré por
miedo o descreimiento. Les ordeno que despierten. Padre,
mi corazón está abierto a recibir tus deseos para mí. Solo
quiero hacer tu voluntad. Amén.

DECLARA BENDICIÓN SOBRE *tu* DÍA   67

No vuelvas sobre tus pasos

Pero que pida con fe, sin dudar, porque quien duda es como las olas del mar, agitadas y llevadas de un lado a otro por el viento. Quien es así no piense que va a recibir cosa alguna del Señor; es indeciso e inconstante en todo lo que hace.
—Santiago 1:6–8

¿Qué le sucede a un barco si lo diriges en una dirección en un momento, y en el siguiente lo das vuelta en el sentido opuesto y sigues haciendo eso una y otra vez? Muy simple: no va a ningún lado. Esto es lo que pasa cuando las personas empiezan a hablar de las cosas buenas que esperan que pasen y al minuto siguiente pasan media hora hablando de todas las cosas negativas que les suceden y que les impiden lograr aquellas. Andan en círculos. Durante un rato alinean sus palabras con el lugar a donde quieren, y luego, cuando encuentran una tormenta en el camino, lo único que hacen es hablar del mal tiempo y pierden la noción de hacia dónde se estaban dirigiendo. Olvidan que tienen el poder de dar vuelta sus vidas en la tormenta o seguir adelante hacia la luz del sol que está al otro lado. Olvidan que el "Hijo" jamás dejó de brillar en sus vidas, por muy oscuras que estuvieran las nubes en el cielo.

Padre, ayúdame a mantenerme concentrado en ti cuando afronte pruebas. Tú eres más grande que cualquier desafío que pueda afrontar. Que mis palabras siempre reflejen esa verdad. Amén.

Decreta lo que sucederá

Yo proclamaré el decreto del Señor: "Tú eres mi hijo", me ha dicho; "hoy mismo te he engendrado. Pídeme, y como herencia te entregaré las naciones; ¡tuyos serán los confines de la tierra!".
—Salmo 2:7–8

Cada uno de tus decretos está cargado con el poder y el potencial para revolucionar tu vida. David usó su derecho a decretar y declarar para cambiar el rumbo de la desfavorable suerte de Israel y para derrotar a su enemigo, Goliat. Como el mundo espiritual es un mundo causal, Goliat ya estaba muerto mucho antes de que la piedra lo golpeara y fuera decapitado por la espada.

Me doy cuenta de que es en el mundo sobrenatural donde se obtienen las victorias. Así que declaro la victoria en el nombre de Jesús. Declaro la victoria sobre cada Goliat de mi vida; de mi familia, mis finanzas, mi lugar de trabajo, mi iglesia/ministerio y mi cuerpo. Decreto y declaro que hoy es el amanecer de una nueva estación de éxito y fecundidad. Las cosas viejas pasaron; todas son hechas nuevas. En el nombre de Jesús, amén.

Bendice todo

Bendigan a quienes los persigan; bendigan y no maldigan.
—Romanos 12:14

Elije usar tu lengua para dar vida y no muerte, para bendecir y no para maldecir, aun cuando se trate de tus enemigos.
Aprende el arte de la bendición, porque al bendecir a algo o a
alguien, esa cosa o esa persona debe bendecirte a ti. Cuando
bendices, las bendiciones serán atraídas hacia ti, o como dice
Deuteronomio 28:2: "Y vendrán sobre ti todas estas bendiciones, y te alcanzarán, si oyeres la voz de Jehová tu Dios". A la
inversa, al maldecir a algo o a alguien, atraes maldición sobre
ti mismo.

Que mi hablar sea siempre gentil para que ministre al
oyente. Quiero ser bendecido, así que bendigo a los demás
y no los maldigo. Elijo perdonar y no condenar. No juzgo
a nadie ni a nada prematuramente. Decreto y declaro que
hay un guardia sobre mi boca. Coloco una rienda ceñida
sobre mi boca y te honro con mis palabras. En el nombre
de Jesús, amén.

Presta atención a tus palabras

*El que refrena su lengua protege su vida, pero
el ligero de labios provoca su ruina.*
—Proverbios 13:3

Estoy convencido de que, por ignorancia, los creyentes tienden a vivir por debajo del estándar que Dios ha ordenado para sus hijos. No sabemos que nuestras declaraciones y decretos diarios tienen el poder de alterar nuestros destinos y cambiar la calidad de nuestras vidas. Como dijo Santiago: "Todos fallamos mucho. Si alguien nunca falla en lo que dice, es una persona perfecta, capaz también de controlar todo su cuerpo" (Santiago 3:2). Si controlar tus palabras hace que guardes tu vida y crezcas en madurez, imagina lo que sucede cuando no cuidas tus palabras.

Quiero lo mejor, así que pronuncio vida y no muerte. Me posiciono para recibir de ti al honrarte tanto con mis palabras como con mis acciones. Mi lengua tiene el poder de determinar la dirección en la que voy, así que elijo mis palabras con sabiduría. Lleno mi boca con alabanza, y pronuncio tu Palabra. Como tu Palabra es lámpara a mis pies, no tropiezo ni caigo. Mis pasos están seguros. Soy coronado con tu amor y tu misericordia. Con cosas buenas satisfaces todos mis días y mi vida. En el nombre de Jesús, amén.

No te burles de una bendición

Eliseo contestó: "Oigan la palabra del SEÑOR, que dice así:
'Mañana a estas horas, a la entrada de Samaria, podrá comprarse
una medida de flor de harina con una sola moneda de plata, y
hasta una doble medida de cebada por el mismo precio.'"

El ayudante personal del rey replicó: "¡No me digas!
Aun si el SEÑOR abriera las ventanas del cielo, ¡no
podría suceder tal cosa!". Pues lo verás con tus propios
ojos "le advirtió Eliseo", pero no llegarás a comerlo.
—2 Reyes 7:1–2

El profeta Eliseo declaró las bendiciones de Dios y se hicieron realidad. Se necesitó una declaración profética para cambiar el panorama económico de toda una nación. El oficial que
influenciaba al rey unió una declaración divina con escepti-
cismo y descreimiento. Sus palabras literalmente abortaron la
bendición de Dios para él e hicieron que perdiera su vida. Este
hombre murió porque se negó a estar de acuerdo con el plan
de Dios y se burló de la metodología de la bendición. Ten cuidado de no hacer lo mismo.

Señor, no me burlaré de tus caminos. Cooperaré con tus
planes y propósitos para mí. Aún cuando no entienda lo
que estés haciendo o por qué. Confío en ti. No me reiré
como hizo Sara. No dudaré como hizo Tomás. No obra-
ré según mis propias fuerzas. Me humillo ante ti y te sigo,
Señor. Tienes mi confianza total. Amén.

HABLA LA VERDAD

No se engañen: de Dios nadie se burla. Cada uno cosecha lo que
siembra. El que siembra para agradar a su naturaleza pecaminosa,
de esa misma naturaleza cosechará destrucción; el que siembra
para agradar al Espíritu, del Espíritu cosechará vida eterna.
—GÁLATAS 6:7–8

Coloca tu mano directamente sobre tu boca y declara en voz
alta: "Soy bendecido, todas mis necesidades están satisfechas,
y tengo más que suficiente para mí mismo, mi casa y extra
para bendecir a otros". ¿Sentiste el poder de estas palabras
que salieron de tu boca como una brisa? Tus palabras volverán a ti, manifestadas con una fuerza huracanada, soplando
en tu vida abundancia y bendición o falta y calamidad, depen-
diendo de lo que hables. Elige dirigir tu vida hacia las bendiciones llenando la atmósfera que te rodea con palabras de fe
y de victoria.

> *Suelto mi nombre en la atmósfera y declaro que tengo una*
> *buena reputación. Mi nombre está asociado con excelencia,*
> *integridad, santidad, generosidad, visión, salud y fe. Fui*
> *ungido para un tiempo como este para cumplir totalmente*
> *mi propósito. Padre, de acuerdo con Isaías 54:17, ningún*
> *arma forjada contra mí prosperará y condenarás toda len-*
> *gua que se levante contra mí en juicio. Esta es mi herencia*
> *como siervo del Señor. Por medio de ti, estoy investido de*
> *poder para ver victoria. En el nombre de Jesús, amén.*

Las palabras tienen poder y presencia

¿Te has fijado en los que hablan sin pensar? ¡Más se
puede esperar de un necio que de gente así!
—Proverbios 29:20

Las palabras soltadas en la atmósfera no desaparecen ni se disipan. No tienen limitaciones geográficas. Las palabras tienen poder, presencia e implicaciones proféticas. Crean una fuerza magnética que atrae la manifestación de lo que hablas—sea bueno o malo, bendición o maldición—de otras esferas, regiones y dimensiones. Están suspendidas e incubadas en la esfera del espíritu, esperando el momento correcto y la condición óptima para manifestarse.

Me comprometo a alcanzar y mantener una mente positiva.
Estudiaré tu Palabra y declararé tu verdad a diario. Que la
sabiduría de tu Palabra influencie mis pensamientos hasta
que mi vida y mi hablar la reflejen. Gracias por la sólida fe
que no duda de tu Palabra. Sé que no estoy aquí por acci-
dente. Tú me pusiste aquí para cumplir tu propósito. Me
llamaste para ser un líder dentro de mi esfera de influencia,
y me comprometo a llevar tu luz como agente de cambio en
un mundo en tinieblas. Hoy es el comienzo de un nuevo
tiempo de crecimiento y productividad. En el nombre de
Jesús, amén.

Tu boca legisla

Allí estaban también Josué hijo de Nun y Caleb hijo de Jefone le dijeron a toda la comunidad israelita: "La tierra que recorrimos y exploramos es increíblemente buena. Si el Señor se agrada de nosotros, nos hará entrar en ella. ¡Nos va a dar una tierra donde abundan la leche y la miel! Así que no se rebelen contra el Señor ni tengan miedo de la gente que habita en esa tierra.

¡Ya son pan comido! No tienen quién los proteja, porque el Señor está de parte nuestra. Así que, ¡no les tengan miedo! Pero como toda la comunidad hablaba de apedrearlos, la gloria del Señor se manifestó en la Tienda, frente a todos los israelitas.
—Números 14:6–10

Los hijos de Israel deambularon cuarenta años por el desierto porque legislaron su errante exilio con su propia boca. Debido a su parloteo negativo y desagradecido, alteraron por ignorancia el destino de un viaje que pudo haber durado dos semanas. ¿Fue esto una estratagema del diablo, el plan original de Dios, o su propio hacer? Las Escrituras claramente revelan que la travesía de cuarenta años por el desierto ocurrió como resultado de que se entramparon en sus propias palabras.

Padre, decreto y declaro que este año está preñado de tu propósito. Lo mejor está aún por venir. El dolor de mi pasado no aparecerá en mi futuro. Padre, dame estrategias fructíferas y permíteme reflejar tu gloria. En el nombre de Jesús, amén.

VIVE CON PROPÓSITO

Así que tengan cuidado de su manera de vivir. No vivan
como necios sino como sabios, aprovechando al máximo
cada momento oportuno, porque los días son malos.
—EFESIOS 5:15–16

Una de las cosas más sensatas que podemos hacer es vivir con propósito. Debemos actuar deliberadamente para ordenar nuestros días y pasar el tiempo. A todos en el universo se les ha dado la misma cantidad de tiempo: todos tenemos veinticuatro horas por día, sea que vivamos en la Casa Blanca o en un gueto. Lo que hagamos con esas veinticuatro horas determinará lo que logremos en la vida.

Padre, decreto y declaro que estoy investido de poder para
cumplir todo lo que fui concebido para hacer. Mi destino y
mi hablar están en sintonía con tu voluntad. Soy influyente.
Dejo un legado para las generaciones futuras. Camino en
paz contigo y con la humanidad. Tú prosperas las obras de
mis manos. Mi familia, mi vida y amigos son bendecidos
abundantemente. Gracias a ti, tengo el coraje para perma-
necer fiel a mis convicciones mientras desarrollo mi misión
sobre la tierra. En el nombre de Jesús, amén.

¿QUÉ ELEGIRÁS CREER?

Oyendo esto, ha desmayado nuestro corazón; ni ha quedado más
aliento en hombre alguno por causa de vosotros, porque Jehová
vuestro Dios es Dios arriba en los cielos y abajo en la tierra.
—JOSUÉ 2:11, RV60

Mientras los israelitas llamaban a los habitantes de Canaán "gigantes", el corazón de esos "gigantes" se derretía de miedo a los israelitas. En vez de escuchar a Josué y a Caleb, cuyas palabras llenaron la atmósfera con fe, eligieron succionar toda la esperanza de su entorno escuchando a los otros diez espías que solo hablaban de su propia incapacidad y de la grandeza de sus enemigos. Incluso trataron de arrepentirse cuando se dieron cuenta de que lo que habían hecho y trataron de obedecer a Dios al tomar la tierra, pero ya era demasiado tarde: sus propias palabras ya los habían deshecho.

Padre, gracias por darme absoluta seguridad de que tú tie-
nes el control. Recibo los obstáculos con fe sólida como una
piedra. Me levanto hoy sabiendo que tú oyes y respondes
mis oraciones. Padre, envía escoltas divinos de ángeles para
que me guíen sin peligro a lugares importantes. La luz de
tu Palabra ilumina mi camino. Por sus principios abro
nuevos caminos y desafío el statu quo. Descubro nuevos
horizontes dentro del campo que escogí. Camino a tu paso.
Permanezco en perfecta paz porque mi confianza está en ti
y no en el hombre. En el nombre de Jesús, amén.

LLENA LA ATMÓSFERA DE VICTORIA

Así que diles de parte mía: Juro por mí mismo, que haré
que se les cumplan sus deseos. Los cadáveres de todos
ustedes quedarán tirados en este desierto. Ninguno de los
censados mayores de veinte años, que murmuraron contra
mí, tomará posesión de la tierra que les prometí. Sólo
entrarán en ella Caleb hijo de Jefone y Josué hijo de Nun.
—NÚMEROS 14:28–30

Aunque Israel actuó según la palabra de Dios, llenó la atmósfera con su miedo y derrota en vez de llenarla con fe y victoria. Lo que recibieron no estaba de acuerdo con las promesas de Dios sino con lo que ellos habían derramado en la atmósfera. Condujeron sus vidas a un puerto de miedo y fracaso, se anclaron allí y luego se sorprendieron porque las aguas estaban llenas de tiburones. Arrebataron el fracaso de la propia boca de la victoria. Tú, como esos israelitas, ¿estás obteniendo exactamente lo que siempre pediste?

Padre, me levanto hoy en tu fortaleza, determinado a usar
los dones que me has dado para que sean de bendición para
mi familia, comunidad y nación. Declaro que soy más que
vencedor. Siempre seré primero y no último, estaré arriba y
no abajo. Guárdame hoy del orgullo y la falsa humildad, y
permite que mi hablar solo cree un camino hacia la victoria.
En el nombre de Jesús, amén.

¿En qué crees?

Pero por causa de ustedes el Señor se enojó conmigo y no
me escuchó, sino que me dijo: "¡Basta ya! No me hables
más de este asunto. Sube hasta la cumbre del Pisgá y mira
al norte, al sur, al este y al oeste. Contempla la tierra con
tus propios ojos, porque no vas a cruzar este río Jordán."
—Deuteronomio 3:26–27

Cuando lees una de las promesas de Dios para ti en la Biblia,
¿cuál es tu primer pensamiento? "Oh, sería maravilloso tener
eso en el cielo algún día" o "¡Qué promesa tan fenomenal! Por
supuesto, eso no es para alguien tan miserable como yo" O
piensas: "¡Alabado sea Dios! Si Él dice que yo debería tener
eso, ¡nada podrá impedir que su bendición se manifieste en mi
vida!". Lamentablemente, demasiadas personas solo escogen
las primeras dos opciones. Como hicieron los israelitas, que
se detuvieron a la orilla del Jordán a mirar lo que se les había
prometido, nosotros también solemos abandonar antes de que
la batalla siquiera comience.

Padre, busco con coraje y convicción el propósito que tienes
para mí. Creo en tu Palabra y acepto lo que dices como
hecho. Recibo todas tus promesas en ti sí y en ti amén. Tú
siempre estás conmigo, y sé que nunca me avergonzarás. En
el nombre de Jesús, amén.

Créele a Dios por su Palabra

*Uno de ellos, experto en la ley, le tendió una
trampa con esta pregunta: "Maestro, ¿cuál es el
mandamiento más importante de la ley?"*
—Mateo 22:35–36

En la cultura de hoy tendemos a burlarnos de los abogados y de los políticos, pero a lo largo de la historia los abogados han revelado algunas de las cosas más maravillosas sobre Dios que jamás podríamos haber conocido. Moisés fue el "dador de la ley" y el apóstol Pablo fue un fariseo. Martín Lutero, el reformador, comenzó su carrera en la escuela de leyes, como lo hizo el gran evangelista Charles Finney. ¿Qué los hizo tan formidables? Leían sus Biblias como los abogados que estudian para preparar un caso, y ponían más fe en que Dios cumpliría su Palabra que en cualquier ley terrenal. Luego tomaban esas palabras y cargaban la atmósfera de verdad bíblica la atmósfera que los rodeaba. Cambiaron sus mundos por medio de lo que decían.

Tomo tu Palabra. Por lo que Jesús hizo en la cruz, sé que soy un hijo de Dios y que estoy sentado en los lugares celestiales en Cristo. Tú no retienes las cosas buenas de quienes andamos en integridad, de manera que te confío mis caminos a ti. Padre, te pido que me guíes por sendas de justicia y hagas que mis días por venir sean mejores que los anteriores. En el nombre de Jesús, amén.

LAS PROMESAS DE DIOS SON PARA TI

Así dice el Señor omnipotente a estos huesos: "Yo les daré aliento
de vida, y ustedes volverán a vivir. Les pondré tendones, haré
que les salga carne, y los cubriré de piel; les daré aliento de
vida, y así revivirán. Entonces sabrán que yo soy el Señor".
—EZEQUIEL 37:5–6

Cuando lees la Biblia debes creer personalmente en la Palabra
de Dios. Sus promesas son para sus hijos, y si le has entregado
tu vida a Él como tu Señor y Salvador, eso es lo que Él es para
ti. Pronuncia vida sobre tus áreas muertas: te sorprenderá lo
que pueden hacer las palabras de Dios en tu boca. Si Dios lo
dijo, es un hecho.

Por medio de ti todo lo puedo. Ayúdame hoy a ser más
consciente de tu presencia y de tu poder en mi vida. Decre-
to y declaro que mi entorno es próspero, mi familia es ben-
decida y todas mis necesidades son suplidas de acuerdo con
tus riquezas en gloria. Que el gozo, la paz, la prosperidad
y el éxito abunden en mi vida como las estrellas. Tus ben-
diciones, Señor, me hacen rico, y todo lo que necesito para
cumplir mi destino está a mi disposición cuando me hace
falta. En el nombre de Jesús, amén.

CARGA LA ATMÓSFERA CON ALABANZA

Tan pronto como empezaron a entonar este cántico de alabanza, el Señor puso emboscadas contra los amonitas, los moabitas y los del monte de Seír que habían venido contra Judá, y los derrotó.
—2 CRÓNICAS 20:22

En vez de temer, Josafat entendió el plan de Dios y lo puso en acción. Creyó en la Palabra de Dios y ganó la batalla. Luego celebraron la salvación de Dios incluso antes de verla cumplida. Llenaron la atmósfera con alabanza y adoración, y cargaron el aire con el poder y la provisión de Dios, y para cuando distinguieron a sus enemigos, ellos ya habían sido derrotados.

Declaro que en ti ya soy victorioso. El pecado no tiene dominio sobre mí. Mi pasado no tiene dominio sobre mí. Soy más que vencedor por medio de ti. Nadie puede separarme de tu amor. Si tú estás conmigo, nadie puede contra mí. El enemigo no triunfará sobre mí. Tus planes y tus propósitos prevalecerán. En el nombre de Jesús, amén.

PONTE DE ACUERDO CON DIOS

Mantengamos firme la esperanza que profesamos,
porque fiel es el que hizo la promesa.
—HEBREOS 10:23

Ponte de acuerdo con lo que Dios ya ha declarado en su Palabra sobre ti y sobre tu situación. Tienes que entender lo que dice la Palabra de Dios al respecto. Luego, llena la atmósfera con sus promesas sobre ese tema.

Padre, santifícame con tu verdad; tu Palabra es verdad. Lleno mi mente con tu Palabra. Es lámpara a mis pies y lumbrera a mi camino. Ordena mis pasos en tu Palabra, de manera que no tropiece ni caiga. Estoy de acuerdo con lo que has dicho. Ningún arma forjada contra mí prevalecerá. Tú estás peleando mis batallas, y la victoria está en camino. Padre, ayúdame a andar en la verdad que me hace libre. En el nombre de Jesús, amén.

Prodúcelo

*Por la fe entendemos que el universo fue formado por la palabra
de Dios, de modo que lo visible no provino de lo que se ve.*
—Hebreos 11:3

Todo lo que ves fue hecho de lo que no se veía. Este concepto
maravilloso es lo que hace de las verdades bíblicas una realidad tan fascinante. No hay nada que exista actualmente que
no haya existido siempre. Eso significa que todo lo que puedes
experimentar con tus cinco sentidos "fue hecho" a partir de la
esfera espiritual; se manifestó por el poder de Dios, y ese es el
mismo poder que actúa en y a través de ti. Digo que "se manifestó" porque así es como funciona la creación. Al saber que
hay una causa para cada efecto, sabemos que algo "es" porque
ya había sido "hecho". Si una cosa no es concebida en la mente
y pronunciada—sin llamar a las cosas que no son como si fueran—nada de lo que hay en el mundo existiría.

*Padre, alineo mis palabras con tu Palabra y mi voluntad
con tu voluntad. Declaro que hoy mi visión es clara, mi
misión no está obstruida, y marco una diferencia en el
mundo. Decreto y declaro que tu poder se manifiesta en mi
vida. Gracias por las cosas maravillosas que estás haciendo, y que seguirás haciendo en mi vida. En el nombre de
Jesús, amén.*

LAS PALABRAS Y LOS PENSAMIENTOS
CONSTITUYEN LA REALIDAD

Porque por medio de él fueron creadas todas las cosas
en el cielo y en la tierra, visibles e invisibles, sean tronos,
poderes, principados o autoridades: todo ha sido creado
por medio de él y para él. Él es anterior a todas las
cosas, que por medio de él forman un todo coherente.
—COLOSENSES 1:16–17

El principio de que el pensamiento y la palabra dan forma a la realidad se encuentra desde el primer libro de la Biblia hasta el último. Dios creó el mundo tangible llamándolo para que fuera hecho. Dio forma a lo que los físicos llaman "sustancia" —el ser, esencia o naturaleza de algo, como dice el Diccionario de la Real Academia Española, que conforma el mundo invisible— cambiando la composición de la energía neta con el poder de sus decretos y declaraciones. Dios trajo a la existencia todas las cosas desde la materia que ya existía dentro de Él.

Padre, por tu Palabra fueron formados los mundos y por tu
Palabra mi mundo es formado. Tú me hiciste y me conoces.
Conoces mis pensamientos más íntimos. Conoces los deseos
de mi corazón, y conoces para hacer qué fui creado especí-
ficamente, porque tú pusiste esas capacidades en mí. Acudo
a tu Palabra para que me guíes, me dirijas y me aconsejes
en toda verdad. Pongo mi confianza únicamente en ti. En
el nombre de Jesús, amén.

ACCEDE AL PODER ILIMITADO

Dios, en el principio, creó los cielos y la tierra.
—GÉNESIS 1:1

La raíz latina de *creación* es literalmente "dar a luz". Por el poder de sus pensamientos y palabras, Dios "dio a luz" en el mundo físico lo que ya había en Él.

Así que en vez de pensar en el proceso de creación como hacer algo de la nada, para nuestro beneficio deberíamos pensarlo como acceder a la fuente de ilimitado poder en la esfera espiritual para dar a luz lo que imaginamos posible. Dios puso el universo en movimiento cambiando su intención, centrando sus pensamientos y aprovechando sus palabras. Aunque en menor alcance, nosotros creamos nuestro universo personal de la misma manera.

Padre, gracias por llenarme con tu Espíritu y permitirme sentir hoy tu presencia. Declaro que mi alma está llena de gozo y de paz y mi corazón está lleno con coraje. La luz de tu Palabra ilumina mi camino. Decreto y declaro que tus planes y propósitos prevalecerán en mi vida. Mis mejores días, los más bendecidos, están aún por llegar. Mi futuro no está definido por mi pasado. Comenzaste algo nuevo en mí. Estoy siendo transformado por la renovación de mi mente. En el nombre de Jesús, amén.

ACTIVA LAS MOLÉCULAS ESPIRITUALES

*Porque todo lo que ha nacido de Dios vence al mundo. Esta
es la victoria que ha vencido al mundo: nuestra fe.*
—1 JUAN 5:4

Las moléculas de hidrógeno y oxígeno son invisibles al ojo
humano, pero por medio de una reacción química se convierten en una sustancia visible llamada agua. Lo mismo sucede
con el sodio y el cloruro cuando se juntan para formar sal de
mesa. Dios puso en movimiento estos procesos invisibles en
la creación para responder continuamente a su Palabra y formar sustancias visibles que se agregan a nuestras vidas. Ha
hecho lo mismo en el mundo espiritual. Cada momento de
cada día, estamos rodeados de "moléculas" espirituales diseñadas para responder a nuestros pensamientos o intenciones—
o para decirlo más bíblicamente, a nuestra fe—para producir
milagros. Todo lo que necesitas para la victoria ya existe, pero
existe de otra forma. Como el mundo espiritual es causal, tu
milagro siempre está en movimiento, ¡solo necesitas alcanzar-
lo para que se manifieste a tu favor!

> *Gracias por haber provisto todo lo que necesito para mi
> misión en el Reino. Enséñame cómo acceder a los recursos
> que has puesto a mi disposición. Me niego a conformarme
> con menos que lo mejor de ti. Es un placer hacer tu volun-
> tad. Que tu Reino venga y tu voluntad sea hecha. En el
> nombre de Jesús, amén.*

MULTIPLICACIÓN POR BENDICIÓN

Y mandó a la gente que se sentara sobre la hierba. Tomó los cinco
panes y los dos pescados y, mirando al cielo, los bendijo. Luego
partió los panes y se los dio a los discípulos, quienes los repartieron
a la gente. Todos comieron hasta quedar satisfechos, y los
discípulos recogieron doce canastas llenas de pedazos que sobraron.
—MATEO 14:19–20

Jesús multiplicó los panes y los peces hablando y bendicién-
dolos. Alzó sus ojos al cielo y pronunció una bendición. El
verbo *bendecir* aquí significa: "Invocar la presencia de Dios" y
también: "Infundir su provisión a una cosa". Jesús invocó la
presencia de Dios, y los panes y los peces fueron "producidos"
o "se hicieron manifiestos"—Jesús afectó las "moléculas" espirituales lo suficiente como para hacer que los panes y los peces
aparecieran milagrosamente—pero habían estado allí todo el
tiempo en el mundo espiritual.

Señor, dame el discernimiento profético para poder dar a
luz todas las cosas que tienes separadas para mí. Coloca
sobre mí la unción de Samuel de sensibilidad y obediencia
a la voz de Dios, y la unción de Isacar para discernir los
tiempos y las sazones correctas. Decreto y declaro que voy
a alcanzar aquello para lo que fui asido por Cristo. En el
nombre de Jesús declaro que a su debido tiempo poseeré
todo lo que Dios desea para mí. Amén.

No dejes de luchar en oración

Entonces me dijo: "No tengas miedo, Daniel. Tu
petición fue escuchada desde el primer día en que
te propusiste ganar entendimiento y humillarte
ante tu Dios. En respuesta a ella estoy aquí".
—Daniel 10:12

Cuando Daniel oró, Dios envió la respuesta inmediatamente, pero había fuerzas que no permitían que ésta se manifestara. En el siguiente versículo leemos la explicación del ángel por ese retraso: "Durante veintiún días el príncipe de Persia se me opuso" (v. 13). Como Daniel persistía en oración, el ángel seguía luchando. Aunque Daniel no veía señal alguna de respuesta, ella estaba avanzando. Finalmente se manifestó porque Daniel nunca dejó de orar y decretar. La respuesta se abrió camino porque Daniel se paró firme en su profesión de fe. Recuerda, siempre habrá fuerzas que trabajen para evitar que tu respuesta se manifieste. Si no saboteas tus oraciones con pensamientos y palabras negativas, finalmente verás con tus ojos la sustancia de lo que has anhelado, como hizo Daniel.

Me levanto en fe, sabiendo que las respuestas que busco
vienen en camino. Seré como la viuda persistente y seguir-
ré pidiendo, seguiré golpeando, y seguiré buscando. No me
cansaré de hacer el bien porque a su tiempo segaré, si no
desmayo. En el nombre de Jesús, amén.

LAS SEMILLAS REQUIEREN TIEMPO

Por la fe Noé, advertido sobre cosas que aún no se veían, con temor reverente construyó un arca para salvar a su familia. Por esa fe condenó al mundo y llegó a ser heredero de la justicia que viene por la fe.
—HEBREOS 11:7

Una semilla enterrada en la tierra puede permanecer semanas sin ningún cambio aparente antes de brotar. El hecho de que no la veamos no significa que no esté allí. Tantas veces declaramos una cosa y luego perdemos la paciencia porque no se pone de manifiesto como lo harían las palomitas de maíz en un microondas. Solo porque no veamos que suceda algo en un cierto período no significa que nunca vaya a pasar o que no sea la voluntad de Dios. A veces lleva tiempo. Necesitamos creer y declararlo como si estuviera llegando hoy, pero persistir en nuestra fe aunque tarde décadas. Podemos deshacer lo que hayamos puesto en movimiento si escogemos pronunciar palabras de desaliento en vez de palabras llenas de fe.

Me recuerdo a mí mismo tu fidelidad, y mi fe crece. No daré lugar a la duda. Aunque la promesa se tarde, la esperaré. A su tiempo vendrá. En el nombre de Jesús, amén.

Deja que tus palabras se incuben

Sean, pues, aceptables ante ti mis palabras y mis
pensamientos, oh Señor roca mía y redentor mío.
—Salmo 19:14

Las palabras no desaparecen una vez que fueron soltadas en la atmósfera. Permanecen allí latentes, incubándose hasta que sea el tiempo de llevar fruto. Puede que sean activadas por alguien que active un catalizador en la esfera del espíritu para que lo que esperas se manifieste. Quizás haya fuerzas opositoras que necesiten que perseveres. Podría haber una gran cantidad de cosas retrasando lo que Dios tiene para ti, pero Dios lo dejó en claro: Sin importar el *porqué*, debes mantener tus pensamientos, tus palabras y tu fe alineados con lo que estás esperando, y luego debes confiar en que Dios se encargará del resto.

Señor, fijo mis ojos en ti. No me moveré por mis circunstan-cias. No me moveré a izquierda ni a derecha. Esperaré en ti hasta que cumplas tus promesas. Eres un Dios fiel, y no te tardas en cumplir tus promesas aunque algunos las tengan por tardanza. Como mantengo mi mente enfocada en ti, permanezco en perfecta paz. En el nombre de Jesús, amén.

Sé audaz en fe

Caleb hizo callar al pueblo ante Moisés, y dijo: "Subamos a conquistar esa tierra. Estoy seguro de que podremos hacerlo."
—Números 13:30

Fue solo el miedo lo que hizo que los israelitas se perdieran la promesa de Dios. En vez de heredar la propiedad, fueron forzados a deambular sin techo hasta que la siguiente generación se levantó con la audacia suficiente para tomar posesión y plantarse allí. Entre aquellos a quienes se les permitió adueñarse de esa propiedad estaban Josué y Caleb, los únicos de la generación anterior a quienes se les concedió el derecho de obtener el título y la escritura de la tierra prometida. Cuando los israelitas gritaron ante Moisés por temor, fue Caleb el que habló: "Subamos luego, y tomemos posesión de ella; porque más podremos nosotros que ellos". Dios honró la fe de Caleb.

Sé que contigo todo es posible. Por medio de ti, puedo tomar la "tierra" y conquistar nuevos territorios. No temeré a los gigantes. Tú eres más grande que cualquier obstáculo que pueda enfrentar. Por medio de ti, fui creado sobrenaturalmente para la victoria. Me levanto con audacia y declaro la victoria sobre cada enemigo que quiera frustrar los planes y propósitos de Dios. Tu Reino es mi prioridad; me deleito en hacer tu voluntad. En el nombre de Jesús, amén.

ATRAE LA ATENCIÓN DE LOS ÁNGELES

*¿Crees que no puedo acudir a mi Padre, y al instante pondría
a mi disposición más de doce batallones de ángeles?*
—MATEO 26:53

Los ángeles caídos hacen que nos desviemos del propósito original de Dios. Obran de manera muy parecida a los ángeles asignados para llevar a cabo la manifestación de tus oraciones, pero en la forma exactamente opuesta. Cuando cayeron del cielo, su misión se pervirtió, así que en vez de traer respuestas, evitan que las respuestas se manifiesten. Tu fe atrae la atención de los ángeles del cielo para que obren a tu favor, mientras que tus miedos atraen a los demonios del infierno que obrarán contra ti. Tus palabras se convierten en el imán que atrae sea al cielo o al infierno a tu situación. Pero recuerda siempre: Ninguna fuerza será más poderosa que la Palabra de Dios hablada.

Señor, dame tus ángeles para que se encarguen de guardarme en todos mis caminos. Satanás viene solo para robar, matar y destruir, pero tú has venido para que tenga vida y vida en abundancia. No jugaré en manos del enemigo dando lugar al miedo ni a la ansiedad. Proclamaré tu Palabra, porque tus ángeles responden a tu Palabra. De acuerdo con el Salmo 34:7, tus ángeles acampan a mi alrededor porque te temo, Señor, y me defienden, en el nombre de Jesús, amén.

SINTONIZA LA FRECUENCIA DE DIOS

Allí soñó [Jacob] que había una escalinata apoyada en la tierra,
y cuyo extremo superior llegaba hasta el cielo. Por ella subían
y bajaban los ángeles de Dios. En el sueño, el Señor estaba de
pie junto a él y le decía: «Yo soy el SEÑOR, el Dios de tu abuelo
Abraham y de tu padre Isaac. A ti y a tu descendencia les daré
la tierra sobre la que estás acostado. Tu descendencia será tan
numerosa como el polvo de la tierra. Te extenderás de norte a
sur, y de oriente a occidente, y todas las familias de la tierra serán
bendecidas por medio de ti y de tu descendencia. Yo estoy contigo.
Te protegeré por dondequiera que vayas, y te traeré de vuelta a
esta tierra. No te abandonaré hasta cumplir con todo lo que te he
prometido. Al despertar Jacob de su sueño, pensó: "En realidad,
el Señor está en este lugar, y yo no me había dado cuenta".
—GÉNESIS 28:12–16

Aquí Dios estaba hablando a la mente de Jacob y lo capacitaba
para captar una frecuencia espiritual. Cuando sintonizó la frecuencia de Dios, vio cómo el mundo invisible se manifestaba
de manera visible. Tú también puedes hacerlo.

Padre, agudiza mi discernimiento espiritual para que
conozca tu voz. Concédeme la capacidad de oír claramente
cuando me revelas tus planes. Haz que mis ojos espirituales
funcionen con una visión 20/20 para entender correctamente
los tiempos señalados. En el nombre de Jesús, amén.

abril

Mira lo que ya existe

Lo secreto le pertenece al Señor nuestro Dios, pero lo revelado
nos pertenece a nosotros y a nuestros hijos para siempre,
para que obedezcamos todas las palabras de esta ley.
—Deuteronomio 29:29

Dios le dio a Moisés una visión de algo que ya existía en el cielo: el verdadero tabernáculo espiritual. Abrió los ojos de Moisés, y así Moisés fue capaz de de ver y hacer una réplica aquí en la tierra. Las cosas secretas pertenecen a Dios, pero las cosas reveladas pertenecen al hombre. Es una revelación—un punto de inspiración—en el que Dios quiere hablar con todos nosotros. Él conoce el final desde el comienzo, y también sabe todo lo que sucede entremedio, y esas son las cosas que quiere revelarte.

Gracias, Señor, por el conocimiento revelado. Coloca sobre mí la unción de Pablo para la revelación apostólica de vanguardia y la unción de Elías para la precisión y la comprensión profética. Úngeme para discernir los tiempos señalados, y dame la estrategia divina para cada nueva estación. Abre mis ojos espirituales para que la dimensión espiritual sea más real para mí que la natural. Enséñame tus caminos para que me mueva con tu sabiduría y discernimiento sobrenatural. En el nombre de Jesús, amén.

Haz tu parte para que se cumpla

Ningún ojo ha visto, ningún oído ha escuchado,
ninguna mente humana ha concebido lo que
Dios ha preparado para quienes lo aman.
—1 Corintios 2:9

En Job 38 Dios le hace a Job una serie de preguntas. En un momento Dios le dice: "¿Dónde estabas tú cuando alababan todas las estrellas del alba?" (v. 4 y 7). Más tarde le pregunta: "¿Has mandado tú a la mañana en tus días?" (v. 12). Si esas cosas están preparadas pero no las hemos recibido, puede ser que no hayamos hecho nuestra parte para que se cumplieran.

Padre, me levanto hoy en tus fuerzas, listo para ser una bendición para mis amigos, familia, comunidad y nación. Sé que no estoy aquí por accidente. Tú tenías un plan para mí antes de que yo naciera, un plan que voy a cumplir. Me comprometo a ser diligente para recibir toda la recompensa que tú has preparado para mí. Señor, bendice las obras de mis manos. Permite que mi nombre se asocie con cosas buenas. Protégeme de persecución y de falsas acusaciones; guárdame de la avaricia, el desánimo y el sabotaje. Doy la bienvenida a las oportunidades para crecer y madurar. Permite que mis acciones estén en sintonía con tu voluntad. En el nombre de Jesús, amén.

Ve en obediencia

*Por la fe Abraham, que había recibido las promesas, fue puesto
a prueba y ofreció a Isaac, su hijo único, a pesar de que Dios le
había dicho: "Tu descendencia se establecerá por medio de Isaac".*
—Hebreos 11:17–18

Dios dijo que quería que Abraham sacrificara su tesoro más
preciado: su hijo Isaac. Ellos fueron hacia el lugar del sacri-
ficio y cuando Abraham alzó su mano para cumplir las instrucciones de Dios, apareció un carnero trabado en un zarzal.
Dios proveyó la alternativa, pero no hasta que Abraham se
movió en obediencia. La provisión no hubiera aparecido si
Abraham no hubiese dado el primer paso. Muchas veces Dios
está esperando la acción correspondiente de parte de nosotros
para dar paso a estas cosas. ¿Qué estás haciendo para prepa-
rarte para eso que has estado declarando y creyendo? ¿Cómo
se corresponden tus acciones con tu confianza en que cierto
acontecimiento sucederá como resultado de la integridad de
la Palabra de Dios?

*Tú eres fiel con quien es fiel, así que te seré fiel a ti y a tu
Palabra. Obedeceré tus instrucciones. Me has mostrado tu
fidelidad una y otra vez. Así que confiaré en ti, incluso
cuando no entienda lo que estés haciendo. Te seguiré sin
quejarme. En el nombre de Jesús, amén.*

NO SUBESTIMES TU FORTALEZA

Pero ustedes son linaje escogido, real sacerdocio,
nación santa, pueblo que pertenece a Dios.
—1 PEDRO 2:9

Un rey no pide nada: un rey emite sus decretos porque tiene autoridad para hacerlo, y quienes están en su mundo corren para hacerlos cumplir. Jamás pienses que eres una víctima débil o derrotada. Eres real sacerdocio engalanado con una unción real. Nunca subestimes la fortaleza que reside en ti por medio de Cristo. Tienes dominio sobre un poder que puede cambiar el curso de tu destino con el que los héroes del Antiguo Testamento solo podrían haber soñado.

Padre, soy parte de una generación escogida, un real sacerdocio, una nación santa. No estoy impotente. Creo una atmósfera de éxito en el nombre de Jesús. Padre, sana la tierra del malestar social, el tráfico humano, las pandemias, la falta de vivienda y todo trabajo infame. Cambia el rumbo económico a nuestro favor y trae mejoras. Que los cargos públicos sean ocupados por líderes libres de corrupción. Aparta a los que son movidos por la ambición y la codicia. Reemplázalos con líderes servidores. Padre, en ti tenemos esperanza. En el nombre de Jesús, amén.

ACTIVA TU BENDICIÓN

Cuando ores, él te escuchará, y tú le cumplirás tus votos. Tendrás éxito en todo lo que emprendas, y en tus caminos brillará la luz.
—JOB 22:27–28

Así como Dios declara algo, espera que tú, como rey y sacerdote, hagas lo mismo. Otra manera de decirlo es que sus bendiciones se activan con tu voz. "Decir tu oración" significa "construir". Vas a construir tus oraciones. Vas a decretar el deseo que Dios ha puesto en tu corazón.

Tú deseas buenas cosas para mí, y alineo mis palabras con los buenos planes que tienes para mi vida. Decreto y declaro que mi día cooperará totalmente con tu voluntad. Tengo un nuevo entusiasmo para servirte en santidad y justicia, y mi nombre está asociado con integridad y sabiduría. Camino en salud divina, y como lo mejor de la tierra. Ningún arma forjada contra mí prosperará. Que cada espíritu maligno que busque frustrar mi día y mi misión sea frustrado. En el nombre de Jesús, amén.

Dirígete verdaderamente hacia el norte

Sobre todas las cosas cuida tu corazón, porque
éste determina el rumbo de tu vida.
—Proverbios 4:23, NTV

Los patriarcas de Israel trataron de cambiar la trayectoria de sus vidas o de su nación. Jacob luchó. Lot preguntó. Moisés intervino. David se arrepintió. Salomón pidió. Daniel ayunó. Ellos se esforzaron, suplicaron y pelearon por el derecho a influenciar su destino, un destino que a ti se te ha concedido el privilegio de moldear simplemente pronunciando la palabra. Asegúrate de que cuando des la orden, vayas verdaderamente hacia el norte guardando diligentemente tu corazón y manteniéndote en el recorrido hacia el cielo.

Enséñame a guardar tu Palabra en mi corazón para no pecar contra ti. Sé que me mantendré en pureza si vivo de acuerdo con tu Palabra. Ayúdame a no apartarme de tus mandamientos. Haz que tu Palabra cambie mi forma de pensar, mi forma de hablar y de vivir. Me comprometo a buscarte con todo mi corazón. En el nombre de Jesús, amén.

¿A DÓNDE VAS A IR HOY?

Si te mantienes puro, serás un utensilio especial para
uso honorable. Tu vida será limpia, y estarás listo
para que el Maestro te use en toda buena obra.
—2 TIMOTEO 2:21, NTV

Nuestro futuro llega un día a la vez: es el regalo de Dios para ti. Cada momento de cada día, con cada pensamiento que tienes y cada palabra que pronuncias estás tomando una decisión de avanzar hacia la grandeza o hacia la oscuridad. Si vas a aprovechar al máximo cada oportunidad que se te dé, debes aprender a emplear y maximizar el potencial de tus pensamientos y palabras. Dios te creó para que te conviertas en un campeón, debes edificar una mente de real sacerdocio practicando el hábito de tener pensamientos nobles y disciplinando tu lengua para pronunciar palabras llenas de éxito.

Decreto y declaro que fui hecho intencionalmente y diseña-
do de manera única para tener éxito. Soy libre en Cristo, y
por sus llagas soy sanado física y emocionalmente y en todas
las formas en que una persona pueda ser sana. Soy hechura
de Cristo, creado para buenas obras. Padre, de acuerdo con
Hebreos 10:22, decreto y declaro que me acerco a ti con cora-
zón sincero, en plena certidumbre de fe, habiendo purificado
mi corazón de mala conciencia y lavado mi cuerpo con agua
pura. Que tu Palabra renueve mi mente para que pueda
parecerme más a ti. En el nombre de Jesús, amén.

LAS ORACIONES PUEDEN MULTIPLICAR

*Cinco de ustedes perseguirán a cien, y cien de ustedes perseguirán
a diez mil, y ante ustedes sus enemigos caerán a filo de espada.*
—LEVÍTICO 26:8

Cuando los corazones se juntan y se unen, la fuerza de la oración es multiplicada exponencialmente en el Espíritu. Sin importar cuántos se reúnan, estas oraciones ascienden como múltiplos de cientos y miles por cada persona presente. Cuando nos juntamos a orar, hay una unción corporal que aprovecha el acuerdo en la oración para atar, desatar, derribar, arrancar y hacer sonar la trompeta para el progreso espiritual. Los cimientos de la tierra se sacuden por la oración corporativa, y sacuden todo lo que puede ser sacudido, de manera que solo lo que no puede ser sacudido permanecerá. Toda carne y ardid diabólico son anulados. Las amenazas y susurros del adversario son silenciados y aniquilados cuando oramos.

*Me pongo de acuerdo con los creyentes de todo el mundo
que quieran ver tu Reino y tu voluntad hecha en la tierra.
Cumplamos nuestro pacto espiritual y social con el mundo,
e invístenos de poder para vivir fieles a los valores y principios fundamentales de Cristo en la tierra, especialmente en
el mercado. En el nombre de Jesús, amén.*

ALINÉATE CON LA PALABRA DE DIOS

Así que tengan cuidado de su manera de vivir. No vivan
como necios sino como sabios, aprovechando al máximo cada
momento oportuno, porque los días son malos. Por tanto, no
sean insensatos, sino entiendan cuál es la voluntad del Señor.
—EFESIOS 5:15–17

Debemos actuar intencional y decididamente respecto a cómo
utilizamos los recursos que están a nuestra disposición. La
clave para aprovechar al máximo cada oportunidad es asirse
firmemente a la voluntad del Señor. Por eso es de vital importancia que renueves continuamente tu mente con la Palabra
de Dios. Debes alinear tus palabras y tus pensamientos con
los de Dios.

Decreto y declaro que mi destino está alineado con tu per-
fecta voluntad. Mis acciones están sincronizadas con el
ritmo del cielo. Lleno mi mente con tu Palabra para que
ilumine mi camino. Gracias por la seguridad de que tienes
el control y que soy amado, bendecido y muy favorecido.
Coloco mi ferviente expectativa y esperanza en ti. Gracias
por transformarme por el poder de tu Palabra. En el nom-
bre de Jesús, amén.

¿En qué crees?

En sus murmuraciones contra Moisés y Aarón, la comunidad
decía: "¡Cómo quisiéramos haber muerto en Egipto! ¡Más
nos valdría morir en este desierto! ¿Para qué nos ha traído el
Señor a esta tierra? ¿Para morir atravesados por la espada, y
que nuestras esposas y nuestros niños se conviertan en botín
de guerra? ¿No sería mejor que volviéramos a Egipto?".
—Números 14:2–3

Dios había hablado cosas buenas sobre el pueblo de Israel y prometió darles la tierra de Canaán como su herencia. Sin embargo, ellos confiaron más en sus propios miedos que en Dios. Confiaron más en la comodidad de la esclavitud que en la esperanza de vivir como reyes y sacerdotes. A pesar de que Dios les había prometido su propia tierra, ellos deshicieron sus promesas no solo por su falta de fe sino también por las palabras que pronunciaron. Que no suceda así contigo.

Padre, que las palabras de mi boca y la meditación de mi
corazón sean gratas delante de ti. No temeré al nuevo terri-
torio porque fui llamado a influenciar a otros. Me compro-
meto a llevar tu luz como agente de cambio en el mundo.
Decreto y declaro que confío en ti y que no dudo. No cues-
tionaré lo que me has dicho porque tu Palabra es verdad.
En el nombre de Jesús, amén.

ORDÉNALE A TU DÍA

*Enséñanos a contar bien nuestros días, para
que nuestro corazón adquiera sabiduría.*
—SALMO 90:12

Todos debemos aprender el arte de ordenarle a nuestro día.
Debemos tener en cuenta cada día y no derrochar el tiempo
que tenemos. La sabiduría redime el tiempo y le saca el mejor
provecho posible a cada oportunidad. Parece simple, pero
todo lo que parece un inocente desperdicio de tiempo es la
herramienta más efectiva del enemigo para que el cuerpo de
Cristo se distraiga.

*Decreto y declaro que aprovecharé mi tiempo al máximo.
No dejaré las cosas para más tarde. Actúo ahora, sin dudar,
sin ansiedad ni miedo. Camino en tu tiempo. Padre, hazme saber mi fin y cuál es la medida de mis días; ¡que me
dé cuenta de cuán corto es mi tiempo sobre la tierra! Mis
días son pocos. Que mi corazón guarde tus mandamientos
porque largura de días, años de vida y paz me aumentarán.
En el nombre de Jesús, amén.*

¿Qué es lo más importante?

*Así que tengan cuidado de su manera de vivir. No vivan
como necios sino como sabios, aprovechando al máximo
cada momento oportuno, porque los días son malos.*
—Efesios 5:15–16

Ordenarle a tu día requiere habilidad para priorizar. Se requiere la habilidad de discernir qué es distracción y qué es asunto del Reino. El manejo efectivo del tiempo demanda que entendamos lo que Dios siente respecto a en qué vale la pena invertir tiempo en comparación con lo que no deberíamos gastar o incluso perder el tiempo. Como haces con una inversión financiera, cuando cedes tiempo debes preguntarte qué obtendrás a cambio de tu inversión. El tiempo "invertido" tiene un costo y debes ser consciente del beneficio que estás intercambiando por el costo en el que estás incurriendo.

A menos que tú edifiques la casa, en vano trabajan los que edifican. Dame sabiduría para ordenar este día de acuerdo con tu plan perfecto. No seguiré mi propia agenda. Que tu Espíritu esté conmigo, delante de mí, detrás de mí, cuando hable, cuando me levante y en todas mis actividades de hoy. Enséñame a mejorar mi productividad, a trabajar más inteligente y eficientemente. Trabajo como para ti. Que relaciones mutuamente beneficiosas, favor, prosperidad, influencia, felicidad, apoyo, belleza, propósito, dirección y vida abundante sea hoy mi constante compañía. En el nombre de Jesús, amén.

SINTONIZA EL RITMO DE DIOS

Los cielos cuentan la gloria de Dios, el firmamento proclama la obra de sus manos. Un día comparte al otro la noticia, una noche a la otra se lo hace saber.
—SALMO 19:1–2

Experimentamos que Dios es un Dios de orden por la constancia de las estaciones, de las mareas y de la órbita solar. Podemos ordenar nuestras vidas porque sabemos con qué exactitud saldrá y se pondrá el sol, cómo cambiarán las estaciones y las mareas, y que los planetas rotarán sobre sus ejes. Hay una cadencia y un ritmo en nuestras vidas por el orden que Dios ha establecido en el universo en el cual estamos suspendidos y en la naturaleza en la cual vivimos. Desde los ecosistemas hasta los sistemas solares, Dios ha dispuesto patrones que podemos estudiar y documentar por medio de lo que llamamos ciencia.

Gracias por traer orden a mi vida. Donde hubo caos y dolor, tú trajiste disciplina y sanidad. Donde hubo derrota, trajiste victoria. Donde hubo carencias, trajiste abundancia. Me provees todo lo que necesito en la vida y la piedad, y no te detendrás ahora. Suelta legiones de ángeles que me guíen con seguridad hacia donde tú quieres que vaya. Que mi voluntad obre en perfecta armonía con la tuya. En el nombre de Jesús, amén.

¿Cómo pones en práctica el orden de Dios?

*De un solo hombre hizo todas las naciones para que
habitaran toda la tierra; y determinó los períodos
de su historia y las fronteras de sus territorios.*
—Hechos 17:26

Dios proveyó el mejor ejemplo del manejo eficaz del tiempo y
del orden en el libro del Génesis. En seis días creó la tierra y
todo lo que hay en ella, y el séptimo día descansó. Todo suce-
dió de acuerdo con su plan. Hubo un orden respecto a cómo
y cuándo creó qué y dónde: una sucesión y una progresión de
cómo formó cada organismo y especie. Dios no desperdició
sus recursos, y especialmente no perdió su tiempo. Fue determinado y conciso cuando desarrolló la vida en nuestro planeta.

*Con toda seguridad, Dios, tú logras tus propósitos para mí.
Antes que yo naciera, tú me conociste. Sabías el número de
mis días y todo lo que fui creado para hacer. Me llamaste
con un propósito recto, y me llevas de la mano y me guías a
mi destino. Decreto y declaro que este año está preñado de
propósito. Está lleno de promesas, y estoy totalmente equipado para cumplir todo lo que tienes para que yo haga. En
el nombre de Jesús, amén.*

15 de abril

¿Eres disciplinado?

Asegúrense de que todo se haga de forma apropiada y con orden.
—1 Corintios 14:40, ntv

Mira a Noé, José, Moisés y David. Fueron todos hombres de honor y de orden. Fueron disciplinados y dedicados, y se sometieron a los mandatos de Dios. Fueron audaces y valientes porque entendieron el poder de la jerarquía y autoridad divinas. Siguieron las órdenes, conscientes del poder que tiene el someterse a Dios. Hasta Salomón entendió la importancia del orden cuando siguió meticulosamente las instrucciones de Dios y la cadena de mando para edificar el templo. Leemos en 2 Crónicas 8:16: "Toda la obra de Salomón se llevó a cabo, desde el día en que se echaron los cimientos del templo hasta que se terminó de construirlo. Así el templo del Señor quedó perfectamente terminado".

Padre, me has dado gran autoridad, pero me someto totalmente a ti. Como el centurión de Mateo 8, soy una persona bajo autoridad, y sé que cuando pronuncias la palabra, los cambios suceden. Pongo mi confianza completamente en ti, porque eres más que capaz de cumplir todo lo que hoy me preocupa. Aun cuando yo trate de hacer planes, tú tienes la palabra final y determinas mis pasos. Guíame en el camino que debo seguir. No daré ni un paso sin ti. En el nombre de Jesús, amén.

Ordena tu mundo

Al país de la más profunda de las noches, al país de las sombras
y del caos, donde aun la luz se asemeja a las tinieblas.
—Job 10:22

El orden es una condición en la cual algo se mantiene libre
de desorden o perturbación mediante estructuras, sistemas y
protocolo. Cuando hay falta de orden, de rango o de cadena
de mando; cuando no se tiene un protocolo; o cuando un código de conducta no se entiende ni se percibe, eso lleva al vacío
y a la falta de propósito y de sentido. Si tu vida está caracterizada por confusión, conflicto, frustración o falta de dirección,
de sentido o de visión, es un indicativo de que eres deficiente
en el orden. Donde no hay orden, no hay luz.

Con tu palabra trajiste orden al caos. Dijiste: "Que exista
la luz", y se hizo la luz. Que haya luz y orden en mi vida
y en mi día. Una persona sin disciplina es como una ciu-
dad sin muros. No bajaré mis defensas. Cierro cualquier
puerta abierta que el enemigo pueda utilizar para frustrar
mi día y mi futuro. Decreto y declaro que mi vida no está
caracterizada por la confusión, la frustración ni la falta de
dirección. Está marcada por la visión, el poder, el amor, la
productividad y la intencionalidad. En el nombre de Jesús,
amén.

Haz que las cosas sucedan

*Enséñanos a contar bien nuestros días, para
que nuestro corazón adquiera sabiduría.*
—Salmo 90:12

Hasta que decidas revertir el perpetuo ciclo de desorden, seguirás experimentando ciclos de fracaso y derrota. Este principio está ilustrado por la ley de la entropía: la tendencia de la energía a disiparse y pasar de un estado de orden a uno de desorden. La entropía puede ser definida como una dispersión de energía. A menos que aproveches intencionalmente el tiempo y la energía, a menos que la ordenes con la autoridad que se te ha dado, tu vida se diluirá en un estado de caos, y nunca podrás experimentar la vida con sentido y fecundidad que Dios ha planeado para ti. No dejes que las cosas simplemente sucedan; haz que sucedan.

Tomo autoridad sobre mi vida y sobre mi día. No experimentaré más ciclos de derrota. No vagaré sin propósito por la vida. Alineo mis palabras y mi voluntad con tu Palabra. Medito en ella y le permito que renueve mi mente; por lo tanto, doy pasos seguros sobre un fundamento sólido de verdad. Camino con éxito y prosperidad. Tengo una unción nueva. No más frustración. No más derrota. No más desesperanza ni desesperación. Gracias, Padre, por hacer algo nuevo en mí. En el nombre de Jesús, amén.

El orden crea paz y libertad

*Hay una temporada para todo, un tiempo
para cada actividad bajo el cielo.*
—Eclesiastés 3:1, NTV

No te pierdas las recompensas del tiempo bien manejado. El orden te da libertad para ser creativo. El orden le da a tu mente la paz que necesitas para sintonizar las frecuencias sobrenaturales de Dios y acceder a la inspiración divina. Sin orden te distraerás con los cuidados y preocupaciones de esta vida y tu mente no podrá tener la calma necesaria para oír la voz de Dios. Es imposible imaginar y vislumbrar cuando estás estresado o desbordado. Es necesario que programes tu tiempo para pintar el lienzo de tu vida invirtiendo en soñar creativamente. Detente a pensar. Ordena tu día para que tengas el tiempo y paz que necesitas para crear la obra de arte que Dios ha preordenado para ti.

Padre, coloca sobre mí la unción de Débora para el equilibrio. Muéstrame qué actividades pueden ser quitadas de mi agenda o delegadas a otro. No quiero estar demasiado ocupado para poder sentarme a tus pies y aprender de ti. Espíritu Santo, mientras paso tiempo contigo, dame ideas creativas. Empodérame para que sobresalga en mi profesión. Muéstrame la causa para cuya defensa me creaste. Te busco a ti primero, porque todas las demás cosas me serán añadidas. En el nombre de Jesús, amén.

DATE TIEMPO

Pon en manos del Señor todas tus obras, y
tus proyectos se cumplirán.
—PROVERBIOS 16:3

Como cualquier compositor profesional, artista, arquitecto, escritor o programador, debes programar un tiempo para pensar bien las cosas. La forma sigue al pensamiento, y la forma de tu vida es un producto de ese pensamiento. Estructura tu tiempo para que puedas estructurar tus pensamientos, ya que ellos le proveen estructura a tu vida. Discierne cuando debes aferrarte a una idea y correr con ella o cuando debes esperar y dejar que madure hasta que esté lista. Capta el tiempo de Dios. Discierne el orden de Dios.

Todo tiene su momento oportuno; hay un tiempo para todo lo que se hace bajo el cielo. Derrama éxito, prosperidad, salud, visión, dirección, ingeniosidad, justicia, paz y recursos de tu Espíritu Santo en mi día. Abre ventanas de inspiración divina y dame ojos para poder ver las tecnologías, tácticas y estrategias de vanguardia que puedan multiplicar mi productividad y mi fecundidad. Concédeme la habilidad de oírte claramente cuando me das invenciones ingeniosas e ideas creativas. Me comprometo a hacer las cosas a tu manera. No menospreciaré lo que parezca ser una demora. Sé que has comenzado en mí la buena obra, y que la completarás. En el nombre de Jesús, amén.

El tipo de resurrección de Dios

Si alguno de ustedes no tiene sabiduría, pídasela a Dios. Él se la da a todos en abundancia, sin echarles nada en cara. Eso sí, debe pedirla con la seguridad de que Dios se la dará. Porque los que dudan son como las olas del mar, que el viento lleva de un lado a otro.
—Santiago 1:5–6, tla

Cuando ores, no te permitas vacilar en tu fe. Aférrate a lo que has aprendido y a la confianza que has recibido en tu relación con Cristo, aun en las cosas que crees que están muertas y sepultadas, que son irreversibles o imposibles. Dios puede resucitar una vida que pensabas que había terminado. Él puede sanar a los enfermos terminales, salvar al peor de los pecadores y derrocar gobiernos tiránicos. Tú reconoces su capacidad para hacer vivir las cosas muertas cuando eres fiel en la oración. Cuando mantienes tu posición en fe, y sigues creyendo en Dios, Él se complace.

> *Padre, nada es demasiado difícil para ti. Así como Ezequiel habló al valle de los huesos secos, les hablo a las esperanzas muertas, a los sueños muertos y a las situaciones imposibles y les mando que vivan en el nombre de Jesús. Nada está terminado hasta que tú dices que se acabó, así que me niego a perder el ánimo. Declaro que mi fe no fallará. Voy a pedirte audazmente, creyendo, sin pensarlo dos veces, y esperando que tú que te muevas a mi favor. En el nombre de Jesús, amén.*

Alivia tu carga

El Señor afirma los pasos del hombre
cuando le agrada su modo de vivir.
—Salmo 37:23

Establecer un mayor grado de orden en tu vida puede parecer una tarea descorazonadora o agotadora. Puede sonar imposible si sientes que ya estás agobiado. Pero tomar un tiempo para ordenar tu día no debería ser una carga adicional o una cosa más "para hacer" en tu lista de obligaciones y responsabilidades. El orden aliviará y liberará tu mente para darte más paz, gozo y creatividad. Al ordenar con mayor eficiencia tu día obtendrás un sentido de control, un sentido de propósito, mayor productividad, un entorno de creatividad, una gran concentración y flujo de resultados.

Padre, anticipo las cosas buenas que has preparado para mi hoy. Trae completo orden a mi día, mientras te busco antes que nada y hago de ti mi prioridad. Me gozo en el nuevo día que me has dado. Te alabo por hacerme fructífero y productivo. Gracias por enseñarme formas de incrementar mi efectividad y a trabajar inteligentemente. Trabajo de acuerdo con tu agenda y me desempeño para una audiencia de uno: el Señor Jesucristo. En el nombre de Jesús, amén.

VE HACIA LA CALMA

Y el mismo Señor de paz os dé siempre paz en toda manera.
—2 TESALONICENSES 3:16, RV60

Quizás estés observando tu vida y te preguntes si sería posible quitar la nube de caos que parece tener dominio sobre ti. Hay dos cosas sencillas que puedes hacer para correrte hacia cielos más claros. Primero, despeja tu entorno. Ya sea en tu casa o en la oficina, ordena lo que te rodea. Cuando hayas acomodado tu escritorio u ordenado tu habitación, donde sea que te encuentres, detente por un momento y despeja tu mente. Detente y calma tus pensamientos para que puedas tener más claridad sobre cuál es la cosa más importante en que debes concentrarte en el momento presente.

Padre, decreto y declaro que no me pondré ansioso por nada. Más bien en todo, con oración y súplicas con acción de gracias, te haré conocer todas mis peticiones. Me levanto hoy en fe sabiendo que tú escuchas y respondes mis oraciones. Como te llevo mis necesidades a ti, andaré en la paz de Dios que sobrepasa todo entendimiento y que guardará mi corazón y mi mente. En quietud y confianza esperaré en ti, y me guiarás por el camino en que debo andar. Sello estas declaraciones en el nombre de Jesús, amén.

ORDEN Y PAZ

Pues Dios no es Dios de confusión, sino de paz.
—1 CORINTIOS 14:33, RV60

No esperes hasta que cada área de tu ambiente externo esté completamente organizada, sino que empieza con una área donde puedas aclarar tu mente y ordenar tus pensamientos. Tu entorno inmediato y la atmósfera que creas harán mucho para mejorar el orden que eres capaz de establecer en tu esfera de influencia. Practica aclarar tu mente llevando un diario o meditando en la Escritura. Encuentra un espacio en el que puedas acomodarte en la paz de Dios aquietando tu mente mediante la alabanza. Deja las distracciones que tratan de entrar a la fuerza en tu santuario íntimo haciendo listas y anotando en un papel tus planes de cosas para hacer más tarde. Acorrala todos esos pícaros pensamientos en un trozo de papel donde puedan quedarse hasta que estés listo para ocuparte de ellos.

En quietud y en confianza encuentro mi fortaleza, así que en ti espero, Señor. Medito en tu bondad y en tu amor. Las cosas insignificantes no me distraerán; pasaré tiempo contigo. Que el celo del Señor llene mi espíritu. Que mi boca se llene con tu alabanza y mi alma con tu gozo y tu paz. No estaré ansioso porque sé que tú estás conmigo. En el nombre de Jesús, amén.

Toma dominio de tu día

Por no haberlo hecho así vosotros la primera
vez, Jehová, nuestro Dios, nos quebrantó, por
cuanto no le buscamos según su ordenanza.
—1 Crónicas 15:13, rv95

Captar el orden de Dios en cada área de nuestras vidas es algo muy serio. Servimos a un Dios de orden. El enemigo usa el desorden y la confusión para causar destrucción. Dios te llama a seguir la paz y la justicia para establecer orden y libertad. Toma dominio de tu día, tu entorno y tu destino poniendo todas las cosas en el orden apropiado. ¡Busca temprano al Señor y consúltale sobre cómo ordenar tu día correctamente!

Padre, revélame el orden apropiado que tienes para que este día yo pueda caminar con tu bendición y tu favor. Te deleitas en cada detalle de mi vida, y ordenas mis pasos. Te temo, Señor, y sé que me instruirás en el camino que debo seguir. Padre, alinea cada faceta de este día con tu plan y propósito originales para mí. En el nombre de Jesús, amén.

¿Te levantarás temprano?

Oh Dios, tú eres mi Dios; yo te busco intensamente.
Mi alma tiene sed de ti; todo mi ser te anhela,
cual tierra seca, extenuada y sedienta.
—Salmo 63:1

La Biblia está llena de referencias a los profetas y santos de Dios que se levantaban temprano para orar u oír la voz de Dios. Dios tiene fama de despertar a sus seguidores de mañana temprano para darles instrucciones, comprensión o advertencias. Quienes buscan ser usados por Dios deben estar dispuestos a levantarse temprano. Los soldados siempre están alerta y listos para responder órdenes. La trompeta suena temprano porque las batallas se ganan mediante la preparación que se hace en las primeras horas del día, especialmente las batallas espirituales. Aprende a amar el amanecer, ¡porque hay poder en la resurrección del Hijo!

"Por la mañana hazme saber de tu gran amor, porque en ti he puesto mi confianza. Señálame el camino que debo seguir, porque a ti elevo mi alma" (Salmo 143:8). Tus pensamientos sobre mí son preciosos, Padre. Estoy ansioso por pasar tiempo contigo al inicio de cada día, adorándote y meditando en tu Palabra. Mi alma tiene sed de ti, Señor. Empodérame para servirte en santidad y justicia. En el nombre de Jesús, amén.

Alaba mientras caminas hacia la victoria

Al día siguiente, madrugaron y fueron al desierto de Tecoa. Mientras avanzaban, Josafat se detuvo y dijo: "Habitantes de Judá y de Jerusalén, escúchenme: ¡Confíen en el Señor, y serán librados! ¡Confíen en sus profetas, y tendrán éxito!".
—2 Crónicas 20:20

En 2 Crónicas Dios les promete a los israelitas la victoria contra sus enemigos. Les dice que no teman a las multitudes, porque Él peleará por ellos. Los instruye para que tomen su posición y estén firmes. El Señor les dice: "¡No tengan miedo ni se acobarden! Salgan mañana contra ellos, porque yo, el Señor, estaré con ustedes" (2 Crónicas 20:17). Ellos se levantaron temprano y comenzaron a cantar y a alabar al Señor. Mientras cantaban alabanzas a Dios, el Señor causó confusión en el campamento de los enemigos, y sus rivales se mataron unos a otros hasta que todos fueron totalmente destruidos. Los israelitas pasaron los siguientes tres días recogiendo el botín que había quedado atrás. Los que se levantan temprano y alaban a Dios obtienen buenas cosas.

Levanto hoy mi voz para alabarte. No me quedaré en silencio porque no puedo evitar recordar tu bondad. Que tu alabanza esté de continuo en mi boca. Sé que mi alabanza silencia al acusador. Permanezco firme en fe, confiando en ti hasta que la batalla esté ganada. En el nombre de Jesús, amén.

Levántate temprano para buscar al Señor

*¡Despierta, alma mía! ¡Despierten, arpa y
lira! ¡Haré despertar al nuevo día!*
—Salmo 57:8

La Biblia registra que David fue el mejor guerrero de Israel,
rey, poeta y profeta. Fue uno de los personajes más apasiona-
dos y decididos de las Escrituras, y dejó un perdurable legado
de victoria, sabiduría y significado. ¿Qué diferenció a David?
¿Qué hizo que David se convirtiera en un duradero héroe de la
fe? Se levantaba temprano para buscar al Señor.

*Como David, yo buscaré al Señor con todo mi corazón.
"Por la mañana, Señor, escuchas mi clamor; por la mañana
te presento mis ruegos, y quedo a la espera de tu respuesta"
(Salmo 5:3). Decreto y declaro que tengo una lengua bien
instruida para conocer la Palabra que me sostiene porque
tú me has despertado de mañana para oír tus instrucciones.
Padre, muéstrame hoy tu poder. Que tu favor esté sobre
mí, confirma la obra de mis manos. Haz mis pies como de
ciervas sobre todos mis problemas. Guíame por la senda de
justicia. En el nombre de Jesús, amén.*

Sigue el ejemplo de Jesús

Cuando amaneció, Jesús salió y se fue a un lugar solitario.
—Lucas 4:42

Jesús, en quien Dios dijo que tenía complacencia, habitualmente se levantaba temprano a orar: "Muy de madrugada, cuando todavía estaba oscuro, Jesús se levantó, salió de la casa y se fue a un lugar solitario, donde se puso a orar" (Marcos 1:35). Si el Señor Jesucristo se tenía que levantar temprano a orar, ¿cuánto más nosotros deberíamos comenzar nuestro día en oración?

Padre, anhelo llegar a ser más como Jesús. Quiero reflejar su carácter y andar en la fuerza de su poder. Tu voluntad para mí es formarme a la imagen de tu Hijo. Tú eres el alfarero; yo soy el barro. Moldéame. Forma mi voluntad para que se alinee con la tuya. Enséñame a amar a los otros como tú nos amaste a nosotros. En el nombre de Jesús, amén.

CAMBIA EL ESTADO DEL MUNDO

Yo soy el que por amor a mí mismo borra tus transgresiones
y no se acuerda más de tus pecados. ¡Hazme recordar!
Presentémonos a juicio; plantea el argumento de tu inocencia.
—ISAÍAS 43:25–26

Dios mandó que invoquemos su nombre para causar los cambios necesarios en vidas y en comunidades. Este mandato nos da la confianza por la cual podemos orar con autoridad, en efecto, defendiendo causas judiciales ante el tribunal del cielo. Como miembros del verdadero parlamento del Planeta Tierra, somos representantes ante el Gran Juez, abogando en el cielo por el cambio en la tierra. Tenemos la legítima autoridad de hablarle a Dios en nombre de la tierra y a favor de la humanidad.

Decreto y declaro que los planes y propósitos de Dios prevalecerán en mi vida, mi comunidad y mi nación. Tu Reino vendrá y tu voluntad será hecha en la tierra así como en el cielo. La unción de Dios quiebra todo yugo. Coloca tu unción sobre mí y permite que se abra un camino en los cielos. Padre, asigna ángeles que me refuercen a medida que avanzo en nuevos niveles, dimensiones, esferas y territorios. Soy tu embajador en la tierra. Me comprometo a llevar tu luz como un agente de cambio en un mundo de oscuridad. En el nombre de Jesús, amén.

Debes creer lo que oras

Pero quien se fija atentamente en la ley perfecta que da
libertad, y persevera en ella, no olvidando lo que ha oído
sino haciéndolo, recibirá bendición al practicarla.
—Santiago 1:25

Que no haya malentendidos. En oración puedes pronunciar palabras que no crees, y no producirán los resultados que estás buscando. Repetir como un loro sin convicción o fe no produce alineamientos divinos. Debes estar decidido. Toma, deliberada y conscientemente, la decisión de ponerte de acuerdo con la Palabra de Dios, y luego prepara tu corazón para estar convencido de la verdad de lo que has leído u oído. Solo cuando seas capaz de hacerlo podrás alcanzar las alturas más elevadas y las profundidades más hondas. Una vez que hayas decidido poner toda tu convicción en tus palabras, el cielo y la tierra se alinearán para responder tus oraciones.

Sin fe es imposible agradar a Dios, así que elijo andar por
fe. La fe viene por el oír y oír Palabra de Dios, así que
meditaré en tu Palabra. Ella no volverá vacía sino que será
prosperada en aquello para lo que la enviaste. Sé que si
puedo creer, todo es posible. Tú eres capaz de hacer mucho
más abundantemente por encima de todo lo que podría
pedir o pensar de acuerdo con el poder que actúa en mí.
Así que me comprometo a confiar en ti y en tu Palabra. En
el nombre de Jesús, amén.

mayo

Obtén la palabra especial de Dios para ti

Todo mi ser te desea por las noches; por la mañana mi espíritu te busca. Pues cuando tus juicios llegan a la tierra, los habitantes del mundo aprenden lo que es justicia.
—Isaías 26:9

Dios quiere hablar a tu vida para poder ayudarte a ordenar tu día con mayor autoridad y éxito. Accede a lo mejor que Dios tiene para ti levantándote temprano para pasar tiempo en su presencia. Deja que el Señor llene tu corazón con su paz y su gozo, afírmate en sus promesas, y obtén la palabra especial para ti para poder estar firme y declararla durante todo el día. Busca la sabiduría; busca el entendimiento; estudia para mostrarte aprobado. Levántate temprano, como lo hacía el profeta Isaías, para que tengas la lengua del sabio, pronto para dar una respuesta de la esperanza que hay en ti.

Voy a seguirte siempre. Te temo reverentemente y guardo tus mandamientos. Me levantaré temprano para buscarte, y obedeceré tu voz. Me aferro a ti. Cuando te busque seré hallado por ti. Amo tus palabras. No puedo hacer nada por mí mismo. Solo haré lo que tú me enseñes. Soy guiado por tu Espíritu, porque soy hijo de Dios. Gracias, Padre, por guiarme a toda verdad. En el nombre de Jesús, amén.

El sí y amén de Dios

*Porque el Hijo de Dios, Jesucristo, a quien Silvano,
Timoteo y yo predicamos entre ustedes, no fue "sí" y "no";
en él siempre ha sido "sí". Todas las promesas que ha
hecho Dios son "sí" en Cristo. Así que por medio de
Cristo respondemos "amén" para la gloria de Dios.*
—2 Corintios 1:19–20.

La gente suele pensar que cuando oró por algo una vez y no
lo recibió, quizás fue porque la respuesta de Dios a la cuestión fue: "No, no puedes tener eso". ¡Pablo nos dice que Dios
es un Dios de "sí" y "amén"! Muchas veces las oraciones no
son contestadas simplemente porque no estamos suficientemente prácticos en la manera de orar, o no le hemos dado a
Dios nada a lo cual decir sí o amén. Mientras estés orando su
Palabra conforme a su voluntad, las respuestas de Dios a tu
oración serán siempre sí y amén, pero a eso frecuentemente
le sigue una habilitación—una instrucción o una palabra de
sabiduría—que es necesaria para que la respuesta se concrete.

*Si pido alguna cosa conforme a tu voluntad, tú me oyes, y
puedo tener lo que pedí. Invísteme de poder para extraer
sabiduría de tu Palabra; que ella dé forma a mis pensamientos y acciones para que yo ande en sintonía contigo. En
el nombre de Jesús, amén.*

¿Serás valiente?

Y predicaba el Reino de Dios y enseñaba acerca del
Señor Jesucristo sin impedimento y sin temor alguno.
—Hechos 28:31

El éxito requiere audacia y valentía. Requiere que camines en genuina autoridad espiritual para tomar dominio sobre tu mundo interior y exterior. Dios te ha revestido de poder, por medio de Cristo, para declarar luz en cada situación. Él te ha dado las herramientas y la capacidad para disipar la oscuridad y crear belleza y orden dondequiera que estés. Lo que sea que tengas ante ti puede ser la sustancia de la cual llames a tu propia obra maestra.

Voy a tomar posesión de todo lo que me has asignado. Padre, coloca la unción de guerrero sobre mí. Yo decreto y declaro que no habrá ningún obstáculo en mi familia, mis relaciones, mis finanzas, mi salud, o mi mente. Estoy tomando nuevo territorio. Mi mente está llena de nuevas ideas que provienen de Dios. Mis manos son productivas, y yo soy un hacedor de historia para Cristo. Voy a ser todo lo que nací para ser, en el nombre de Jesús, amén.

Tu propósito es que seas un participante activo

*Y los bendijo Dios y les dijo: Sed fecundos y multiplicaos,
y llenad la tierra y sojuzgadla; ejerced dominio sobre
los peces del mar, sobre las aves del cielo y sobre
todo ser viviente que se mueve sobre la tierra.*
—Génesis 1:28, lbla

Dios creó el paraíso y luego le dio a su última creación, el hombre, la autoridad de gobernarlo. Le dijo a Adán que pusiera nombre a cada criatura, llamando a cada una delante de él, de a una a la vez: así Adán proclamó el nombre de todas las especies y las ordenó. Al hombre se le dio dominio sobre toda la creación y el poder para silenciar a todos sus enemigos (Salmos 8). Dios no creó a la humanidad para que fuera holgazana, sino más bien para que sea un participante activo de la transformación de la tierra en la forma en que Dios se propuso. Dios encerró todos los misterios de lo que la humanidad necesitaría en lo que Él creó, para que pudiéramos colaborar con Él desentrañando esos misterios y seguir llevando la creación hacia su fin previsto.

Padre, la creación gime por la manifestación de los hijos de Dios. Está en nuestro poder declarar tu orden en la tierra hoy. Llena la atmósfera con tu gloria. Sana la tierra y trae avivamiento. Que tus propósitos prevalezcan en la tierra. En el nombre de Jesús, amén.

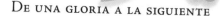

De una gloria a la siguiente

Escucha con cuidado todas estas palabras que te mando, para que te vaya bien a ti y a tus hijos después de ti para siempre, porque estarás haciendo lo que es bueno y justo delante del Señor tu Dios.
—Deuteronomio 12:28

El éxito es el cumplimiento del propósito divino, mientras que la prosperidad es tener suficiente provisión divina para superar obstáculos. Una vez que salgas de una situación, esfera o dominio, te elevarás a un nuevo nivel de fuerza con una mayor capacidad para influenciar tu nueva situación o dominio. En otras palabras, vas a ir de una gloria a otra, y de un nivel de fuerza a otro mayor. Cuando aprendas a construir sobre tus experiencias, añadiendo a tu fe, vas a vivir una exitosa vida del Reino como embajador del glorioso Reino de Dios. Vas a progresar de un nivel de éxito y provisión a otro a medida que desarrollas tu capacidad y carácter piadosos.

No me voy a rendir en tiempos de prueba. Voy a proseguir hacia la meta, sabiendo que los que se mantienen firmes en la prueba recibirán la corona de vida que tú prometiste a los que te aman. La prueba de mi fe fortalece los músculos espirituales que me dan fuerza para atravesar la siguiente prueba. Decreto y declaro que solamente progreso; no retrocedo. Avanzo hacia mi destino sin importar qué obstáculos vengan a mi camino. En el nombre de Jesús, amén.

Participar de la naturaleza divina

En vista de todo esto, esfuércense al máximo por responder
a las promesas de Dios complementando su fe con una
abundante provisión de excelencia moral; la excelencia
moral, con conocimiento; el conocimiento, con control propio;
el control propio, con perseverancia; la perseverancia, con
sumisión a Dios; la sumisión a Dios, con afecto fraternal,
y el afecto fraternal, con amor por todos. Cuanto más
crezcan de esta manera, más productivos y útiles serán
en el conocimiento de nuestro Señor Jesucristo.
—2 Pedro 1:5–8, ntv

Cuando Pedro dice "en vista de todo esto", se refiere al haber sido llamados a participar de la naturaleza de Dios. Como embajador, tú estás llamado a representar a tu Padre celestial en la esfera terrenal. Tienes que "re-presentarlo" o "presentarlo de nuevo," en todo cauce de interacción secular. El mundo ha formulado un concepto de Dios erróneo y limitado, y tú eres llamado a manifestar su grandeza por medio de tu estilo de vida. Todo lo referente a ti debe reflejar las glorias del Reino, desde las ropas que usas hasta tu forma de hablar.

Me levanto hoy con tu fuerza y declaro que estoy llamado
a ser un líder de primera categoría dentro de mi esfera de
influencia. Soy portador de tu luz en un mundo de oscu-
ridad. No dejaré que las circunstancias me distraigan de
cumplir mi propósito. En el nombre de Jesús, amén.

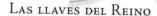

LAS LLAVES DEL REINO

*Te daré las llaves del reino de los cielos; todo lo que
ates en la tierra quedará atado en el cielo, y todo lo que
desates en la tierra quedará desatado en el cielo.*
—MATEO 16:19

Se te ha confiado el misterio de estos principios o claves del
Reino para que en esta vida puedas caminar en el dominio
divino. En otras palabras, cuanto permitas en la esfera terrenal, el cielo lo permite; y a cuanto digas no en el nombre de
Jesús, el cielo te respaldará atándolo. Recuerda, nada sale del
cielo hasta que su requerimiento salga de la tierra. Así es de
poderosa la palabra hablada. Tiene la capacidad de abrir o
cerrar las puertas espirituales y celestiales.

*Declaro que este es un nuevo día. Estoy quebrando las limi-
taciones de mi mente, mi alma y mi espíritu. Decreto y
declaro que todos los muros de Jericó caerán, y que voy a
poseer todo lo que tú tienes para mí. Ordeno a cada situación y circunstancia que entre en el alineamiento divino. El
poder y el propósito de Dios prevalecerán en mi vida, en el
nombre de Jesús. Amen.*

Tu autoridad sobrenatural

Así es también la palabra que sale de mi boca: No volverá a mí vacía, sino que hará lo que yo deseo y cumplirá con mis propósitos.
—Isaías 55:11

Como carta viviente, portador del Espíritu de Cristo, la Palabra se ha hecho carne en ti, y las palabras inspiradas por Dios que tú hablas tienen autoridad sobrenatural y poder creativo. Las palabras son poderosas. Las palabras afectan tu destino. Un día de murmuraciones y quejas tiene la facultad de retrasarte un año. Eso es una relación de 1 a 365 días. Por lo tanto, no puedes permitirte el lujo de que de tu boca salgan palabras caprichosas, porque la esfera espiritual toma cada palabra pronunciada por el hombre como una orden y un mandato. No discrimina entre una broma, un chiste, un deseo, una orden o un decreto. Así de poderosa es la palabra hablada. Ten cuidado de no quedar atrapado por tus propias palabras.

Padre, no tomo a la ligera el poder de mis palabras. Declaro luz y vida en mi día. Ilumina el camino que tienes para que yo ande. Guíame a toda verdad. Dame conocimiento y comprensión que me hagan ser más productivo. Yo declaro que hoy voy a maximizar mi potencial mientras avanzo con valentía hacia mi destino, en el nombre de Jesús. Amén.

Ora antes de levantarte

Él, por su parte, solía retirarse a lugares solitarios para orar.
—Lucas 5:16

No hay duda de que Jesús siempre *oraba mucho*. Él se conectaba con el Padre y valoraba tanto su tiempo de oración que se escabullía lejos de los discípulos sin decírselo para poder orar sin ser molestado durante el tiempo que necesitara hacerlo. Luego, cuando se enfrentaba a una situación—una persona ciega que venía a Él en busca de sanidad, por ejemplo—Él sabía exactamente qué hacer.

Padre, quiero caminar en sintonía contigo. Descarga tu instrucción divina para que yo sepa por qué camino debo ir. Que tu Palabra renueve mi mente para que yo no siga el modelo de este mundo, sino a ti. Guíame por sendas de justicia. Ordena mis pasos con tu Palabra. En todas mis relaciones deja que hoy tu luz brille a través de mí. En el nombre de Jesús, amén.

PARTICIPA EN TU PROPIO DESTINO

*Sin embargo, les daré salud y los curaré; los sanaré y
haré que disfruten de abundante paz y seguridad.*
—JEREMÍAS 33:6

A veces tu éxito, tu progreso, o tus bendiciones pueden ser
retenidos y obstaculizados, no porque hables negativamen-
te, sino porque otros han lanzado palabras negativas sobre
tu vida, y tú las aceptaste como verdaderas. Rehúsa sentarte
y dejar pasivamente que la vida transcurra. Participa activamente en tu propio destino. Revierte decididamente las palabras negativas, las maldiciones, los hechizos y malos deseos.
Proactivamente diseña, construye y edifica tu vida. ¿Cómo
quieres que se vea tu vida la próxima semana, el año próximo,
o incluso en tu funeral? ¿Serás recordado por tus logros, o
solo por lo que podrías haber hecho?

> *Estoy aquí por tu diseño y estoy especialmente equipado
> para completar una tarea específica. No soy inferior. Recha-
> zo toda palabra dicha sobre mi vida que no esté alineada
> con tu verdad. Según Isaías 53:5, por tus llagas soy curado
> de toda herida física y emocional. Rechazo toda vergüenza
> y toda condenación. Declaro quebrado su poder en mi vida.
> Camino en la abundancia de paz y de verdad de ahora en
> adelante. En el nombre de Jesús, amén.*

Dios ya sabe

*Porque yo sé muy bien los planes que tengo para
ustedes "afirma el Señor", planes de bienestar y no de
calamidad, a fin de darles un futuro y una esperanza.*
—Jeremías 29:11

Dios no inicia una cosa sin conocer el resultado. Él comienza cada obra con el final en mente. Puesto que ya conoce el fin desde el principio, Él debe saber todo lo del medio. Busca su rostro en oración. Investiga acerca de los planes que tiene para ti. Descubre su voluntad cuando Él habla a tu corazón y a tu mente, y luego decreta su voluntad en la esfera terrenal por medio de declaraciones diarias. Por tus palabras estableces vida o muerte, bendiciones o maldiciones, éxito o fracaso.

Padre, tú conoces mi fin desde el principio y sabes todo lo demás. Enséñame e instrúyeme en el camino que debo seguir. Me comprometo a cooperar plenamente con tu propósito y tu plan. Declaro que lo mejor de mi presente se convertirá en lo peor de mi mañana. Estoy investido de poder para realizar las cosas para las cuales nací. Tú provees a todas mis necesidades, y prosperas la obra de mis manos, cuando me entrego por completo a tu voluntad. En el nombre de Jesús, amén.

¿Conoces la voz de Dios?

Pues el Espíritu lo examina todo, hasta las profundidades de Dios.
—1 Corintios 2:10

Los guerreros de oración que Dios está llamando en esta generación son hombres y mujeres que conocen la voz de Dios. Practican tanto la oración que pueden entrar en una profunda intercesión en un instante. Ellos hacen oraciones justas de desesperada sinceridad que van directamente al corazón de Dios. No es que obtengan respuestas por lo mucho que hablan, sino porque Dios está acostumbrado a tenerlos en la sala del trono y ellos saben que están allí por algo más que sus promesas.

> *Padre, vengo confiadamente ante ti, sabiendo que tú responderás cuando clamo, y que me enseñarás cosas que yo no conozco. Tus oídos están abiertos a mis oraciones. Yo decreto y declaro que este día está preñado con tu propósito. Llamo encuentros estratégicos, sorpresas maravillosas y descubrimientos sobrenaturales. Haz que mi voluntad obre en perfecta armonía con la tuya en el nombre de Jesús, amén.*

Tu milagro ya existe

Y me dediqué de lleno a explorar e investigar con sabiduría
todo cuanto se hace bajo el cielo. ¡Penosa tarea ha impuesto
Dios al género humano para abrumarlo con ella!
—Eclesiastés 1:13

El hombre fue creado a imagen de Dios, y conforme a su semejanza. Se le dio entonces un mandato de gobernar y dominar
su mundo. Se le dio autoridad delegada para que se encarga-
ra de la tierra y la protegiera de fuerzas negativas que pudieran crear desequilibrio, angustia, miseria y enfermedad. Dios
dice en el libro de Job que determinarás una cosa y te será firme (Job 22:28). Tu milagro ya existe en la esfera "secreta" de
lo invisible. Todas las cosas secretas pertenecen a Dios, pero
las cosas que reveladas pertenecen al hombre. En Proverbios
25:2 (NTV) leemos: "Es privilegio de Dios ocultar un asunto, y
privilegio del rey descubrirlo". Es en el momento de la revelación—o de la inspiración divina—que Dios nos habla a todos.

Yo decreto y declaro que todo lo que este tiempo debe brin-
darme saldrá a luz. Las montañas espirituales, relaciona-
les, políticas y económicas deben moverse. Atravieso las
paredes y las barricadas que habían sido impenetrables.
Avanzo sobre los problemas persistentes del pasado y las
personas inflexibles, hacia nuevos ámbitos de provisión
milagrosa, incremento, influencia y favor sobrenaturales.
En el nombre de Jesús. Amén.

ABRE TU MENTE

El abre el oído de los hombres, y sella su instrucción.
—JOB 33:16, LBLA

Dios conoce el fin desde el principio y todo lo intermedio. Y estas son las cosas que Él quiere revelarte. Esto es lo que Dios hace: abre tu mente y te habla pensamientos inspiradores para poder evitar que busques a tu propio camino limitado. Los pensamientos de Dios son de abundancia y no de carencia. Él quiere que vivas mucho y quiere brindarte una buena vida. Te da pensamientos divinos, inspiradores, y la capacidad de declarar su existencia para que crezcas a fin de cumplir su mejor plan para tu vida. Él quiere que madures en sabiduría, autoridad, y capacidad sobrenatural para que puedas testificar del esplendor de su Reino. Tu milagro ya existe, pero depende de ti aprender a verlo y a llamarlo.

Padre, quita los "atascos" de mi mente para que tu Espíritu tenga libre acceso. Descarga tu creatividad, sabiduría y estrategia sobrenaturales. Yo decreto y declaro que voy a llevar a término las promesas de Dios. No las cancelaré. Voy a poseer mi herencia. Los planes y los propósitos de Dios para mi vida prevalecerán. En el nombre de Jesús, amén.

PERCIBE CON TU VISTA ESPIRITUAL

Cosas que ojo no vio, ni oído oyó, Ni han subido en corazón de
hombre, son las que Dios ha preparado para los que le aman.
—1 CORINTIOS 2:9, RV60

Cuando nos acercamos a Dios en oración, no es solo un tiempo para poner nuestras preocupaciones y peticiones delante de Dios, sino también un tiempo para que cerremos nuestros ojos físicos y busquemos percibir con los espirituales. Es tiempo de que abramos nuestros oídos espirituales y escuchemos al Espíritu Santo hablándonos. A menudo lo confundimos con nuestros propios pensamientos, y a veces confundimos nuestros propios pensamientos con el hablar del Espíritu Santo; pero con práctica, así como los niños aprenden a distinguir la voz de su madre de todas las demás voces de su mundo, aprendemos a conocer la voz del Buen Pastor. Estas cosas deben percibirse espiritualmente, y esa sintonía espiritual con las cosas de Dios viene por medio de la oración.

Padre, unge mis oídos para oír tu voz con claridad, y mis
ojos para ver las cosas como tú las ves. Me rehúso a ser
frenado por creencias limitadas y pensamientos estrechos.
Limpia mi mente con el agua de tu Palabra para que yo
pueda estar en sintonía con tu voluntad. Sé que tú anhelas
hablar conmigo. Agudiza mi discernimiento para que pue-
da recibir de ti sin obstáculos. En el nombre de Jesús, amén.

Las llaves del Reino

Te daré las llaves del reino de los cielos; todo lo que
ates en la tierra quedará atado en el cielo, y todo lo que
desates en la tierra quedará desatado en el cielo.
—Mateo 16:19

Una situación o circunstancia generalmente viene porque la
has llamado hacia ti: tú le has dado permiso de existir en tu
vida. Palabras casuales que en la superficie pueden sentirse
como surgidas de la humildad—como si fueran cortésmente
autocríticas, políticamente correctas, o no demasiado opti-
mistas—pueden hacer más daño de lo que piensas. Recuerda,
todo lo que ates o desates en la tierra será atado o desatado
en el cielo.

> *Padre, en el nombre de Jesús yo cierro toda puerta que se*
> *haya abierto al enemigo, a sabiendas o sin saberlo. A toda*
> *palabra dicha que es contraria a tu voluntad para mí, yo la*
> *ato en el nombre de Jesús. Quiebro los patrones de insegu-*
> *ridad e inferioridad. Quiebro el poder de la falsa humildad*
> *que me tenía conforme con lo que es menos que tu voluntad*
> *para mi vida. Padre, pon guarda a mi boca y guarda la*
> *puerta de mis labios. Que ninguna conversación corrompi-*
> *da proceda de mí. En el nombre de Jesús, amén.*

Conoce que ese es Dios

Queridos hermanos, no crean a cualquiera que
pretenda estar inspirado por el Espíritu, sino
sométanlo a prueba para ver si es de Dios.
—1 Juan 4:1

Las percepciones espirituales pueden parecer muy extrañas y pueden ponernos muy incómodos. Las personas que luchan por comprenderlas pueden cometer errores en sus interpretaciones, y a muchos esto les hace dudar de su sinceridad. Piensan que estas personas están haciendo cosas para llamar la atención en lugar de luchar por comprender las vislumbres que Dios les ha dado de su perspectiva. Por supuesto, esto da una buena razón para no ser rápidos en proclamar lo que Dios muestra en oración hasta estar seguros de entenderlo y de que es verdaderamente de Dios. Pero esto no justifica la tentación de andar con tus ojos espirituales cerrados, simplemente porque eso es más fácil.

Padre, abre los ojos de mi entendimiento. Quiero conocer tu
voluntad. Descarga ideas divinas y revelación, ideas crea-
tivas y conceptos de avanzada. Envía ángeles para frustrar
cualquier cosa que trate de desbaratar tus planes y tus pro-
pósitos para mí. Yo renuncio a toda duda y a toda incre-
dulidad que me impida confiar en las palabras y visiones
proféticas que tú me das. Padre, abre mis ojos y oídos a las
cosas del Espíritu. Quiero todo lo que tienes para mí. En el
nombre de Jesús, amén.

La recompensa de Dios es para ti

Pero no es posible agradar a Dios sin tener fe, porque
para acercarse a Dios, uno tiene que creer que
existe y que recompensa a los que lo buscan.
—Hebreos 11:6, DHH

No debe haber ninguna duda en tu mente de que Dios quiere bendecirte y prosperarte. Él quiere que tengas éxito y que nunca fracases. Él quiere lo mejor para ti. Recuerda, quienes se acercan a Dios deben creer que Él recompensa a los que le buscan con diligencia. Esto es porque la única cosa que agrada a Dios es tu fe.

Padre, yo creo que tú quieres lo mejor para mí. Sé que tus planes para mí son buenos; son planes para prosperarme, y no para hacerme daño; planes para darme esperanza y un futuro. Elijo caminar por fe y no por vista. Yo sigo tus caminos, y creo que vas a prosperar las obras de mis manos. Tú me has dado todo lo necesario para la vida y la piedad. Sé que si creo solamente, nada será imposible para mí. Rechazo toda duda y toda incredulidad para moverme de gloria en gloria y de fe en fe. En el nombre de Jesús, amén.

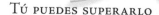

19 de mayo

TÚ PUEDES SUPERARLO

Ya llegó la salvación, el poder y el reino de nuestro Dios, y la autoridad de su Mesías; porque ha sido expulsado el acusador de nuestros hermanos, el que día y noche los acusaba delante de nuestro Dios. Nuestros hermanos lo han vencido con la sangre derramada del Cordero y con el mensaje que ellos proclamaron.
—APOCALIPSIS 12:10–11

Deja que tus declaraciones sean informadas por la siguiente revolucionaria—y "revelacionaria"—verdad: tu enemigo está vencido por la sangre del Cordero y la palabra de tu testimonio. Debes declarar: "Mayor es el que está en [mí], que el que está en el mundo" (1 Juan 4:4), y "en todas estas cosas somos más que vencedores por medio de aquel que nos amó" (Romanos 8:37). Cree y confiesa. Habla con convicción y confiesa con expectativa. Espera que todo lo que estás decretando va a suceder.

Soy más que vencedor por medio de Aquel que nos ama. El que está en mí es mayor que el que está en el mundo. Me paro en fe declarando que todas tus promesas son sí y amén en ti. Toda montaña que se alza en el camino de tus promesas debe ser quitada y echada al mar. Toda montaña de opresión o depresión, de carencia y frustración, de disfunción y caos, debe irse en el nombre de Jesús. Declaro que estas cosas son hechas en el nombre de Jesús. Amén.

DECLARA BENDICIÓN SOBRE *tu* DÍA

SELLADO EN LA ESFERA DEL ESPÍRITU

*Lo que tú determines se realizará, y sobre
tus caminos resplandecerá la luz.*
—JOB 22:28

Ya que la esfera del espíritu es la esfera causal, espera que lo que estás orando se manifestará de este lado de la gloria porque ya ha sido sellado en la esfera del espíritu. Dios ya ha puesto todas las posibilidades antes de la fundación del mundo. Que tus declaraciones no sean contraproducentes al decretar una cosa y confesar otra. Sé consecuente en saber que cuando te comprometes con la manifestación de esas cosas relativas a tu vida, Dios está diciendo que lo que sea (positivo o negativo, fe o incredulidad) que desates es desatado, y todo que ates es atado. Recuerda, tan pronto como una declaración deja tu boca, ya ha ocurrido.

Padre, yo decreto y declaro que mi boca es la pluma de un escribiente muy ligero. Proclamo tu Palabra y no mi propia voluntad. Empujo más allá de los linderos que el enemigo ha trazado, y tomo cada área que ha sido dispuesta para mí. El enemigo está derrotado, y sus esfuerzos por trastornar mi destino no prosperarán. Yo decreto y declaro que los planes de Dios prevalecerán en mi vida. En el nombre de Jesús, amén.

CUMPLIR LA VOLUNTAD DE DIOS

*Ciertamente les aseguro que mi Padre les dará
todo lo que le pidan en mi nombre.*
—JUAN 16:23

Dios te delegó autoridad para que, como creyente, puedas cumplir su voluntad en la tierra. Inherente a esta autoridad divina es el manto de responsabilidad y rendición de cuentas. Tú eres responsable de hablar conforme a la voluntad divina que se ha declarado respecto de ti. La autoridad del Reino exige que te vuelvas proactivo en el establecimiento de objetivos en tu experiencia de vida. No debes ser dominado por las circunstancias: tienes que tomar autoridad sobre ellas y decretar que se manifieste la voluntad de Dios en el nombre de Jesús.

Padre, no voy a dejar que las circunstancias dictaminen mi futuro. Yo declaro tu voluntad sobre mi vida y mi día: Camino en la paz de Dios. Mi familia es bendecida y mi lugar de trabajo está en orden. Yo tengo la mente de Cristo; por lo tanto, mis pensamientos están llenos de ideas creativas e innovadoras que hacen avanzar tu Reino. Mis cuentas bancarias disponen de recursos suficientes para satisfacer mis necesidades y para ayudar a otros. Te doy a ti con un corazón alegre. Tú haces todo bien, y has depositado el mismo espíritu de excelencia en mí. Bendice las obras de mis manos y que tu favor repose sobre mí hoy. En el nombre de Jesús, amén.

PRACTICA CAMINATAS DE ORACIÓN

Él [Jabes] fue quien oró al Dios de Israel diciendo: "¡Ay, si tú
me bendijeras y extendieras mi territorio! ¡Te ruego que estés
conmigo en todo lo que haga, y líbrame de toda dificultad
que me cause dolor!"; y Dios le concedió lo que pidió.
—1 CRÓNICAS 4:10, NTV

Desarrolla el hábito de hacer caminatas de oración. Mientras caminas, piensa en la promesa de Dios de ensanchar tu territorio y darte cada lugar que toquen tus pies. Al caminar, declara Palabra de Dios y observa lo que Dios hará. Él se está preparando para maravillarte con bendiciones. Va a posicionarte para la abundancia sobrenatural y el favor sin precedentes. Él se manifestará poderosamente a tu favor. ¡Tu avance y tus milagros están en camino!

Padre, reclamo un nuevo territorio para tu Reino. Tomo nue-
vo territorio intelectual; declaro que mi mente está llena de
revelaciones más profundas de tu verdad. Tomo nuevo terri-
torio espiritual; declaro que todos los retrasos, contratiempos,
y atascos son destruidos en el nombre de Jesús. Reclamo nue-
vo territorio profesional; mis dones hacen lugar para mí y me
introducen en presencia de los grandes. Efectúo cambios en
el mundo por medio de la oración. Declaro un cambio en la
atmósfera de mi hogar, de mi lugar de trabajo, de la iglesia,
y del ministerio. Camino confiadamente en la autoridad que
yo tengo en ti. En el nombre de Jesús, amén.

Camina en el Espíritu

Si el Espíritu nos da vida, andemos guiados por el Espíritu.
—Gálatas 5:25

Yo personalmente he integrado declaraciones en mi rutina diaria de ejercicios. Necesito hacer ejercicio para mantener mi salud, y me encanta caminar, así que cumplo dos actividades esenciales en una. Esta práctica no solo fomenta la fortaleza física, la resistencia y la salud en general, sino que también crea fuertes músculos de oración, aumentando la resistencia y el vigor espirituales. Piensa en "caminar en el Espíritu" mientras cumples tu destino con tus palabras. Practica mantener el paso con el Espíritu mientras declaras sus promesas sobre tu vida.

Padre, te pertenezco a ti, y crucifico mi carne con sus pasiones y deseos. Expreso el fruto del Espíritu. Porque camino contigo, no satisfago los deseos de la carne. Permanezco firme en mi fe. Yo sé que la bendición viene a los que atienden a tu voz, así que pongo en ti mi confianza y obedezco tu Palabra. Tus mandamientos son buenos. Tus estatutos, justos. Estos dan vida; y no me canso de hacer el bien, pues sé que a su tiempo segaré, porque no voy a desmayar. Amén.

CONSIGUE UN NUEVO JUEGO DE LLAVES

Pues como piensa dentro de sí, así es.
—PROVERBIOS 23:7, LBLA

Muchas personas han llegado a creer que la vida es un misterio que no puede ser resuelto. Piensan que el éxito y la prosperidad están destinados para todos excepto ellos, y se sienten impotentes y victimizados cuando los acontecimientos de su vida se salen de control. Ellos harían algo al respecto si supieran qué hacer, pero han intentado todo lo que saben y han quedado siempre con las manos vacías. Lo que necesitan es un nuevo juego de llaves para abrir todo lo que Dios tiene para sus vidas. La verdad es que definimos nuestras vidas por cada uno de nuestros pensamientos y palabras. Si queremos que nuestra vida cambie, todo comienza con lo que pensamos y decimos.

Yo no puedo esconder nada de ti, Padre. Tú conoces mis caminos y lo que en verdad hay en mi corazón. Arranca de mí todo lo que no es como tú. Que mis palabras reflejen tu Palabra; que mi corazón refleje tu corazón, y mis pensamientos, tus pensamientos. Me someto a tu completo control. Yo decreto y declaro que al renovar mi mente con tu Palabra, todo en mí está cambiando para mi bien y para tu gloria, en el nombre de Jesús, amén.

VIVE SIN CARENCIA

*Pido a Dios que el compañerismo que brota de tu
fe sea eficaz para la causa de Cristo mediante el
reconocimiento de todo lo bueno que compartimos.*
—FILEMÓN 6

Cuando digo "abundancia", no estoy hablando de materialismo o consumismo. De lo que hablo es del hecho de que es la voluntad de Dios para ti que vivas sin carencia: proveerte todo lo posible que necesites para cumplir con éxito tu propósito y para maximizar tu potencial. Esto ciertamente incluye cosas materiales, pero más importante todavía es que significa pensamientos inspirados por el Espíritu, declaraciones y conversaciones; relaciones divinamente preparadas, y oportunidades de negocios y desafíos; y sobre todo, dones y capacidades sobrenaturales a medida que reconoces todo lo bueno que hay en ti en Cristo.

*Padre, gracias por darme todo lo que necesito para la vida
y la piedad. Tú me has dado todo lo que necesito para cumplir tu plan. Estoy completo en ti y nada me falta. No voy
a escuchar los intentos del enemigo de hacerme sentir inferior o inadecuado. Fiel es el que me llamó, el cual también
lo hará. No solo me llamaste, sino que también me capacitaste para cumplir mi misión en la tierra. No voy a dudar
de tu fidelidad para perfeccionar la buena obra que has
comenzado en mí. En el nombre de Jesús, amén.*

No seas de doble ánimo

El hombre de doble ánimo es inconstante en todos sus caminos.
—Santiago 1:8, rv60

Una persona de doble ánimo es una persona con pensamientos conflictivos, alguien que tiene dos opiniones diferentes al mismo tiempo. Esa persona es el piloto que conduce su barco hacia un puerto por un tiempo, luego va en reversa para dirigirse a otro en la dirección opuesta. Es como "la onda del mar, que es arrastrada por el viento" (v. 6). En un momento dado tu vida se dirige hacia las bendiciones porque eso es lo que has declarado, y al siguiente se dirige hacia la maldición porque eso es lo que ahora tu boca proclama.

Padre, no seré semejante a la onda del mar, arrastrada de aquí para allá por cualquier circunstancia que viene a mí. Confiaré en ti y no dudaré, porque quien duda no debe esperar recibir nada de ti. Espero recibir de ti, porque estoy firme en la fe, sabiendo que la Palabra que proclamo sobre mi vida no volverá vacía. Yo decreto y declaro que mi nombre no estará asociado con la indecisión o la confusión. Estoy equilibrado emocional, económica y espiritualmente. Cuando no sé qué hacer, te pregunto, y tú me das sabiduría generosamente. Padre, redime todo momento que puedo haber perdido y que pueda moverme confiadamente hacia mi destino. En el nombre de Jesús, amén.

Vislumbra la autopista espiritual

*Allí soñó que había una escalinata apoyada en la
tierra, y cuyo extremo superior llegaba hasta el cielo.
Por ella subían y bajaban los ángeles de Dios.*
—Génesis 28:12

A lo largo de la Biblia leemos que Dios no puede intervenir en la tierra, a menos que alguien dé permiso para que la respuesta exista en el mundo material. Las respuestas se mantienen en los lugares celestiales y están encerradas en la esfera del espíritu hasta que haya una persona capaz de captar la frecuencia correcta y actuar como un conducto para manifestar la voluntad de Dios en la tierra. Esto se ilustra por la experiencia de Jacob en el libro de Génesis. Jacob fue capaz de vislumbrar una autopista espiritual. Creo que estas autopistas son nuestros pensamientos. Aquí es donde tomamos inspiración. Estos pensamientos de inspiración parecen aparecer de la nada, pero realmente están circulando en la esfera del espíritu.

Padre, en el nombre de Jesús declaro que mis oraciones tienen libre paso para ascender al ámbito de lo sobrenatural. No estarán atadas a la tierra. Entro en acuerdo con el cielo, y proclamo tu verdad. Tu unción rompe todo yugo. Que se abra un camino en los cielos y manifiesta todo lo que está preparado para mí. En el nombre de Jesús, amén.

Usa una variedad de estrategias

*Todo maestro de la ley que ha sido instruido acerca del
reino de los cielos es como el dueño de una casa, que de
lo que tiene guardado saca tesoros nuevos y viejos.*
—Mateo 13:52

Jesús declara que una persona capacitada para participar del
Reino de los cielos es aquella que es capaz de aprovechar tanto
la verdad antigua como la nueva sabiduría. En otras palabras,
buscamos visión y orientación para orar, tanto en el Antiguo
como en el Nuevo Testamento. Para mantener vibrante y
emocionante tu vida de oración, debes utilizar una variedad
de estrategias así como una diversidad de objetivos.

*Padre, cuando busco nuevas estrategias para hacer de este
día uno más productivo, que nunca olvide la sabiduría de
lo antiguo. Al buscar la nueva revelación, que nunca olvide
las verdades fundamentales de la Escritura. Hazme discernir
qué estrategia es necesaria en el momento. En el nombre
de Jesús, amén.*

CAMBIA LA ATMÓSFERA

*Solo el Espíritu da vida eterna; los esfuerzos humanos no logran
nada. Las palabras que yo les he hablado son espíritu y son vida.*
—JUAN 6:63, NTV

En un sentido muy real, nuestras palabras pueden cambiar la
atmósfera que nos rodea. Ese es el poder de la oración intercesora y cuando empezamos a declarar en nuestra vida cotidiana las cosas que oramos en privado, se produce el cambio.
Debemos darnos cuenta de que, de una manera muy tangible,
nuestras palabras—*todas nuestras palabras tomadas en conjunto*—dan forma a nuestra realidad.

*En el nombre de Jesús, declaro que este es un tiempo de
avance. Ordeno a la atmósfera que cambie. Clima espiritual, cambia en el nombre de Jesús. Clima económico, cambia en el nombre de Jesús. Yo decreto y declaro que las
condiciones son adecuadas para que mi hogar, mi ministerio y mi lugar de trabajo se desarrollen. Declaro que cada
pizca de tibieza en mí está siendo reemplazada por el fuego
de Dios. Estoy siendo cambiado y transformado cada vez
más a semejanza de Cristo. Padre, hazme más como tú.
Tu Reino es mi prioridad y tu voluntad es mi deseo. En el
nombre de Jesús, amén.*

USA UNA VARIEDAD DE ESTRATEGIAS

Todo maestro de la ley que ha sido instruido acerca del
reino de los cielos es como el dueño de una casa, que de
lo que tiene guardado saca tesoros nuevos y viejos.
—MATEO 13:52

Jesús declara que una persona capacitada para participar del Reino de los cielos es aquella que es capaz de aprovechar tanto la verdad antigua como la nueva sabiduría. En otras palabras, buscamos visión y orientación para orar, tanto en el Antiguo como en el Nuevo Testamento. Para mantener vibrante y emocionante tu vida de oración, debes utilizar una variedad de estrategias así como una diversidad de objetivos.

Padre, cuando busco nuevas estrategias para hacer de este
día uno más productivo, que nunca olvide la sabiduría de
lo antiguo. Al buscar la nueva revelación, que nunca olvide
las verdades fundamentales de la Escritura. Hazme discer-
nir qué estrategia es necesaria en el momento. En el nombre
de Jesús, amén.

CAMBIA LA ATMÓSFERA

Solo el Espíritu da vida eterna; los esfuerzos humanos no logran nada. Las palabras que yo les he hablado son espíritu y son vida.
—JUAN 6:63, NTV

En un sentido muy real, nuestras palabras pueden cambiar la atmósfera que nos rodea. Ese es el poder de la oración intercesora y cuando empezamos a declarar en nuestra vida cotidiana las cosas que oramos en privado, se produce el cambio. Debemos darnos cuenta de que, de una manera muy tangible, nuestras palabras—*todas nuestras palabras tomadas en conjunto*—dan forma a nuestra realidad.

En el nombre de Jesús, declaro que este es un tiempo de avance. Ordeno a la atmósfera que cambie. Clima espiritual, cambia en el nombre de Jesús. Clima económico, cambia en el nombre de Jesús. Yo decreto y declaro que las condiciones son adecuadas para que mi hogar, mi ministerio y mi lugar de trabajo se desarrollen. Declaro que cada pizca de tibieza en mí está siendo reemplazada por el fuego de Dios. Estoy siendo cambiado y transformado cada vez más a semejanza de Cristo. Padre, hazme más como tú. Tu Reino es mi prioridad y tu voluntad es mi deseo. En el nombre de Jesús, amén.

Ríndete a la Palabra de Dios

Si permanecen en mí y mis palabras permanecen en ustedes, lo que quieran pedir se les concederá. Mi Padre es glorificado cuando ustedes dan mucho fruto y muestran así que son mis discípulos.
—Juan 15:7–8

Debemos tener cuidado de no declarar lo que queremos ver ocurrir sin rendirnos verdaderamente a lo que está escrito en la Escritura. Esto nos haría incapaces de combinar lo que estamos diciendo con la fe genuina. Se requiere que invirtamos más tiempo estudiando la Palabra de Dios de modo que su verdad pueda expresarse más poderosamente en lo que decimos. No podemos hablar de una manera en la oración y de otra en nuestra vida cotidiana, o de lo contrario nuestra descuidada duda, negatividad e incredulidad impedirán que se efectúe lo que estamos tratando de mantener en fe para que suceda. No es así como Dios lo dispuso.

Padre, me someto a tu Palabra. Si te obedezco, todo estará bien. Jesús no habló por su propia cuenta ni tampoco yo lo haré. Voy a declarar tu Palabra. Tus leyes son perfectas; tus mandamientos son puros. Son más deseados que el oro, porque en guardarlos hay una gran recompensa. Santifícame con tu verdad, y ordena mis pasos con tu Palabra. En el nombre de Jesús, amén.

Sé perfecto

*Si alguien no comete ningún error en lo que dice, es un
hombre perfecto, capaz también de controlar todo su cuerpo.*
—Santiago 3:2, dhh

Puedes tener algunos inconvenientes respecto de la palabra
perfecto. Hemos asociado esa palabra con arrogancia insolente,
estándares inalcanzables o expectativas poco razonables. Pero
aquí en Santiago la palabra significa "completo" o "maduro".
En otras palabras, alguien que controla su lengua es un adulto.
No se rige por los caprichos de la infancia o la adolescencia.
No hace berrinches en el suelo. Son personas con un objetivo
y un propósito, centradas en lo que tienen delante y que alinean sus palabras y su comportamiento en consecuencia.

*Padre, cuando yo era niño, hablaba como un niño. Pero
ahora que crecí, dejo de lado las cosas infantiles. No me
distraeré con lo que otras personas dicen o hacen. Mantengo mis ojos en ti, porque tú sabes el camino por el cual
debo ir. Tú diseñaste mi senda, y yo la seguiré. Conforme
a 2 Timoteo 3:17, decreto y declaro que soy perfecto en ti
y completamente preparado para toda buena obra. En el
nombre de Jesús, amén.*

junio

Establece tu curso

Dichosos los que van por caminos perfectos, los que andan
conforme a la ley del Señor. Dichosos los que guardan sus
estatutos y de todo corazón lo buscan. Jamás hacen nada
malo, sino que siguen los caminos de Dios… ¡Cuánto deseo
afirmar mis caminos para cumplir tus decretos! No tendré que
pasar vergüenzas cuando considere todos tus mandamientos.
—Salmo 119:1–6

Los que establecen su curso siguen en el consejo de Dios y
esto no los vuelve rígidos o sin sentido del humor. Los hace
comprometidos. Ellos disfrutan de la vida. Disfrutan de su
trabajo. Disfrutan de su familia. Disfrutan de su iglesia. Son
el tipo de personas que tienen propósitos. Ellos hacen acon-
tecer la vida; no es que meramente la vida les ocurra. Son la
clase de personas que no lanza palabras como si fueran un
conjuro mágico que les proveerá lo que quieren. Usan lo que
dicen para establecer su camino.

Padre, me afirmo en tu consejo. Yo no ando por mi propia
cuenta. Sigo el camino que tú estableciste. Tú ordenas mis
pasos con tu Palabra. Me llevas de la mano. Porque confío
y obedezco tu Palabra, mi camino será próspero y comeré el
bien de la tierra. En el nombre de Jesús, amén.

EL PODER DE LA LENGUA

La lengua está puesta entre nuestros miembros, y contamina
todo el cuerpo, e inflama la rueda de la creación.
—SANTIAGO 3:6, RV60

Santiago nos advierte que el poder de la lengua también puede usarse fácilmente de manera equivocada. Además advierte que deberíamos ser "pronto para oír, tardo para hablar, tardo para airarse" (Santiago 1:19). Dado que la lengua es tan potente, nunca deberíamos hablar precipitadamente o con enojo. ¿Por qué? Porque lo que decimos importa. Lo que decimos edifica o envenena la realidad.

De la abundancia del corazón habla la boca, por lo que,
Padre, crea en mí un corazón limpio y renueva un espíritu
recto dentro de mí. Que mi vida refleje el fruto del Espíritu
y no las debilidades de mi temperamento o la inclinación
de mi carne. Que las palabras de mi boca y la meditación
de mi corazón sean agradables delante de tus ojos. Señor, tú
eres mi fuerza y mi redentor. Que ninguna palabra corrom-
pida salga de mi boca. Has puesto el poder de la vida y
la muerte dentro de mi boca, y usaré mi lengua para pro-
clamar tu Palabra. Conforme a Romanos 10:8, decreto y
declaro que tu Palabra está en mi boca y en mi corazón.
Por causa de ti, las palabras que digo son espíritu y son
vida. En el nombre de Jesús, amén.

Tus palabras controlan tu dirección

Así también la lengua es un miembro pequeño,
pero se jacta de grandes cosas. He aquí, ¡cuán
grande bosque enciende un pequeño fuego!
—Santiago 3:5, rv60

Decir lo que queremos—buscar las promesas bíblicas que apoyen nuestros deseos o aquello por lo cual intercedemos, y repetirlas una y otra vez—es relativamente fácil. Cualquiera puede hacer eso. Y aunque es bueno hacerlo, es solo el comienzo. Si tiras de la brida en una dirección pero el resto del caballo no va en esa dirección, ¿de qué vale el freno? Si giras el timón, pero el curso del barco sigue siendo el mismo, ¿de qué vale tratando de dirigirlo? No, solo cuando el resto de nuestro ser se vuelve para seguir hacia donde nos estamos dirigiendo al usar el freno o el timón, es que realmente cambia nuestra vida o la vida de otros por medio de nuestras oraciones. Observa que los vientos de la vida siguen soplando, pero cuando usamos nuestra lengua como timón de nuestras acciones y actitudes, los vientos no controlan a dónde vamos; lo hacen nuestras palabras.

Que tu Palabra renueve mi mente y transforme la manera
en que vivo. Yo no solo oigo la Palabra; también hago lo
que dice. Las bendiciones me alcanzan porque presto aten
ción a tu voz. Guíame continuamente en tu verdad; ensé
ñame, porque tú eres el Dios de mi salvación. En el nombre
de Jesús, amén.

No contradigas tu fe

*¿Puede acaso brotar de una misma fuente agua dulce
y agua salada? Hermanos míos, ¿acaso puede dar
aceitunas una higuera o higos una vid? Pues tampoco
una fuente de agua salada puede dar agua dulce.*
—Santiago 3:11–12

Cuando empezamos a dirigir nuestra vida con nuestras palabras, somos más lentos para hablar, porque pesamos más a conciencia todo lo que sale de nuestra boca. Queremos decir cosas que realmente representen lo que queremos decir y nos dirijan en la dirección correcta. Evitamos hablar palabras que contradigan nuestra fe o nuestras oraciones. No menospreciamos a otros ni les escupimos veneno con la misma boca que utilizamos para alabar a Dios.

Padre, sé que mi lengua es poderosa. Con mi boca puedo elegir hablar bendiciones o maldiciones. No hablo descuidadamente. No confío en la sabiduría terrenal. No hablo por envidia o por ambición egoísta, ya que producen perturbación. En cambio, amo a mis enemigos, y me niego a pagar el mal con el mal. Padre, llena mi corazón con la sabiduría de lo alto, que es pura, pacífica, abierta a la razón, y llena de misericordia y de buenos frutos, para que mi hablar siembre la paz y para segar una cosecha de justicia. En el nombre de Jesús, amén.

Alinéate con tus palabras

Y todo lo que hagan, de palabra o de obra, háganlo en el nombre del Señor Jesús, dando gracias a Dios el Padre por medio de él.
—Colosenses 3:17

Nuestras acciones y actitudes tienen que alinearse en la dirección que trazan nuestras palabras. Nos volvemos "perfectos" en palabra y obra cuando ambas se alinean para cumplir aquello por lo cual fuimos puestos en la tierra. Llegamos a ser "íntegros" en el sentido más fundamental de la palabra: hay una alineación del 100 por ciento entre quienes somos en el interior y lo que somos en el exterior. Como el acero u otra aleación con alta integridad, somos puros en motivos y acciones de principio a fin, y de eso proviene gran fortaleza.

Padre, no te honro solamente con mis palabras, sino que también te honro con mis obras. Porque ando en integridad, habitaré la tierra que reservaste para mí, y permaneceré en ella. Mis labios no hablarán falsedad; mi lengua no proferirá engaños. Declaro que mis hijos son benditos porque ando en integridad. Seré librado en tiempo de angustia. No voy a someter la Palabra de Dios a reproche por no seguir tus caminos. Ando en rectitud, con palabra sana, de modo que nadie tenga que decir nada malo de mí, en el nombre de Jesús. Amén.

Usa tus palabras sabiamente

El charlatán hiere con la lengua como con una
espada, pero la lengua del sabio brinda alivio.
—Proverbios 12:18

Las palabras son una fuerza espiritual. Son recipientes formados por nuestros pensamientos, intenciones y significados: herramientas que cincelan en obras maestras nuestras vidas y las vidas de los que nos rodean. Sin embargo, un escultor que no entiende sus herramientas, sus propósitos y cómo usarlas no creará nada digno de exhibición. Por lo tanto, debemos estudiar el lenguaje y la Palabra de Dios para poder tomar la palabra adecuada para cada ocasión. Tenemos que tener control y entendimiento de lo que sale de nuestra boca. Tú no usas una maza para suavizar los bordes, y no puedes afinar detalles con un martillo neumático. Es lo mismo si hablamos con Dios o con los seres humanos. Las palabras que elegimos en público o en nuestro cuarto de oración importan más de lo que tú piensas.

Padre, que mi palabra siempre sea amable, sazonada con sal, a fin de que ministre a los oyentes. No seré precipitado con mis palabras porque me has dado sabiduría; por lo tanto, refreno mis palabras y uso la boca para alentar el conocimiento. Elijo poner rienda a mi lengua, para que mi fe ante ti pueda ser pura y sin mancha, en el nombre de Jesús. Amén.

La oración te ayuda a ver

Es como el árbol plantado a la orilla de un río que,
cuando llega su tiempo, da fruto y sus hojas jamás
se marchitan. ¡Todo cuanto hace prospera!
—Salmo 1:3

La oración cambia tu percepción y te da la capacidad de ver las cosas desde la perspectiva de Dios. Es como si una niebla que nunca notaste antes comenzara a levantarse. Cuando te enfrentas a situaciones y decisiones, la sabiduría comienza a mostrarte más claramente el camino correcto a seguir. La revelación de acciones específicas que es necesario realizar está ahí cuando la necesitas. Las palabras para cualquier circunstancia simplemente brotan de tu interior cuando es necesario decirlas. No es que ocurra alguna manifestación increíble. Solo es que lo que haces o dices prospera debido a la oración. Como el árbol plantado junto a una corriente, tus raíces espirituales aprovechan un nuevo suministro de energía, que está disponible para quien lo requiera.

Decreto y declaro que manejo con oración cada día que tú me das. Porque yo te traigo mis necesidades a ti, no estoy ansioso por nada, sino que tu paz guarda mi corazón y mi mente. Me vuelvo a ti, y tú me das sabiduría; busco tu instrucción y me muestras el camino que debo seguir. No me preocupo por el futuro porque tú guardas mis pies. Gracias, Señor, por guiarme de la mano. Amén.

LA ORACIÓN NO ES MANIPULACIÓN

Pero tú, cuando ores, apártate a solas, cierra la puerta
detrás de ti y ora a tu Padre en privado. Entonces,
tu Padre, quien todo lo ve, te recompensará.
—MATEO 6:6, NTV

Las oraciones hacen maravillas o pueden generar errores si no entendemos el poder de la palabra hablada. No estamos tratando de hablar con Dios para que haga cosas que Él sabe que son malas ideas o que nacieron del egoísmo. La oración no es manipulación, y tampoco debe serlo nuestro hablar. Cuando vamos a Dios en oración, le recordamos su naturaleza con alabanza, celebramos sus promesas con nuestras peticiones, y aceptamos su amor mientras hablamos a favor de los demás. No estamos torciendo las cosas para poder salirnos con la nuestra. Nos hemos asociado con Él para ver manifestarse su Reino.

Padre, no voy a tergiversar tu Palabra para salirme con
la mía. Escucho tu dirección y me asocio con lo que estás
haciendo. Mi deseo es hacer tu voluntad, no la mía. Te
doy libertad para que te muevas en mi corazón. Dame los
deseos que quieres que tenga para honrarte con todo lo que
hago y con cada oración que hoy te elevo. En el nombre de
Jesús, amén.

MANTENTE ALINEADO CON TUS ORACIONES

*No juzguen a los demás, y no serán juzgados. Pues serán tratados
de la misma forma en que traten a los demás. El criterio que usen
para juzgar a otros es el criterio con el que se les juzgará a ustedes.
Primero quita el tronco de tu ojo; después verás lo suficientemente
bien para ocuparte de la astilla en el ojo de tu amigo.*
—MATEO 7:1–2, 5 NTV

Cuando "dejamos" la oración y vamos al mundo, no
contradecimos la fe que expresamos en la oración expresando
dudas a los demás. Esta es una expresión de "orar sin cesar"; lo
que decimos a los demás a lo largo del día está en línea con lo
que hablamos con Dios en privado. Y entonces nuestras acciones y nuestras actitudes coinciden. Todo nuestro ser se centra
en las metas y propósitos con una precisión como de láser. No
solo eso, sino que además comenzamos a afectar la atmósfera
dondequiera que vamos. Es como si anduviéramos por allí en
una nube del Reino de Dios en continua expansión, y cuantos
más lugares vamos, y más consecuentes somos en alinear nuestras palabras y acciones con la Palabra y la voluntad de Dios,
más grande se vuelve esa nube alrededor de nosotros y sobre
quienes se relacionan con nosotros todos los días.

*Mis palabras determinan el curso de todo mi día. Así que
hoy no solo oraré tu Palabra; también la seguiré declarando y creyendo en ella, sabiendo que tú responderás porque
oro conforme a tu voluntad. En el nombre de Jesús, amén.*

TIEMPO PARA UN CAMBIO DE PARADIGMA

*Por lo tanto, mis queridos hermanos, manténganse firmes
e inconmovibles, progresando siempre en la obra del Señor,
conscientes de que su trabajo en el Señor no es en vano.*
—1 CORINTIOS 15:58

Para ver el cambio permanente, debes tener un permanente cambio de paradigma. No abres una senda a través de un bosque tomando un camino nuevo cada vez que lo cruzas. Tienes que ser coherente en tus palabras, oraciones y acciones. Cuando estamos concentrados y tenemos una meta en el pensamiento y el habla, cambiamos permanentemente nuestras percepciones y nuestros hábitos, y así alineamos nuestras acciones con lo que estamos creyendo en oración, creando un estilo de vida de piedad y poder.

Padre, voy a permanecer firme e inamovible en ti, aferrándome a tus promesas y confiando siempre en tu Palabra. Sé que mis esfuerzos no son en vano. Yo permanezco en tu Palabra, y tu verdad me hace libre. Decreto y declaro que mis palabras están llenas de rectitud; no hay nada torcido ni perverso en ellas. Tú me despiertas cada mañana y abres mis oídos para recibir tus instrucciones. Aprendo de ti y no me rebelo. Me das un corazón sabio y entendido, y yo actuaré conforme a tu Palabra. En el nombre de Jesús, amén.

CREAR UNA NUEVA REALIDAD

*...Dios...da vida a los muertos y que llama las
cosas que no son como si ya existieran.*
—ROMANOS 4:17

Tú estás, literalmente, creando la realidad con tus oraciones y tus palabras. Lo haces todos los días con los pensamientos que tienes, con las palabras que dices, y con las oraciones que, como resultado, estás haciendo. Si bien sigue siendo cierto que la clave para ver todo es primero creerlo, hay, en realidad, evidencia científica para apoyar el concepto de que tus palabras dan forma a tu propio mundo. El ver no siempre produce el creer, pero el creer producirá el ver.

Padre, me comprometo a honrarte con mis palabras y mis acciones hoy. Yo decreto y declaro que voy a echar mano de las cosas que has preparado para mí. No habrá atascos, contratiempos ni demoras. Me estás moviendo hacia tu plan perfecto para mí, sin importar cómo se vean las cosas en la esfera natural. No me mueven las circunstancias. Camino por fe y no por vista. Seguiré creyendo hasta que tu voluntad se manifieste en mi vida. En el nombre de Jesús, amén.

LLÁMALO A LA EXISTENCIA

Por la fe entendemos que el universo fue formado por la palabra
de Dios, de modo que lo visible no provino de lo que se ve.
—HEBREOS 11:3

Tus expectativas, pensamientos y creencias se manifiestan en tu hablar y cambian las cosas a tu alrededor. Aunque en menor grado, es el mismo principio por el cual Dios llamó a la existencia al mundo en Génesis 1. Él formó ideas de lo que quería, infundió esos significados en palabras, las declaró a la nada, y el universo en que hoy vivimos fue formado.

Padre, tú hablaste a la nada y creaste el mundo. Yo le hablo
a este día y declaro que cooperará con tus planes. Todo lo
que fue enviado para frustrar tus propósitos para este día es
atado en el nombre de Jesús y declarado nulo. Declaro que
este día está impregnado de destino. Gracias, Padre, por
las conexiones divinas que hacen avanzar tu Reino. Señor,
dame sabiduría e inteligencia para ser más eficiente en mi
trabajo; abre puertas a nuevas oportunidades y nuevas
revelaciones en el nombre de Jesús. Padre, bendice las obras
de mis manos, yo elijo glorificarte a ti en todo lo que hago.
En el nombre de Jesús, amén.

La intercesión crea nuevas realidades

*La oración ferviente de una persona justa tiene
mucho poder y da resultados maravillosos.*
—Santiago 5:16, ntv

Toda la materia que ves en esta dimensión física es simplemente energía que vibra de tal manera que adopta propiedades estáticas. Cuando eso ocurre, percibes las cosas como sólidos. La materia es, sin embargo, totalmente insustancial. Casi el 99 por ciento de un átomo (que forma toda la materia que existe) es en realidad "espacio vacío". Eso significa que por medio de nuestras confesiones de fe positivas o nuestras expectativas, podemos influir en la manera en que toma forma el mundo que nos rodea. La oración es, en esencia, nuestra oportunidad de hablar el lenguaje del cambio. Cuando tú oras y decretas algo, el significado, el propósito y la fe invertidos en tus palabras viajan en una frecuencia que afecta cualquier cosa y todo lo que fluye a su paso en un nivel subatómico. En este sentido, los pensamientos son, en realidad, cosas. A los pensamientos se les da vitalidad por medio de tu creencia, tus actitudes y tus emociones. Son activados por la ley de la atención concentrada.

Padre, me deleito en tu Palabra; medito en ella de día y de noche, y tú haces próspero mi camino. Anulo ahora el efecto de los pensamientos autodestructivos y negativos, en el nombre de Jesús. Tengo una mente renovada y un nuevo entusiasmo. En el nombre de Jesús, amén.

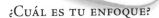

¿Cuál es tu enfoque?

Las palabras que les he hablado son espíritu y son vida.
—Juan 6:63

Lo que sea que tú consideres—aquello en lo que te concentres—crece en términos de relevancia, importancia y significación. Las palabras, ya sean positivas o negativas, son una poderosa fuerza conductiva. Para expresarse, tu fe debe unirse a una imagen formada por tus palabras de modo que la manifestación externa tenga un patrón por el cual formarse.

Padre, yo declaro que mis pensamientos solo se rigen por "todo lo verdadero, todo lo respetable, todo lo justo, todo lo puro, todo lo amable, todo lo digno de admiración, en fin, todo lo que sea excelente o merezca elogio" (Filipenses 4:8-9). Mantengo tus palabras en mis labios, y prosigo hacia mi propósito y hacia mi llamado. Te miro a ti, el autor y consumador de la fe, y yo sigo concentrado en la meta que tú estableciste delante de mí. Que venga tu Reino es mi prioridad. Te sigo con firmeza. Que sea hecha tu voluntad en mí y a través de mí. En el nombre de Jesús, amén.

DIOS COMPARTIRÁ SUS PLANES

La oración de fe sanará al enfermo y el Señor lo
levantará. Y si ha pecado, su pecado se le perdonará.
—SANTIAGO 5:15

Dios conoce el fin desde el principio, y si pasamos tiempo en oración, escuchando para recibir su guía, Él nos lo compartirá. Sus planes y propósitos para la tierra solamente ocurren por medio de los que tienen jurisdicción legal en nuestro planeta. Nosotros somos la clave. Pero se requiere fe. Debes desarrollar la valentía y la fe para correr el riesgo de apartarte, orar, y luego sentarte tranquilamente y esperar a que Dios responda. Así es cómo actuamos en la esfera de la fe. Así es cómo logramos que se concreten nuestros pensamientos, ideas, sueños y visiones

Padre, no estoy demasiado ocupado para apartarme y bus-
carte. Te doy las primicias de mi día. Cuando te busco, te
hallo, porque tú anhelas revelarte a mí. Mientras prosigo
hacia ti, dame una palabra para cada situación. Espero
pacientemente tu palabra. "Pero de una cosa estoy seguro:
he de ver la bondad del SEÑOR en esta tierra de los vivien-
tes" (Salmo 27:13). Pero yo espero en ti, y tú renuevas mi
fuerza. Sé que tú eres mi ayuda y mi escudo, y mi salvación
viene de ti. En el nombre de Jesús, amén.

DA LIBERTAD, NO MANIPULACIÓN

*De la misma manera, dejen que sus buenas acciones brillen a
la vista de todos, para que todos alaben a su Padre celestial.*
—MATEO 5:16, NTV

Al orar por los demás y declarar la Palabra de Dios sobre nuestra atmósfera, debemos recordar que así como Dios respeta la jurisdicción que cada uno de nosotros tiene sobre nuestras propias vidas y elecciones, debemos tener el mismo respeto por aquellos por quienes oramos. Debemos estar orando para que Dios abra sus ojos a fin de que puedan ver la verdad y tomar las decisiones correctas por sí mismos (como Dios lo hace con cada uno de los que invocamos su nombre); no es que Dios vaya a hacer esto o aquello por lo que estamos orando. Después de todo, Jesús ya ha hecho todo lo que tenía que hacer para ver que una persona sea salva, pero dejó que cada uno de nosotros decidamos por nuestra propia cuenta aceptar o no su regalo de la salvación. En su gran amor Él no nos forzará a ninguno de nosotros a ir al cielo.

Padre, en el nombre de Jesús, hoy vengo contra toda forma de manipulación. Anulo toda obra de los que buscaban manipularme para que siguiera la voluntad de ellos en vez de la tuya, y me arrepiento de las veces en que traté de forzar a otros a hacer mi voluntad. Yo te confío mis planes y pongo mis deseos en tus capaces manos. En el nombre de Jesús, amén.

ENCIENDE LA LUZ

Y cuando piden, no reciben porque piden con malas
intenciones, para satisfacer sus propias pasiones.
—SANTIAGO 4:3

Esto no es una especie de pensamiento mágico. Declarar versículos sobre nuestras situaciones no es algo como algo salido de la serie de Harry Potter. No estamos manipulando personas, ambientes o sucesos para conseguir lo que queremos; estamos declarando la voluntad de Dios sobre ellos, y las leyes y las promesas de Dios para cumplir esa voluntad. Una vez más, la intercesión no es manipulación; es encender la luz, para que los que tropiezan en la oscuridad puedan finalmente encontrar por sí mismos el camino hacia la puerta. Recuerda, Ester no solo pidió que los judíos se salvaran; pidió que se armaran y se equiparan para defenderse por sí mismos.

Padre, guíame con tu Palabra al orar. No dejes que hable
por mí mismo. Es tu Palabra la que cambiará las mentes
y los corazones, por lo que me comprometo a declarar tu
Palabra sobre mi vida y sobre las vidas de otros. Tú anhe-
las que todos se salven y lleguen al conocimiento de la ver-
dad. Que se haga tu voluntad. Padre, que tu luz brille a
través de mí para que otros puedan encontrar su camino.
En el nombre de Jesús, amén.

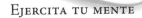

EJERCITA TU MENTE

Pónganse la salvación como casco y tomen la espada del
Espíritu, la cual es la palabra de Dios. Oren en el Espíritu en
todo momento y en toda ocasión. Manténganse alerta y sean
persistentes en sus oraciones por todos los creyentes en todas partes.
—EFESIOS 6:17–18, NTV

La intercesión requiere fuerza mental y fortaleza espiritual,
que se desarrollan de la misma forma que tu fuerza natural.
Debes "ejercitarla" regularmente. Debes meditar noche y día
en el significado de tus palabras y de la Palabra de Dios. Tu
forma de pensar y tus creencias deben alinearse con tus palabras y tu conducta. Para llevar tus pensamientos al siguiente
nivel—a la generación de ideas ingeniosas e invenciones innovadoras—practica pensar en términos de posibilidades. Cree
lo mejor y habla de acuerdo con esas creencias hasta que se
convierta en un hábito. Cuando creas que puedes influenciar
el mundo por medio de la oración, cuando seas capaz de abrir
tu mente a lo milagroso y esperar mejores resultados—entonces comenzarás a ver que ocurre el cambio. Esto dirigirá tu
labor, y Dios te bendecirá.

Decreto y declaro que el Espíritu del Dios vivo tiene prio-
ridad en mi mente. Ya que la mente de Cristo rige y reina
sobre mi mente, cuerpo y espíritu, tengo ambiciones celes-
tiales y la disciplina para verlas cultivadas y cumplidas. En
el nombre de Jesús, amén.

Queremos gustar lo infinito

*…Dios, que tiene poder para hacer muchísimo
más de lo que nosotros pedimos o pensamos, por
medio de su poder que actúa en nosotros.*
—Efesios 3:20, dhh

Hoy estamos firmes como herederos de las promesas que van más allá de lo que esperamos o imaginamos, pero tenemos la desventaja de haber nacido en las limitaciones de este mundo con los oídos no entrenados para oír el pulso de los cielos. Crecemos pensando que todo lo que existe está definido por lo que experimentamos con nuestros sentidos físicos. Nuestra mente está enmarcada en eso, aun cuando la eternidad en nuestro corazón clama por más: por probar el sabor de lo infinito. ¿Por qué crees que son tan populares las historias de magia, superhéroes, y milagros hoy en día? Sabemos en lo más profundo de nosotros mismos que existe por allí un mundo más real que este en donde vivimos pero, confundidos por las mentiras del mundo, muchos de nosotros nos conformamos con simples historias en vez de emprender la búsqueda por conocer al único Dios verdadero.

Padre, haz que te experimente en un nivel más profundo. Abro mi mente y mi corazón a lo sobrenatural. Despierta dentro de mí un espíritu expectante. Dame sueños, visiones y encuentros divinos. Anhelo conocerte más. En el nombre de Jesús, amén.

ACCEDE A LA CONVERSACIÓN

Dios nos escogió en él antes de la creación del mundo,
para que seamos santos y sin mancha delante de él.
—EFESIOS 1:4

Hay una conversación que ha estado sucediendo desde mucho antes de que el universo siquiera fuera creado—una conversación que tiene lugar en la esfera espiritual en el salón del trono del cielo. Antes de la caída de la humanidad, Adán y Eva eran parte de ella, y en el corazón de cada uno de nosotros hay enterrado algo que nos dice que fuimos creados para ser parte de ella. Es un diálogo integrado en la estructura misma de nuestro ADN. Lo anhelamos. Deseamos estar en él.

Padre, hoy tengo el privilegio de venir confiadamente a tu presencia. En tu presencia tengo plenitud de gozo. En tu presencia soy refrescado y renovado. Deseo caminar y hablar contigo como tú caminabas y hablabas con Adán y Eva en el jardín. Permíteme estar en la sintonía y en el tiempo de tu plan y tu propósito original. Dame revelación profética para que mis oraciones sean como misiles estratégicos que alcanzan sus objetivos y cumplen los propósitos divinos para los que han sido enviados. En tu presencia mi vida está al descubierto. Examíname, oh Dios, y ve si hay algo injusto en mí. Que tu fuego llene mi corazón. En el nombre de Jesús, amén.

Batalla en las trincheras

Si los que corren a pie han hecho que te
canses, ¿cómo competirás con los caballos?
—Jeremías 12:5

Antes de que puedas ser un confidente y un consejero privilegiado participando plenamente en la gran conversación de los cielos, debes aprender a dar batalla en las trincheras de tu propia vida personal y el mundo que la toca. Antes de que puedas orar por la construcción de una iglesia de cinco mil asientos, primero debes aprender a orar con éxito para cubrir el alquiler o la hipoteca. Nunca sabrás cómo ganar tu ciudad para Jesús hasta que sepas cómo orar para que tus vecinos y tu familia vengan al Reino. Nunca escucharás las estrategias del cielo para tu nación hasta que sepas cómo escuchar los planes y los propósitos del cielo para tu propia vida.

Padre, todo cuanto necesito es fe del tamaño de un grano de mostaza. Con esa cantidad de fe puedo decirles a las montañas que se muevan. Así que hoy me paro en fe, creyendo que tú satisfarás todas las necesidades y darás respuesta a cada preocupación. Traigo a ti todo lo que me preocupa, sabiendo que nada es demasiado pequeño. El mismo Dios que me salvó puede salvar a mis seres queridos, y también puede cambiar ciudades y naciones. Mi fe está aumentando, aun hoy, mientras dependo completamente de ti. En el nombre de Jesús, amén.

ENTRA AL SALÓN DEL TRONO

Un día estaba Jesús orando en cierto lugar. Cuando
terminó, le dijo uno de sus discípulos: "Señor, enséñanos
a orar, así como Juan enseñó a sus discípulos."
—LUCAS 11:1

Todo esto comienza contigo, en tu cuarto de oración, poniendo tu corazón y tus peticiones ante el trono de los cielos todos los días. Si no puedes conseguir una palabra del cielo para hoy, ¿cómo esperas obtener el plan del cielo para este año? ¿Para toda tu vida? ¿Para tu ciudad, tu nación, o tu mundo? ¿Cómo vas a aprender las cosas que Dios quiere que sepas acerca de quién eres en su Reino y lo que tiene para que tú hagas en él?

El velo se rasgó, y ahora tengo acceso directo a ti, Señor.
Dame tu sabiduría. Revélame tu Palabra y descarga com-
prensión profética de modo que sepa cómo debo orar. Trai-
go todas mis necesidades ante ti. Echo mi ansiedad sobre
ti, y sé que tú me sustentarás. Tú no desampararás al justo.
Soy justo, y no voy a ser desamparado. Tú eres mi refugio
y mi fortaleza, y mi pronta ayuda en momentos de angus-
tia. No temeré el futuro, porque en ti confío. En el nombre
de Jesús, amén.

Aprende cómo orar

Si permanecen en mí y mis palabras permanecen en ustedes, pidan lo que quieran, y se les concederá. Mi Padre es glorificado cuando ustedes dan mucho fruto y muestran así que son mis discípulos.
—Juan 15:7–8

Dios no promueve a los soldados rasos a generales de un día para otro porque conoce los riesgos. La autoridad sin disciplina es perjudicial tanto para los líderes como para los seguidores. ¿Con cuánta frecuencia hemos visto hombres y mujeres levantados demasiado rápido en el Cuerpo de Cristo solo para estrellarse y quemarse porque se manejaron las cosas a la manera del mundo en vez de hacerlo como les fue enseñado desde el cielo? Todos somos llamados al ministerio, ya sea como gente de negocios, maestros, médicos, abogados, conserjes, artistas, legisladores, o cualquier otra cosa que Dios haya puesto en nuestros corazones. Aunque cada llamado se refiere a una pericia específica y requiere talentos y dones singulares, todos tienen una cosa en común: el éxito está determinado por la habilidad de uno para saber cómo orar y obtener dirección del cielo.

Padre, me diste los dones y habilidades que tengo, pero tú sabes mejor cómo debo usarlos. Tú eres el alfarero; yo el barro. Entrena mi oído para oír tu voz. Acepto las instrucciones de tu boca, y guardo tus palabras en mi corazón. Padre, guíame en la senda por la que debo ir y haz próspero mi camino. En el nombre de Jesús, amén.

DALE A DIOS TODO LO QUE TIENES

Sigue pidiendo y recibirás lo que pides; sigue buscando y
encontrarás; sigue llamando, y la puerta se te abrirá. Pues
todo el que pide, recibe; todo el que busca, encuentra;
y a todo el que llama, se le abrirá la puerta.
—MATEO 7:7–8, NTV

Nuestro Padre es un Padre bueno, y quiere que tengas lo que
necesitas. Cuando le pides algo, no te va a dar algo que no sirve
de nada o que podría ser perjudicial. Pero Él no es una máqui-
na expendedora en la que puedes introducir unas monedas,
obtener lo que quieres, y luego alejarte. Él quiere tener una
relación contigo. Para tenerla, debes darle lo que quiere: tu
corazón. Debes seguir llamando, y buscando si esperas hallar.
Tienes que pasar tiempo sentado a sus pies, dejando que Él te
enseñe y te purifique. Es la única manera en que puedes quitar
la estática de tu propia mente para oír su respuesta.

Padre, te amo con todo mi corazón, con toda mi alma, y
con toda mi mente. No retengo nada de ti. Te permito que
obres en mi vida. ¡Hazme más como tú! Hazme un siervo.
Tengo hambre y sed de justicia, y tu Palabra dice que seré
saciado. Lléname más de ti, Señor. Que nada en mi vida
sea igual. En el nombre de Jesús, amén.

TEN PACIENCIA Y FE

Les digo que, aunque no se levante a darle pan por ser amigo suyo,
sí se levantará por su impertinencia y le dará cuanto necesite.
—LUCAS 11:8

¿Tienes fe como el vecino impertinente de Lucas 11:5–8? ¿Irás a la puerta del cielo y seguirás golpeando hasta obtener lo que necesitas? ¿Crees que cuando vayas y llames, oirás una respuesta del otro lado de la puerta? Porque te digo aquí y ahora, que si no sigues detrás de ella, si no estás seguro de que obtendrás una respuesta, si estás vacilante o frustrado, nunca obtendrás lo que buscas. Pero si tienes paciencia y fe en la oración, no hay nada en el cielo que nuestro Padre no ponga a tu disposición.

Padre, no estaré callado en la oración. Voy a seguir pidiendo, voy a seguir buscando y voy a seguir creyendo hasta que haya progreso. Persisto contigo, y no me canso de hacer el bien. A su tiempo voy a cosechar porque no desmayaré. Te doy gracias de antemano por la victoria. En el nombre de Jesús, amén.

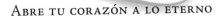

ABRE TU CORAZÓN A LO ETERNO

*Y les dijo: Cuando oréis, decid: Padre nuestro que estás en
los cielos, santificado sea tu nombre. Venga tu reino. Hágase
tu voluntad, como en el cielo, así también en la tierra.*
—Lucas 11:2, rv60

En la oración revolucionaria que Jesús ofreció en Lucas 11:2–
4, no solo les dio a sus discípulos un esbozo de qué orar todos
los días—un punto de partida para golpear constantemente a
la puerta del cielo—sino también el medio para transformar
sus propias mentes de un mundo de dudas, opresión y fracaso
a un modo de pensar celestial—uno de fe, provisión, y superación. No les estaba enseñando algo para repetir hasta el can-
sancio, sino una manera dinámica de abrir los corazones a lo
infinito y a lo eterno cada día. Es tan simple como decir las
palabras de memoria, pero también tan rico como tomar cada
línea—incluso cada palabra—y dejar que Dios hable a través
de ellas para desarrollar en nosotros el estilo de vida y la fe de
alguien que revolucione su mundo.

*Padre, háblame por medio de tu Palabra. Mientras medito
en el Padrenuestro, dame revelación de cada línea y cada
frase de modo que pueda ser más audaz y más eficaz en la
oración. Venga tu Reino y transforme mi vida y a quienes
están en mi esfera de influencia. Que se haga tu voluntad
en mí y a través de mí. En el nombre de Jesús, amén.*

TU RELACIÓN ÚNICA CON DIOS

Un día estaba Jesús orando en cierto lugar. Cuando terminó,
le dijo uno de sus discípulos: "Señor, enséñanos a orar".
—LUCAS 11:1

Los discípulos habían visto sin duda la persistencia de Jesús en la oración, pero la idea de que podían ir en oración y luego volver con la respuesta que necesitaban era nueva. Ciertamente eran conscientes de que los patriarcas habían orado y conversado con Dios así como Adán y Eva lo habían hecho en el jardín del Edén, pero esos individuos eran especiales, ¿no? Dios los había llamado a esa relación única con Él. ¿Podría ser realmente que Dios quisiera la misma clase de relación con cada uno de los discípulos? Jesús les enseñó que la respuesta era sí.

Padre, tú me ves y me conoces y nunca me olvidarás. Tú
has grabado mi nombre en la palma de tu mano. Antes
de que me formases en el vientre de mi madre, me conocis-
te. Yo soy tuyo, y tú eres mío. No voy a dudar de tu amor
por mí. Yo soy tu oveja y tú diste tu vida por mí; no hay
amor más grande que ese. Gracias, Padre, por tu amor sin
igual por mí. Tú me proteges, me guías, y me coronas con
tu favor. Como el salmista, cantaré de tu amor por siempre.
En el nombre de Jesús, amén.

Permítele a Dios ser tu Padre

*Y ya han olvidado por completo las palabras de
aliento que como a hijos se les dirige…*
—Hebreos 12:5

El principio de la confianza en la oración es darse cuenta de que en el otro extremo hay Alguien que no solo quiere lo mejor para ti, sino que además quiere tener contigo la misma relación que un padre con un hijo. Quiere verte nacer sano, admirar cada dedito de tus manos y tus pies; quiere verte crecer; quiere verte aprender a caminar; quiere verte aprender a valerte por ti mismo; y que nunca estés más lejos que una llamada telefónica o un mensaje de texto cuando madures y salgas a cumplir tu propósito en el "negocio familiar". Quiere oír lo que tienes que decir. Quiere ver satisfechas tus necesidades. Quiere darte entendimiento, sabiduría y revelación, y encontrarse con tus amigos. Él siempre cuida tus espaldas. Siempre tiene un consejo sabio para ti, palabras de aliento y edificación, y tiene el poder del universo para usarlo a tu favor cuando ve que es necesario. Todo lo que tienes que hacer es conectarte con Él.

Este es el amor: no que yo te ame, sino que tú me amaste tanto que enviaste a Jesús a morir por mí. Padre, yo recibo tu amor por mí. Profundiza mi relación contigo y acércame a tu corazón. En el nombre de Jesús, amén.

SANTIFICA TUS DESEOS

Deléitate en el SEÑOR, y él te concederá los deseos de tu corazón.
Encomienda al SEÑOR tu camino; confía en él, y él actuará.
—SALMO 37:4–5

Deleitarse en el Señor es el camino correcto no solo para obtener los deseos de nuestro corazón, sino también para santificar esos mismos deseos. Dios no solo nos dará lo que deseamos; hará que deseemos lo que Él quiere —nos dará sus deseos— de modo que seguirlo a Él sea mucho más gozoso y satisfactorio. Algunas cosas desaparecen a medida que oramos por ellas porque nos damos cuenta de que no eran lo correcto para nosotros. En pocas palabras, cuanto más andes con Dios, más te influenciará; y más influenciará la manera en que obras, cómo te relacionas con tu familia y tus amigos, y cómo tomas decisiones. Pasa suficiente tiempo con Él, y de pronto tus deseos empezarán a parecerse mucho a los suyos.

Padre, me deleito en ti. Hazme desear lo que quieres para mí. Pon en alineación divina todo lo que no esté bien alineado. Superpón tu voluntad a mis planes y mis preferencias. Te permito podarme para que yo pueda ser más fructífero para tu Reino. Debo menguar; tú debes crecer. En el nombre de Jesús, amén.

LA ORACIÓN ES DE DOS VÍAS

Mis ovejas oyen mi voz; yo las conozco y ellas me siguen.
—JUAN 10:27

La oración de dos vías es pedirle a Dios algo o por algo y luego recibir su respuesta. Es una conversación. Sin embargo, para que esa conversación tenga lugar, nuestros oídos espirituales deben madurar lo suficiente para distinguir la voz de Dios de todas las otras que hablan en nuestra cabeza y en nuestra vida. En la oración hay más de lo que la mayoría de la gente piensa. Debemos trabajar en nuestro interior para llegar a ser lo suficientemente maduros para hablar con nuestro Padre como con un amigo y compañero.

Gracias por enseñarme a conocer tu voz. Padre, abre toda barrera que impida la comunicación clara de tu Espíritu a mi mente. Señor, quita todo lo que te impide tener libre acceso a mi mente, alma y espíritu, y haz que nuestra comunicación fluya libremente. En el nombre de Jesús, amén.

julio

APRENDE UNA NUEVA MANERA

Por lo tanto, si alguno está en Cristo, es una nueva creación. ¡Lo viejo ha pasado, ha llegado ya lo nuevo!
—2 CORINTIOS 5:17

A medida que nuestro espíritu comienza a madurar y Dios quita lo suficiente como para que empecemos a crecer hacia la ciudadanía responsable en su Reino, nos enfrentamos a los mismos problemas que una persona que se traslada a un nuevo país y a una nueva cultura. Tendremos que aprender un nuevo lenguaje, una nueva forma de hacer las cosas, e incluso una nueva forma de pensar, o de lo contrario, nunca tendremos éxito en el nuevo país, no importa cuán versados seamos en el antiguo.

Padre, declaro que mi espíritu está abierto a las nuevas oportunidades y a los nuevos y agradables lugares a los que me llevas en este tiempo. Decreto y declaro que hablaré el nuevo idioma que deseas que hable, y pensaré en las nuevas maneras en que tú me guiarás a hacerlo. Tendré éxito en este nuevo territorio. Te doy gracias, Padre, por tenerme por digno de ser trasladado a este nuevo lugar. Gracias por quitar de mí lo suficiente para permitirme crecer y madurar en la nueva criatura que me tú diseñaste para ser. Yo decreto y declaro que no volveré a los viejos caminos, a las sendas antiguas o a la vieja criatura que fui. Estoy avanzando en ti. En el nombre de Jesús, amén.

ACEPTA LO NUEVO

*Porque la mente puesta en la carne es muerte, pero
la mente puesta en el Espíritu es vida y paz.*
—ROMANOS 8:6, LBLA

La cultura en la que crecimos nos retendrá siempre a menos que estemos dispuestos a dejarla ir para aceptar lo nuevo. Somos tironeados, como por caballos salvajes, entre nuestros dos mundos. Si tratamos de estar con un pie en el mundo finito y físico, y el otro en el mundo infinito y espiritual, fácilmente nos convertimos en personas de doble ánimo. Podemos ser personas carnales con ambiciones espirituales. Pero una esfera debe tener el control y dictar nuestras acciones en la otra. Nunca vamos a tener en lo natural la disciplina de hacer lo imposible si no mantenemos lo espiritual en su apropiado lugar de precedencia.

*Padre, en el nombre de Jesús declaro muerta mi mente car-
nal. Declaro muerto todo doble ánimo de mi espíritu que
me hacía tener un pie en la carne y otro en el espíritu. Suel-
to mi vieja mentalidad y mis antiguos patrones de pensamiento, y acepto lo nuevo. Elijo tener una mente espiritual.
Elijo habitar en la abundancia de vida y paz. Declaro que
no estaré tironeado entre dos mundos. Vivo solamente para
ti, Dios. En el nombre de Jesús, amén.*

¿Eres como un niño?

Les aseguro que a menos que ustedes cambien y se vuelvan como niños, no entrarán en el reino de los cielos. Por tanto, el que se humilla como este niño será el más grande en el reino de los cielos.
—Mateo 18:3–4

Hasta que podamos abrazar la fe como de un niño de que "para Dios todo es posible" (Mateo 19:26), siempre estaremos limitados en lo que podamos obtener. ¿Cuántas personas de Dios están hoy limitadas de esta manera por la sabiduría que viene del mundo y las mantiene infantiles y egoístas en vez de ser como niños, aceptando con humildad y abiertamente las posibilidades de Dios que les permiten crecer hacia la plenitud de la madurez en Cristo?

Mi Padre y mi Dios, me humillo ante ti y vengo a ti como un niño, creyendo que contigo todo es posible. Padre, yo declaro que no estaré limitado por la sabiduría que viene del mundo en lo que puedo lograr. Tú dices en tu Palabra que todas las cosas son posibles, por lo tanto tengo la fe para creer que lo imposible es posible en todas las áreas de mi vida. No seré limitado por el hombre. Rechazo el infantilismo y el egoísmo, pero recibo en mi espíritu la humildad de los niños. Acepto abiertamente todas tus posibilidades y voy a crecer hasta la plenitud de la madurez en Cristo. En el nombre de Jesús, declaro esto en mi realidad.

¿INFANTIL O COMO UN NIÑO?

En cambio, la sabiduría que desciende del cielo es ante
todo pura, y además pacífica, bondadosa, dócil, llena de
compasión y de buenos frutos, imparcial y sincera.
—SANTIAGO 3:17

Hay una gran diferencia entre ser infantil y ser como un niño.
El primero es egocéntrico, perezoso e indisciplinado; el segundo
entrega su propia sabiduría y posición por la que viene de arriba, no apoyándose en la propia prudencia (Proverbios 3:5), y es
disciplinado por un amor que "todo lo sufre, todo lo cree, todo
lo espera, todo lo soporta" (1 Corintios 13:7). Es como el cuen-
to del nuevo vestido del emperador. Ser como niños es tener la
sinceridad franca y sencilla de un niño para darnos cuenta de
que a veces las doctrinas con las que nos vestimos no son más
que ínfulas y orgullo desmedido. En vez de eso, debemos buscar sinceramente desarrollar y disciplinar nuestros sentidos en
el espíritu para que podamos llegar a ser más competentes en
la realidad de las cosas espirituales. Esto no se puede lograr sin
una vida de oración que sea activa, incesante y pujante.

Padre, rechazo toda manifestación de un espíritu infantil
que me impedía vivir auténticamente. Buscaré disciplinar-
me a mí mismo en los caminos del Reino de Dios. Yo decre-
to y declaro que por medio de mi vida de oración activa e
incesante, veré buenos frutos establecidos en mi vida en el
nombre de Jesús, amén.

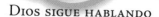

Dios sigue hablando

En realidad, a estas alturas ya deberían ser maestros, y
sin embargo necesitan que alguien vuelva a enseñarles las
verdades más elementales de la palabra de Dios. Dicho de
otro modo, necesitan leche en vez de alimento sólido.
—Hebreos 5:12

Si realizamos una encuesta, yo apostaría que más de la mitad de los cristianos dirían creer que Dios no habla hoy con la gente como lo hizo en los tiempos bíblicos, o que su voz solo proviene de la tradición, las palabras de la Escritura, o los líderes de sus iglesias. Imagino que la mayoría de los creyentes diría que Él rara vez le habla a la persona común que se sienta en un banco. No solo eso, sino que además hay decenas de miles de diferentes formas en las que esto se enseña. Lamentablemente, eso equivale a cientos de millones de creyentes que nunca crecerán en lo que Dios tiene para ellos—y el mundo en que vivimos es el peor para eso.

Yo declaro hoy que oigo, recibo, comprendo y me compro-
meto con los oráculos de Dios. Dios me habla, y yo escucho
y sigo sus órdenes. Decreto y declaro que existe un canal
claro y directo entre el cielo y yo. Tengo hambre de la carne
de la Palabra de Dios porque me da vida. En el nombre de
Jesús, amén.

CONÉCTATE CON EL CUARTEL GENERAL DEL CIELO

*Más bien, busquen primeramente el reino de Dios y
su justicia, y todas estas cosas les serán añadidas.*
—MATEO 6:33

Muchos de nosotros, como cristianos, no somos eficaces en nuestras misiones debido a una falta de conexión entre el cielo y la tierra. No estamos conectados con el cuartel general del cielo que está tratando de coordinar nuestra parte individual en las estrategias y campañas globales de Dios. Los niños pequeños no transforman reinos, al menos no en buena manera. Si queremos conectarnos a los propósitos, planes y estrategias de victoria del cielo, debemos soportar los rigores del campamento de entrenamiento de la oración y pasar sus carreras de obstáculos y sus desafíos con gran éxito.

Padre, hoy declaro que primero voy a buscar tu Reino. Tu voluntad y tus caminos tienen prioridad sobre los míos. Abro los cielos y desato tu Reino y tu justicia para que gobiernen en mi vida. Has diseñado mi vida de manera única. Por la autoridad que tengo en Cristo, declaro que cumpliré cada plan, cada nivel de éxito, pensamiento, idea, meta, ambición y sueño que ha sido plantado en mí por la mano del Señor, en el nombre de Jesús, amén.

ALCANZA TU MÁXIMO POTENCIAL

Hijo mío, no tomes a la ligera la disciplina del Señor ni te desanimes cuando te reprenda, porque el Señor disciplina a los que ama, y azota a todo el que recibe como hijo.
—HEBREOS 12:5–6

Los buenos padres y los buenos entrenadores quieren que sus hijos o los integrantes de su equipo alcancen su máximo potencial. El éxito en la vida y la victoria en el campo de la competición dependerán de la competencia y la excelencia. Los buenos padres no quieren que sus hijos crezcan físicamente, pero sigan viviendo en un bajo nivel porque no tienen autodisciplina. Esos padres nunca abandonarán a sus hijos, pero también quieren que tengan vida, amor e hijos propios. Dios quiere las mismas cosas para cada una de sus hijos.

Mi Padre y mi Dios, te doy gracias por tu disciplina y corrección que me empujan a alcanzar mi máximo potencial. Me abro para recibir el éxito y la victoria que tu represión brinda. Declaro competencia y excelencia en mi espíritu. Llamo a la disciplina en mi vida para poder mantener altos niveles de éxito y logros para el Reino de Dios. Yo decreto y declaro que en mi vida se manifiestan el crecimiento y la expansión, ¡en el nombre de Jesús!

MANTENTE EN CONTACTO CON DIOS

Así ya no seremos niños, zarandeados por las olas y
llevados de aquí para allá por todo viento de enseñanza
al vivir la verdad con amor, creceremos hasta ser en
todo como aquel que es la cabeza, es decir, Cristo.
—EFESIOS 4:14–15

Si nosotros los niños vamos a permanecer en el "negocio familiar", debemos mantenernos en estrecho contacto con Dios. No podemos venir solamente los domingos para el almuerzo; como mínimo, deberíamos recibir instrucciones diariamente, si no cada hora. Si estamos haciendo algo realmente revolucionario, deberíamos comunicarnos incluso con mayor frecuencia. Debemos tener reuniones regulares de planificación y conferencias estratégicas con Dios y unos con otros. Debemos estar en constante comunicación respecto a cada detalle de lo que hay que hacer a lo largo del camino. Debemos sobrellevar los momentos de silencio en oración, así como los tiempos de desbordante revelación.

Padre, declaro que mi espíritu está hoy abierto a tus instrucciones. Hablo a los cielos y ordeno que se abran para mí, sin interferencias para que yo pueda oír directamente de ti. Acepto mis reuniones contigo, diariamente, sino cada hora. Recibo el abrumador desborde de revelación que obtendré durante mis tiempos de oración. Declaro que debido a esto lograré lo imposible en el nombre de Jesús. Amén.

Tu Padre viviente y vital

*Abba, Padre, todo es posible para ti. No me hagas beber este trago
amargo, pero no sea lo que yo quiero, sino lo que quieres tú.*
—Marcos 14:36

Cuando nos sometemos a la autoridad del Padre y crecemos
bajo ella, Él nos conduce por medio de la virtud en vez de
exigir obediencia como un dictador que amenaza con el castigo. Él no es un ídolo inactivo; es un Padre viviente, vital, con
quien nos ponemos en contacto cada día y a quien tenemos
acceso en cada momento. Como un Papá amoroso, Él anhela
darnos los deseos de nuestro corazón, pero nunca nos dará
algo que sabe que nos hará daño.

*Mi Padre y mi Dios, me someto hoy a tu autoridad y decla-
ro que mi espíritu crecerá y se volverá fructífero mientras
me guías por la virtud de tu carácter intachable. Me someto a tu sabiduría ya que tú me das los deseos de mi corazón.
Alineo mi corazón con tu corazón y mi voluntad con tu
voluntad. Que tus bendiciones sobreabunden en mí y que
la tierra que me des sea agradable, como has decretado. En
el nombre de Jesús yo declaro que esto es así.*

¿Cómo pides?

Pues si ustedes, aun siendo malos, saben dar cosas
buenas a sus hijos, ¡cuánto más el Padre celestial
dará el Espíritu Santo a quienes se lo pidan!
—Lucas 11:13

Piensa en ir a tu padre cuando quieres que él te dé algo. La forma en que pides importa aun más que lo que quieres, ¿no? Un buen padre no solo demanda las "palabras mágicas" *por favor* y *gracias*, sino que además si le pides informalmente, lo más probable es que piense que no es en serio, por lo que no te dará inmediatamente lo que quieres. Él esperará a ver si le vuelves a pedir. Quiere saber si estás dispuesto a trabajar por eso y si te muestras lo suficientemente responsable como para manejarlo. Si un niño pide de manera irrespetuosa o egoísta, ¿cómo va a responder el padre? Si hasta los padres terrenales saben que dar algo a los niños cuando son irrespetuosos es malo para ellos, ¿cuánto más lo sabrá nuestro Padre celestial?

Padre, de acuerdo a tu Palabra yo declaro que todas tus promesas para mí son sí y amén. Te doy gracias, Dios, por darme buenos regalos, y por darme libremente el Espíritu Santo, quien me inviste de poder para orar efectiva y estratégicamente conforme a tu perfecta voluntad para mi vida. Dios, te doy gracias y te alabo por quien eres tú. En el nombre de Jesús, amén.

Debes madurar

*Cuando yo era niño, hablaba como niño, pensaba
como niño, razonaba como niño; cuando llegué
a ser adulto, dejé atrás las cosas de niño.*
—1 Corintios 13:11

A veces la respuesta de Dios a nuestra oración se halla tanto
en la naturaleza del que pide como en el pedido. Como dijo el
tío del Hombre Araña: "Un gran poder conlleva una gran responsabilidad". ¿Un buen padre daría un gran poder a alguien
que no muestra responsabilidad? Este es el proceso de madu-
ración que ocurre en la oración. A veces pedimos, y en vez de
recibir una respuesta inmediata se nos pide que hagamos algo.
¿Es esto un no? En realidad no. Es más bien un "vamos a darle un poco de tiempo y veremos". Hay tantas cosas que Dios
quiere dar, pero hasta que maduremos en la fe y en nuestro
carácter lo suficiente para demostrar que podemos manejar
estos dones, sería irresponsable de parte de Él dárnoslos.

*Yo decreto y declaro en el nombre de Jesús que estoy madu-
rando en la fe y en el carácter. Ordeno a mi carne que se
someta a la obediencia a Cristo. Ordeno a todas las barreras que buscan entorpecer mi crecimiento que sean hechas
nulas en mi vida. Quito las cosas de niños y me muevo
a nuevos niveles de responsabilidad, competencia, poder y
autoridad. En el nombre de Jesús, amén.*

TODOS LOS DONES DE DIOS SON BUENOS

*Toda buena dádiva y todo don perfecto descienden de lo
alto, donde está el Padre que creó las lumbreras celestes, y que
no cambia como los astros ni se mueve como las sombras.*
—SANTIAGO 1:17

Dios no da bendiciones mixtas. No hay un lado oscuro en
los dones de Dios. No hay aparente bendición que en última
instancia se convierta en maldición. Sin embargo, si nos
mantenemos en estrecho contacto con Él y en el curso que
Él establece ante nosotros, no habrá nada que finalmente no
podamos lograr.

*Padre Dios, te doy gracias porque tus dones son buenos. Te
doy gracias porque tu bendición enriquece y no añade tristeza con ella. Tus dones son gratuitos e irrevocables. Lo
que Tú tienes para mí, es para mí y no puede ser tomado
sin permiso. Por lo tanto reclamo mi autoridad superior en
Cristo y declaro que el enemigo saca sus manos de lo que es
mío. Yo decreto y declaro que las bendiciones del Señor me
alcanzan. Yo decreto y declaro que mi depósito desbordará
y mis cubas estarán llenas del vino nuevo en el nombre de
Jesús. Todo don bueno y perfecto que Dios me ha dado será
derramado sobre mí. Oro en el nombre de Jesús, amén.*

VIVIR EN LA FUERZA DE DIOS

No será por la fuerza ni por ningún poder, sino por
mi Espíritu "dice el SEÑOR Todopoderoso".
—ZACARÍAS 4:6

¿Tienes un sueño de Dios que las personas te han dicho que es imposible de realizar? Si no recibes poder de Dios para vivir todos los días en ese sueño, estás viviendo en tu propia fuerza, no en la de Dios. Si no estás activamente consciente de tus deficiencias en el cumplimiento de lo que Dios ha puesto en tu corazón y no buscas a diario la sabiduría y el carácter para verlo fructificar, entonces ¿qué estás haciendo? La sabiduría del mundo nunca corregirá el sistema mundano. ¡Solamente la sabiduría y el poder del cielo pueden hacerlo!

Padre, tu Palabra declara que tú vas a hablarme en sue-
ños y visiones, y que lo que me has revelado para mi vida
prosperará según tu Palabra. Vengo a ti, buscando fuer-
za y poder sobrenaturales para vivir ese sueño todos los
días. Padre, yo abro mi espíritu a tu Espíritu para que mis
defectos sean examinados, purificados y corregidos, a fin
de que pueda cumplir la misión que me has asignado. Los
sueños que tengo son tus sueños. Declaro que nada deten-
drá los sueños que has depositado en mi corazón. Los verás
cumplirse. En el nombre de Jesús, amén.

VIVE COMO UN HIJO DE DIOS

Porque todos los que son guiados por el
Espíritu de Dios son hijos de Dios.
—ROMANOS 8:14

La oración es el conducto para todo lo que necesitamos para revolucionar el mundo, porque es en la oración donde nos convertimos en hijos de Dios, poniéndonos en sintonía con el liderazgo del Espíritu Santo. ¿Cómo sabe la gente que eres un hijo de Dios? Ellos ven la evidencia de que eres guiado por su Espíritu, lo cual abre paso a las cosas milagrosas que suceden a tu alrededor. Es por eso que el apóstol Pablo nos dijo que necesitábamos "orar sin cesar" (1 Tesalonicenses 5:17). Tú no puedes ser guiado por alguien a quien nunca oyes o a quien no le das tiempo para hablar.

Padre, yo decreto y declaro que soy conocido como hijo de Dios porque llevo tu fruto en mi vida. Dedico tiempo a hablar contigo, para escuchar tu voz y prestar atención a tus instrucciones. Yo decreto y declaro sobre mí mismo que mi espíritu está lleno de la sabiduría y del discernimiento de Dios, y que seré mayordomo de estas bendiciones con excelencia para la gloria de su nombre. Te doy gracias, Dios, porque tus dones generosos me están equipando para cumplir y lograr lo imposible. En el nombre de Jesús, amén.

¿Para qué estás trabajando?

Porque yo soy el SEÑOR, tu Dios, que sostiene tu mano derecha; yo soy quien te dice: "No temas, yo te ayudaré".
—Isaías 41:13

Si realmente no tenemos instrucción y fuerza del cielo para lo que hacemos periódicamente a lo largo del día, entonces ¿para quién estamos trabajando realmente? Si no confiamos en la capacidad y la sabiduría de Dios a cada minuto de cada día para llevar a cabo las tareas que tenemos ante nosotros, ¿bajo la fuerza de quién estamos operando? ¿Realmente creemos que podemos trabajar sin el increíble poder de Dios para superar los problemas que afronta nuestro mundo? Si es algo que podemos lograr sin necesidad de orar cada treinta minutos o algo así, si podemos, en esencia, hacerlo en nuestra propia fuerza y sabiduría, ¿estamos realmente luchando por lograr algo muy significativo?

Padre, en el nombre de Jesús, yo decreto y declaro que espero pacientemente para oír las instrucciones de los cielos. Presento un pedido en los recursos del cielo. Tú eres la fuente de mi fuerza. Declaro que mi espíritu está abierto y listo para recibir de ti. Yo decreto y declaro que mi espíritu está lleno de la sabiduría y del discernimiento de Dios y que seré mayordomo de estas bendiciones con excelencia. Gracias, Dios, por mí equiparme para lograr lo imposible. En el nombre de Jesús, amén.

TIENES PERMISO PARA PEDIR

*[Hay] un solo Dios y Padre de todos, que está
sobre todos y por medio de todos y en todos.*
—EFESIOS 4:6

Como miembros de la familia de Dios, tenemos derecho de ir a nuestro Padre y pedir sus planes, estrategias y recursos para cumplir con nuestra misión, tareas y propósitos en la tierra. La oración es el conducto que no solo revela la voluntad de Dios para nuestras vidas individuales, sino que además nos ayuda a ser las personas que necesitamos ser para hacer lo imposible en la tierra. Es tiempo de que nos conectemos a ese poder como nunca antes.

Padre, dijiste que debido a lo que Jesús hizo en la cruz yo puedo venir confiadamente ante tu trono de la gracia, que ya no hay ningún muro divisorio que me impida entrar a tu presencia. Hoy vengo ante ti con confianza buscando tus planes, tus estrategias y tus recursos para cumplir mi misión en la tierra. Abro la mente y el corazón para recibir las descargas de tu Espíritu, y me someto a tu disciplina para madurar y estar perfectamente equipado para hacer lo imposible. Yo decreto y declaro que no me desviaré del curso; cumpliré mi propósito. Por tu gracia caminaré en tu plan original para mi vida. En el nombre de Jesús, amén.

¿Cuál es el propósito de tu petición?

*Él les dijo: "Cuando oren, digan: "Padre,
santificado sea tu nombre".*
—Lucas 11:2

En la segunda línea de la oración que Jesús enseñó a sus discípulos, se nos da la prueba de fuego de la oración contestada: ¿El propósito de la petición es el honrar a Dios? ¿Magnifica su nombre sobre la tierra? ¿Estamos pidiendo egoístamente para nuestra propia gloria o para la gloria de Dios? Cuando oramos: "Santificado sea tu nombre", eso es un acto de adoración. Sin embargo, aun más que eso, está diciendo: "Que cada petición de esta oración sea para tu gloria y solo para tu gloria".

Padre, en el nombre de Jesús abro las puertas de mi corazón y te doy acceso para purificar mis motivaciones. Anhelo honrarte en todo lo que hago. Si hay algún camino erróneo en mí, Padre, arráncalo. Me entrego a tu fuego purificador para que mi corazón sea puro. Que haya un intercambio divino: mi voluntad por la tuya, mis caminos por los tuyos, mis palabras por las tuyas. Someto mis planes y mi agenda a ti. Tomo el mando de mi carne y entrego todo orgullo y ambición egoísta. Decreto y declaro que solamente vivo para tu gloria. En el nombre de Jesús, amén.

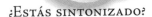
¿Estás sintonizado?

> *Ésta es la confianza que tenemos al acercarnos a Dios:*
> *que si pedimos conforme a su voluntad, él nos oye. Y si*
> *sabemos que Dios oye todas nuestras oraciones, podemos*
> *estar seguros de que ya tenemos lo que le hemos pedido.*
> —1 Juan 5:14–15

Si hay un problema en que nuestras oraciones sean contestadas, es de nuestra parte, no de parte Dios. No hay nada malo con la señal de emisión de Dios, pero a menos que estemos correctamente sintonizados, no la vamos a recibir. Si te has estado preguntando por qué tus oraciones siguen sin respuesta, aquí está tu respuesta. Es necesario que perseveres hasta que estés correctamente sintonizado en la frecuencia de respuestas de Dios. La oración solo es contestada cuando su motivación fundamental es la magnificación y la glorificación de Dios.

Padre, yo sé que oyes y contestas la oración. Quita cualquier cosa que impida mi capacidad para oírte. En el nombre de Jesucristo ordeno que se abran las líneas de comunicación para que yo pueda recibir del cielo sin interferencias. Todas las respuestas que necesito se encuentran en ti, así que voy a buscarte para tener entendimiento divino. Voy a insistir hasta entrar en comunión contigo. Circuncida mi corazón, Padre, para que mi corazón sea recto delante de ti y mi motivación en oración sea solo glorificarte y magnificarte a ti. En el nombre de Jesús, amén.

El poder de la adoración

Alaben a Dios en su santuario Alábenlo con sonido de
trompeta, alábenlo con el arpa y la lira. Alábenlo con
panderos y danzas, alábenlo con cuerdas y flautas. Alábenlo
con címbalos sonoros, alábenlo con címbalos resonantes.
—Salmo 150:1–5

Realmente creo que los avances se hacen en el espíritu cuando elevamos nuestras voces y nuestras manos a Dios, mostrando que no nos avergonzamos de gritar su nombre y alzarnos en su defensa en la tierra. Pero la adoración solo comienza cuando la Iglesia se reúne para alabar su nombre. Si no llevamos nuestra adoración desde la iglesia a las calles y a donde vivimos, nuestro mundo nunca va a cambiar. Hasta que vivimos nuestra adoración a Dios cada minuto de cada día de la semana, solo estamos fingiendo.

Tu Palabra dice que tú ordenaste la alabanza para silenciar
al enemigo. Padre, en el nombre de Jesús trae avivamiento
en el espíritu cuando te alabo y te adoro. Libera todos los
recursos que necesito para cumplir mi misión. En el nombre
de Jesús declaro que mi alabanza no comenzará el domin-
go por la mañana ni terminará cuando salga de la iglesia.
Voy a adorarte con mi vida cada minuto de cada día de la
semana. Decreto y declaro que mi adoración no es una can-
ción; es un estilo de vida que toca al mundo que me rodea.
En el nombre de Jesús, amén.

CRECE EN VIRTUD

Esfuércense por añadir a su fe, virtud; a su virtud,
entendimiento; al entendimiento, dominio propio; al dominio
propio, constancia; a la constancia, devoción a Dios; a la
devoción a Dios, afecto fraternal; y al afecto fraternal, amor.
—2 PEDRO 1:5–7

No se trata de medallas y gloria—ya que la gloria le pertenece solamente al Señor Dios—sino de traer el Reino de Dios para afectar a los reinos de este mundo a través de la oración. Nunca podremos lograr eso si nos faltan las virtudes de un general de oración: sabiduría divina, honestidad, bondad, valentía, y vivir vidas devocionales disciplinadas en vez de ser impulsados por el último viento de doctrina o capricho del deseo.

Padre, yo deseo colaborar contigo para traer tu Reino a fin
de afectar reinos del mundo. Hazme madurar en tu Pala-
bra y agudiza mi sensibilidad a tu Espíritu. Que la sabi-
duría, la honestidad, la bondad, el valor y la dedicación
disciplinada marquen mi vida y mis oraciones. Yo decreto
y declaro que no estaré motivado por las últimas tenden-
cias espirituales o mis propios caprichos. Pongo mi carne
en sumisión a tu Palabra y declaro lo que tú has dicho en
el nombre de Jesús. Toda la gloria te pertenece a ti. Amén.

¿Cómo está tu integridad?

Quien se conduce con integridad, anda seguro;
quien anda en malos pasos será descubierto.
—Proverbios 10:9

Vivir una vida de integridad y honor donde trabajamos, donde vivimos, y donde actuamos es la columna vertebral de la difusión del Reino de Dios sobre la tierra. Es adoración en acción. Cada acto de integridad durante la semana de trabajo, cada paso de la milla extra, cada impresión de excelencia que dejamos en los que nos rodean es adoración, ya sea a través del voluntariado, trabajando en nuestros empleos, o al poner comida en la mesa para nuestras familias. Es ser cada pulgada de quien Dios nos ha llamado a ser. Es crecer siempre y ser educable. Es ponerse en pro de lo que es correcto de una manera amorosa. Es poner a Dios primero en todo y buscar su orientación en todo emprendimiento antes de hacer cualquier otra cosa.

Padre, te adoro con mi vida. Decreto y declaro que voy a vivir auténticamente y ser la persona que me has llamado a ser. Pon dentro de mí un espíritu enseñable. Empodérame para ponerme de pie con valentía por tu verdad. Me comprometo a buscar tu guía en todo lo que hago porque tú eres mi fuente de sabiduría, fuerza y poder sobrenatural. Que se me conozca por ser una persona íntegra. Así extenderé tu Reino dondequiera que vaya. En el nombre de Jesús, amén.

¿TE ESTÁS ESCAPANDO?

Por la mañana, Señor, escuchas mi clamor; por la mañana
te presento mis ruegos, y quedo a la espera de tu respuesta.
—SALMO 5:3

El escaparse de Dios usualmente comienza cuando empezamos a saltear nuestros tiempos regulares de oración. Nos levantamos un poco tarde y tenemos que llegar al trabajo un poco más temprano, por lo que pensamos: "Ah, bueno, voy a pasar un tiempo de oración esta noche". Pero esa noche nos quedamos hasta tarde ayudando a uno de nuestros hijos con su tarea, por lo que decimos: "Lo haré por la mañana." Puede haber una infinidad de cosas realmente importantes que necesites hacer. Jesús no estaba diciendo que estén mal las preocupaciones de este mundo, el cuidado de tu familia, pagar el alquiler, ir a la escuela o a un trabajo, trabajar en tu coche, o cualquiera de un centenar de cosas. ¡Él decía que no podemos darnos el lujo de dejar que nos impidan recibir nuestras instrucciones diarias desde el cuartel general del cielo!

Padre, tú eres mi prioridad. Declaro que mientras te busco a ti en primer lugar, todos los recursos que necesito me serán añadidos, no solo cosas materiales, sino también sabiduría, favor y fuerza. No dejes que nada me impida reunirme contigo todos los días. Me comprometo a buscarte fielmente para andar en tu sabiduría y en tu bendición. En el nombre de Jesús, amén.

DIOS REALMENTE SE PREOCUPA POR TI

Humíllense, pues, bajo la poderosa mano de Dios, para
que él los exalte a su debido tiempo. Depositen en
él toda ansiedad, porque él cuida de ustedes.
—1 PEDRO 5:6–7

Dios no quiere que olvides tus responsabilidades. Quiere ayudarte a encargarte de ellas. Quiere darte sabiduría sobre cómo manejarlas—sea una relación, un proyecto de trabajo, el voluntariado en la escuela de tus hijos, o tu pasión por ver un problema mundial resuelto con justicia. Él quiere darte fuerza para manejarlo. Tiene la sabiduría que necesitas para hacer las cosas bien. Quiere verte triunfar para que Él pueda ser glorificado en ti.

Padre, tu Palabra dice que ves los gorriones y te aseguras de que cada uno tenga cubiertas sus necesidades. Cuánto más te preocupas por mí. En el nombre de Jesús, declaro sobre mí mismo que no dudaré de tu amor por mí, sino que correré a ti con cada necesidad. Tú eres mi fuente de sabiduría. Tú eres el único que renueva mi fuerza. Es tu deseo que prospere y tengan salud así como prospera mi alma. Yo declaro que correré a ti porque tú eres más que capaz de lograr todo lo que me preocupa hoy. En el nombre de Jesús, amén.

La oración en el centro

Así que recomiendo, ante todo, que se hagan plegarias, oraciones,
súplicas y acciones de gracias por todos, especialmente por los
gobernantes y por todas las autoridades, para que tengamos
paz y tranquilidad, y llevemos una vida piadosa y digna.
—1 Timoteo 2:1–2

La oración no está separada de lo que hacemos en el mundo; más bien, debería estar en el centro de nuestras vidas, ya sea que ganemos un salario o paguemos salarios. Si estás llamado a trabajar en un empleo secular o tienes tu propio negocio, debes confiar en Dios, por medio de la oración y de la fe, a fin de que te infunda su sabiduría y su poder para que puedas reflejarlo a Él en tu lugar de trabajo o en el mercado.

Padre, yo decreto y declaro que confío plenamente en ti que tú me das la sabiduría y el poder hoy. En mi trabajo, en casa, dondequiera que vaya, Padre, confío en que me llevas por el camino que debo seguir. Me comprometo a pasar tiempo en oración y a permanecer en fe en tus promesas. Descarga discernimiento divino así sabré cómo conducir los asuntos de mi día. Sopla en mi espíritu la revelación fresca para que pueda estar a la avanzada y desafiar el statu quo. Moldéame a tu imagen para que mi vida refleje tu carácter. Padre, deja que la luz de tu amor y tu verdad brillen a través de mí dondequiera que vaya. En el nombre de Jesús, amén.

Mantente sintonizado

Oren sin cesar.
—1 Tesalonicenses 5:17

La oración no es tanto la práctica de doblar las manos, cerrar los ojos y arrodillarse a los pies de tu cama o en un banco, sino una actitud de escuchar constantemente las instrucciones de Dios a medida que avanzas a lo largo del día. El hermano Lawrence llamó a esto "la práctica de la presencia de Dios". Como él mismo dijo: "No hay en el mundo una clase de vida más dulce y agradable que la de una continua conversación con Dios: solamente pueden comprenderlo quienes la practican y la experimentan".[1] ¿Cuál es la clave para mantener esta "continua conversación"? Mantener la actitud de adoración en cada paso de tu día. Esto es lo que significa "andar en el Espíritu" (Gálatas 5:25).

Padre, yo decreto y declaro que voy a caminar en el Espíritu y como resultado no voy a satisfacer los deseos de la carne. Enséñame a "practicar tu presencia" todo el día y a permanecer en una actitud de adoración. No hay nada más agradable que estar contigo. En el nombre de Jesús le hablo a mi corazón y declaro que no deseo nada más que a ti. Te quiero a ti más que a cualquier otra cosa. Gracias, Padre, por la promesa de que, al buscarte, seré hallado por ti. En el nombre de Jesús, amén.

¿CÓMO RESPONDES A LOS OBSTÁCULOS?

*Así que yo no corro como quien no tiene meta; no
lucho como quien da golpes al aire. Más bien, golpeo
mi cuerpo y lo domino, no sea que, después de haber
predicado a otros, yo mismo quede descalificado.*
—1 CORINTIOS 9:26–27

Cuán excelentemente vivimos para reflejar cada día la gloria
de Dios es el campo de entrenamiento de nuestra fe. Cuando
alguien está en el campo de entrenamiento, aprende a hacer
brillar sus zapatos, a mantener su litera impecable, y a mostrar respeto a cualquier otro soldado que esté a su alrededor.
Allí también es puesto a prueba. En el campo de entrenamiento se les ponen obstáculos a los reclutas y se les dice que los
superen. Si lo hacen, se les ponen obstáculos mayores; si no
lo hacen, son enviados de vuelta al final de la línea para volver a empezar. Cuando Dios nos recluta y comienza a trabajar
dentro de nosotros para nuestro crecimiento, afrontamos una
serie de carreras de obstáculos para superar en oración. La
manera en que respondemos a estas situaciones nos mostrará
qué gran tarea Dios puede confiarnos.

*Padre, me someto a tu campo de entrenamiento divino por-
que es así como estaré preparado para la misión que me ha
sido dado. Invísteme de poder, Señor, para superar cada
prueba. Hazme crecer en ti para que esté en forma para mi
misión. En el nombre de Jesús, amén.*

¿Qué dice tu conciencia?

El propósito de mi instrucción es que todos los creyentes sean llenos del amor que brota de un corazón puro, de una conciencia limpia y de una fe sincera.
—1 Timoteo 1:5, ntv

Amar con una buena conciencia significa obedecer siempre a tu conciencia, que es la voz de tu espíritu humano que puede hablar de la ley escrita en tu corazón o de lo que el Espíritu Santo le dice que te diga. La fe no fingida es la fe que no está contaminada por los deseos egoístas o ambiciones impías. La base de todo esto es una vida donde se busca inflexiblemente la honestidad, tanto cuando otros pueden ver como cuando no nos mira nadie más que Dios.

Padre, que mi vida refleje tu carácter aun cuando nadie esté mirando. En el nombre de Jesús aumenta mi conocimiento de tu Palabra y la sensibilidad al susurro apacible y delicado que has colocado dentro de mí. Yo decreto y declaro que voy a honrarte con mis palabras y mis acciones; mi fe no está manchada por ambiciones egoístas o impías. Purifica mi corazón, Señor, para que mi amor por ti no se vea comprometido de ninguna manera. En el nombre de Jesús, amén.

CAMINAR EN ADORACIÓN

Estén siempre alegres, oren sin cesar, den gracias a Dios en toda
situación, porque esta es su voluntad para ustedes en Cristo Jesús.
—1 TESALONICENSES 5:16–18

Estar en una continua actitud de regocijo es la entrada a la oración. Agradecidos y llenos de acción de gracias es cómo salimos de ella. Luego, el ciclo se repite, inmediatamente. El comienzo de la oración eficaz es aprender a caminar continuamente en adoración, teniendo siempre como nuestro principal objetivo aumentarla y experimentar la gloria de Dios. Sin ella, no podemos hacer nada; con ella, nada está más allá de nuestro hacer.

Padre, te bendeciré en todo momento: tu alabanza estará
continuamente en mi boca. Enséñame a permanecer firme
en ti, caminando de continuo en adoración. Padre, aumen-
ta mi sensibilidad hacia la esfera sobrenatural. Abre mis
ojos a las realidades espirituales y permíteme experimentar
tu gloria. Sin ti, no puedo hacer nada; pero contigo, nada
es imposible. Padre, úngeme con tu fuerza y tu poder al
pasar tiempo en tu presencia. En el nombre de Jesús, amén.

Familiarízate con su voz

Ciertamente, la palabra de Dios es viva y poderosa, y más cortante que cualquier espada de dos filos. Penetra hasta lo más profundo del alma y del espíritu, hasta la médula de los huesos, y juzga los pensamientos y las intenciones del corazón.
—Hebreos 4:12

Así como en la escuela podrías leer varios libros del mismo autor para familiarizarte con su "voz", así la Biblia es un estupendo lugar para comenzar a aprender la manera en que Dios nos habla. Y no quiero decir que deberías sentirte cómodo con el español de la versión Reina-Valera: me refiero a familiarizarse tanto con el carácter de Dios por medio de su Palabra que, como podríamos hacerlo con un amigo cercano o nuestro cónyuge, sepamos al instante si lo que oímos es algo que Él diría o no.

Padre, tu Palabra dice que tus ovejas conocen tu voz. Decreto y declaro que, como una de tus ovejas soy capaz de discernir tu voz. Agudiza mi discernimiento espiritual para que pueda oírte con más claridad. Desbloquea las líneas de comunicación entre nosotros. Resisto y repelo toda duda e incredulidad ahora en el nombre de Jesús. Yo rechazo toda opinión impía que me impida creer lo que tú me dices. Amo tus palabras, y las esconderé en mi corazón para no pecar contra ti. En el nombre de Jesús, amén.

¿Cuál es la fuente?

El que escucha la palabra pero no la pone en práctica es como el que se mira el rostro en un espejo y, después de mirarse, se va y se olvida en seguida de cómo es. Pero quien se fija atentamente en la ley perfecta que da libertad, y persevera en ella, no olvidando lo que ha oído sino haciéndolo, recibirá bendición al practicarla.
—Santiago 1:23–25

Cuando un pensamiento viene a la mente, ¿de dónde viene: de Dios, del mal, de tus urgencias físicas, o de tu propia psiquis? La respuesta para discernir la diferencia entre estas "voces de nuestra cabeza" se aprende con la práctica y la repetición, con la Biblia como tu entrenador personal. Esta es el espejo en el que nos miramos y aprendemos quiénes somos en realidad. La familiaridad con la Palabra de Dios es más que memorizar las Escrituras. Cuanto más tiempo pasamos leyendo la Biblia, más penetra en nuestro ser y más clarifica las voces de nuestro interior.

Padre, me comprometo a estudiar tu Palabra para poder conocer tu voluntad y tus caminos, y recibir tu sabiduría divina. Tus leyes son buenas, y tus preceptos son rectos. Yo declaro que los deseo más que el oro. Decreto y declaro que no seré meramente un oidor de la Palabra; voy a actuar y seré bendecido en mi hacer. En el nombre de Jesús, amén.

DALE TIEMPO

Siembra tu semilla por la mañana y siémbrala también por la tarde, porque nunca se sabe qué va a resultar mejor, si la primera siembra o la segunda, o si las dos prosperarán.
—ECLESIASTÉS 11:6, DHH

Suele ocurrir que las cosas sean cultivadas en oración durante meses, si no años, antes de que sucedan "súbitamente" en lo natural. Un agricultor puede recoger la cosecha en una semana, pero primero tuvo que dedicar meses a plantar, a desherbar y a cultivar, o la cosecha no habría sido tan grande o tan saludable. La siembra y el cultivo, la labranza de la tierra y la preparación para la próxima temporada, todo es un trabajo duro. Así es a menudo la oración.

Padre, yo decreto y declaro que sigo siendo ferviente en la oración. No dejo de creer cuando parece que no hay ningún cambio. Sigo ocupándome de las semillas que he sembrado en oración y espero una cosecha en tu tiempo perfecto. Espero que las semillas que tú plantaste en mí también crezcan. En el nombre de Jesús, decreto y declaro que nada me detendrá de alcanzar el destino que tú tienes planeado para mí. Aunque lleve tiempo, yo sé que tus propósitos prevalecerán. En el nombre de Jesús, amén.

agosto

EDIFICA TU CENTRO

Él [Cristo] es la imagen del Dios invisible, el primogénito
de toda creación Él es anterior a todas las cosas, que
por medio de él forman un todo coherente.
—COLOSENSES 1:15–17

Nos hemos obsesionado con nuestros fines—los objetivos y sueños que Dios nos da en nuestros corazones—pero nos olvidamos de nuestro centro—nuestro fundamento en Cristo, que es la fuerza y la fuente de la sabiduría que hace posibles esas metas y sueños. Si no nos aferramos al centro y hacemos todo lo que se nos comisionó desde el centro, ¿qué es lo que realmente importa? Si lo hacemos con nuestras propias fuerzas en vez de hacerlo por medio de Él, desde el centro, ¿lo que hacemos es realmente de Él? ¿O es solo para vernos mejor ante los demás, o para aliviar nuestras conciencias? ¿Estamos eligiendo buscar nuestro propósito más que a Dios mismo?

Padre, recuérdame hoy constantemente que todo se refiere
a ti. Tú eres el centro de mi vida. Ayúdame a escapar de
la trampa de concentrarme en mis circunstancias, en mis
planes, en mis puntos fuertes y hasta en mis puntos débiles.
Que mi foco se vuelva hacia ti como la fuerza y la fuente
de todo en mi vida. Tú mereces toda la gloria y la honra
y solo tú eres capaz de completar lo que comenzaste en mí.
Al mantener mis ojos en ti, condúceme al propósito que tie-
nes destinado para mí hoy. En el nombre de Jesús, amén.

Que Dios lo haga nacer

Dedíquense a la oración: perseveren en ella con agradecimiento.
—Colosenses 4:2

Yo creo que Dios nos enseña a acercarnos a Él con nuestras peticiones para poder infundirnos las respuestas. Él necesita que nos concentremos en la necesidad o el deseo para poder ponernos las bendiciones y los dones que harán que nazca la respuesta. Cuando vamos a Él en oración, quiere que nos vayamos con regocijo, sabiendo que nuestras peticiones han sido oídas y concedidas, y que hemos cambiado en el proceso de recibir su respuesta. Podemos estar seguros de que la ayuda está en camino, porque la respuesta ya se manifestó dentro de nosotros. Es solo cuestión de que Dios permita que se dé a luz en lo natural.

Padre, tú ya has provisto las respuestas a mis necesidades. Mientras espero que la manifestación se evidencie en mi entorno, no andaré en temor, ansiedad o estrés. Echo toda mi ansiedad sobre ti. Tú eres mi protección, mi proveedor, mi sanador y mi esperanza para el futuro. Muéstrame si en mi corazón hay algo que esté obstaculizando el cumplimiento de lo que tú deseas hacer nacer en mi vida. Crea hoy un nuevo corazón dentro de mí y renueva mi espíritu para que entre al destino que has preparado para mí. En el nombre de Jesús, amén.

AFÉRRATE A LA CUERDA SALVAVIDAS

Ésta es la confianza que tenemos al acercarnos a Dios:
que si pedimos conforme a su voluntad, él nos oye.
—1 JUAN 5:14

Una de las maneras en que pienso de la oración es como el acto de clamar al cielo por una cuerda salvavidas. Cuando sostenemos firmemente un extremo, manteniéndola tensa, Dios la puede usar para deslizar las respuestas a nuestras peticiones. Cuando Él lanza esa cuerda, nos aferramos a ella en oración, pero si la soltamos antes de que la respuesta se manifieste, nos desconectamos de la fuente de nuestra salvación. Debido a esto, también es importante dejar que lo que oras gobierne lo que sale de tu boca. ¿Alguna vez has orado algo en fe solo para escucharte a ti mismo después hablando de lo imposible que es aquello por lo cual estás creyendo? Esa es una señal de que la respuesta no ha sido descargada en tu espíritu y de que es hora de volver a orar por esa cuestión.

Padre, yo determino hoy que no voy a dejar de orar hasta que contestes. No voy a hablar palabras de duda o incredulidad. Cuando el enemigo trate de desalentarme, le recordaré que por medio de ti todo lo que necesito está a mi disposición. Me mantendré firme en el conocimiento de que todas mis necesidades son suplidas conforme a tus riquezas en gloria. En el nombre de Jesús, amén.

LA ORACIÓN ES LA CLAVE

Antes creía que esas cosas eran valiosas, pero ahora considero
que no tienen ningún valor debido a lo que Cristo ha hecho.
Así es, todo lo demás no vale nada cuando se le compara con
el infinito valor de conocer a Cristo Jesús, mi Señor...Por
amor a él, he desechado todo lo demás y lo considero
basura a fin de ganar a Cristo y llegar a ser uno con él.
—FILIPENSES 3:7–9, NTV

La oración es el más poderoso lugar de crecimiento espiritual.
Sentarse en la iglesia con una buena enseñanza es algo maravilloso, y aplicar los principios aprendidos es transformador,
pero tu pastor no puede conocer a Dios por ti. Tú tienes que
aceptar la invitación de Jesús para venir y pasar tiempo jun-
tos. Tienes que pasar tiempo con tus ojos físicos cerrados y
los ojos espirituales abiertos, dejando que Jesús te muestre lo
que realmente quiere para ti, y los planes que tiene para que
impactes tu mundo. Es en este lugar de intimidad donde Él
nos da las llaves de su Reino.

Padre, abre hoy mis ojos para verte en verdad. Al hacer-
lo, aclara mi visión y transfórmame desde adentro hacia
afuera. Muéstrame cómo ser santo como tú eres santo. Al
buscarte en oración, muéstrame las cosas que rompen tu
corazón. Recuérdame lo que realmente te importa para que
yo cumpla todos los planes que tienes para mí y para llegar
a ser aquello para lo cual nací. En el nombre de Jesús, amén.

SÉ COMO JESÚS

*Y Dios, que examina los corazones, sabe cuál es la
intención del Espíritu, porque el Espíritu intercede
por los creyentes conforme a la voluntad de Dios.*
—ROMANOS 8:27

¿Quieres ser como Jesús? Entonces, déjame hacerte una pregunta: ¿Qué está haciendo Jesús en este momento? Está a la diestra del Padre orando: intercediendo por nosotros y por nuestro mundo. ¿Quieres ser como Jesús? Entonces es necesario que estés en oración. ¿Por qué cosa es mejor orar? Averigua qué está orando Jesús a la diestra del Padre y ora de acuerdo con Él. Averigua lo que piensa Jesús acerca de temas, y deja que Él ponga en tu boca las palabras para orar. ¿Hay alguna persona mejor que el propio Jesús con quien ponerse de acuerdo en oración?

*Padre, me alineo con Jesús, mi gran intercesor. Traigo toda
circunstancia y toda relación de mi vida a alinearse con
las palabras de Jesús. No me conformo a este mundo, sino
que soy transformado porque sus pensamientos renuevan
mi mente. Háblame y habla a través de mí hoy. Deja que
tu luz brille a través de mí en un mundo oscuro y acerca a
los que te buscan. Declaro que mi vida brilla con tu gloria
y que estoy en acuerdo con lo que se está declarando sobre
mí en los cielos. En el nombre de Jesús, amén.*

SÉ LA RESPUESTA A TU ORACIÓN

Por eso yo, que estoy preso por la causa del Señor, les ruego
que vivan de una manera digna del llamamiento que han
recibido, siempre humildes y amables, pacientes, tolerantes
unos con otros en amor. Esfuércense por mantener la
unidad del Espíritu mediante el vínculo de la paz.
—EFESIOS 4:1–3

Después que has orado y escuchado en la gran conversación
cuál es la voluntad de Dios, entonces sal y sé parte de la manifestación de la palabra que Él te ha dado. Vive como una respuesta a la oración. Vive como un ciudadano y un embajador
del Reino celestial.

Padre, yo decreto y declaro hoy que tú estás liberando
unción divina en mi vida y que mi capacidad de ser la res-
puesta a la oración convencerá a otros de que Jehová es el
Dios vivo y verdadero. Tú me proteges con escoltas angeli-
cales. Cubres mi cabeza con el aceite de tu Espíritu Santo.
Llenas mis oídos con buenas noticias. Llenas mi boca de
alabanza y de palabras de aliento. Cubres mis manos
con productividad y libras mis pies de obstáculos. Puedo
ser una respuesta a la oración, porque soy la obra de tus
manos, creado en Cristo Jesús para buenas obras. Logra-
ré todo lo que has planeado para mí hoy. En el nombre de
Jesús, amén.

¿CÓMO ESTÁS CONTESTANDO LA ORACIÓN DE JESÚS?

No te pido que los quites del mundo, sino que los protejas del
maligno. Ellos no son del mundo, como tampoco lo soy yo.
—JUAN 17:15–16

Cuando Jesús oró por sus discípulos, no solo estaba orando. También les estaba pasando el bastón a ellos y a los que habrían de creer en Él en las generaciones venideras. Una cosa es que Jesús ore, pero otra muy distinta es que entremos en acuerdo con esa oración y aceptemos sus deseos para nuestra generación como si fueran nuestros. ¿Seremos parte de la respuesta a la oración de Jesús o parte del problema impidiendo que sus peticiones se hagan realidad?

Padre, acepto la misión que Jesús dio al orar por todos los
que lo seguimos. Declaro que la unción que está sobre mi
vida fluye sin obstáculos, y repelerá cualquier plan malva-
do del enemigo. Declaro éxito, prosperidad, salud, riqueza,
visión, dirección, creatividad, santidad, justicia, paz, y gozo
de tu Espíritu hoy. Declaro que tengo todo lo que necesi-
to para ser parte de la solución y no del problema. Estoy
ungido en este tiempo para dar a luz estrategias del Reino
y cumplir la misión divinamente ordenada. En el nombre
de Jesús, amén.

LA ORACIÓN COMO GUERRA ESPIRITUAL

*Exhorto ante todo, a que se hagan rogativas, oraciones,
peticiones y acciones de gracias, por todos los
hombres…Porque esto es bueno y agradable delante de
Dios nuestro Salvador, el cual quiere que todos los hombres
sean salvos y vengan al conocimiento de la verdad.*
—1 TIMOTEO 2:1–4, RV60

Orar por otros es en muchas maneras la piedra angular de
la guerra espiritual. Aunque Dios ama a la humanidad, no
pierde los árboles individuales por ver el bosque. Él ama a la
humanidad porque ama a cada individuo que integra el vasto
mar de personas que viven en la tierra. Dios tiene un plan
para cada una de sus vidas, pero Él también necesita que quienes
lo conocen se pongan de pie en la brecha por los que no lo
conocen y aboguen ante el cielo a favor de ellos.

*Padre, coloca en mí la unción del guerrero de oración. Interrumpe
mi agenda de hoy con los que necesitan tu toque.
Dame palabras para los que están en necesidad. Dame
oídos para oír su clamor y un corazón que sea lo suficientemente
blando para sentir su dolor. Yo decreto restauración
completa de todo lo que el enemigo ha robado de sus vidas.
Por el poder de tu Espíritu, rompo toda cadena de esclavitud,
sano toda herida, satisfago toda necesidad, y restauro
la esperanza y el gozo que viene de la salvación por medio
de tu Hijo. En el nombre de Jesús, amén.*

SUFRE EN FAVOR DE OTROS

Por mi pueblo, mis hermanos judíos. Yo estaría
dispuesto a vivir bajo maldición para siempre
"¡separado de Cristo!" si eso pudiera salvarlos.
—ROMANOS 9:3, NTV

Aquí está la agonía del batallar en oración, como sufrir con otros a través del valle oscuro hacia la plena salvación de Dios al otro lado. Clamamos al cielo por ellos como si nosotros mismos estuviéramos atravesando lo que ellos experimentan. Esto puede requerir tiempos de más concentración o incluso ayuno cuando buscamos oír claramente del cielo en favor de ellos. Permitimos que el Espíritu Santo interceda por nosotros con gemidos indecibles (Romanos 8:26).

Padre, descarga hoy en mi espíritu un nuevo celo y entusiasmo por la intercesión. Levanto a los demás ante ti como si sus necesidades fueran mías. Busco tus pensamientos y tus propósitos hacia ellos, y declaro que has provisto todas las respuestas que necesitan. Has perdonado y limpiado sus pecados. Has sanado sus enfermedades y restaurado sus relaciones con sus hijos y sus familias. Les has provisto abundancia de bendición para que puedan dar generosamente a los necesitados. Les asignaste un destino específico y los equipaste con todo lo bueno para poder cumplirlo. En el poderoso nombre de Jesús, amén.

Encuentra la paz

No se inquieten por nada; más bien, en toda ocasión, con
oración y ruego, presenten sus peticiones a Dios y denle
gracias. Y la paz de Dios, que sobrepasa todo entendimiento,
cuidará sus corazones y sus pensamientos en Cristo Jesús.
—Filipenses 4:6–7

A medida que el trabajo de orar llega a su término, experimentamos la respuesta: la gracia y la autoridad necesarias para superar las avalanchas de dificultades como luz matutina en nuestros espíritus y almas. La respuesta viene a nuestro corazón, y sabemos sin lugar a dudas que el problema está atendido, aunque la respuesta todavía no se haya manifestado en el mundo natural. Es algo difícil de describir hasta que tú lo hayas experimentado, pero se siente como si el peso de la materia se levantara y la paz de Dios inundara tu corazón y tu mente.

Padre, declaro que tu paz guarda mi corazón y mi mente
hoy. Tengo una mente tranquila que está libre de preocupa-
ción y ansiedad. Soy liberado de preocupaciones acerca de
mi pasado, mi presente y mi futuro. Decreto que un nuevo
día está amaneciendo para mi vida, mi familia, mi trabajo,
y mi ministerio. No soy movido a temor por las circunstan-
cias que me rodean porque me has escondido bajo la som-
bra de tus alas. Declaro: Sea la paz, y tu Espíritu calma
la atmósfera a mi alrededor. Tu inquebrantable paz es mi
herencia hoy. En el nombre de Jesús, amén.

Entrena tu sentido espiritual

En cambio, el alimento sólido es para los adultos, para los que
tienen la capacidad de distinguir entre lo bueno y lo malo,
pues han ejercitado su facultad de percepción espiritual.
—Hebreos 5:14

Pasar tiempo leyendo la Biblia, meditando en las escrituras, y orando satura nuestra conciencia con la realidad del mundo espiritual. Afina nuestros sentidos espirituales para oír la voz de Dios, y pone a punto nuestras aptitudes para diferenciar entre el bien y el mal en cada asunto. A medida que practicamos esto y nuestro espíritu crece hacia la madurez, nuestros sentidos son capacitados para discernir entre el bien y el mal.

Padre, yo recibo la claridad y la comprensión que tu Espíritu me da respecto del mundo espiritual y del mundo físico. Tú prometes darme discernimiento, sabiduría y entendimiento para poder usar bien las Escrituras y conocer la diferencia entre la verdad y la mentira. Aumenta mi entendimiento mientras te busco hoy. Revela cualquier cosa que haya en mi corazón que esté nublando mi juicio o me impida someterme totalmente a tu voluntad y a tu estrategia para mi vida. Dame la fuerza para dejar de lado todo aquello que me impide vivir la vida completamente a tono con tu voz. Ahora declaro que voy a caminar al ritmo de tu Espíritu hoy mientras me conduce y me guía a toda verdad. En el nombre de Jesús, amén.

¿Cómo te está guiando el Espíritu Santo?

*Pero el Consolador, el Espíritu Santo, a quien el Padre
enviará en mi nombre, les enseñará todas las cosas
y les hará recordar todo lo que les he dicho.*
—Juan 14:26

La guía del Espíritu de Santo no es una voz fuerte y abrumadora dentro de nosotros, sino que a menudo es una molestia o incomodidad al seguir un camino—un "freno" en nuestro espíritu—y una paz o sensación de confianza al moverse a otro. Esta es la sutil dirección del Espíritu Santo en nuestro espíritu humano, y cuanto más sensibles y abiertos estemos a este impulso interior, más veremos en nuestras vidas que las cosas se alinean como Dios quiere.

*Padre, hoy andaré en un nuevo nivel de intimidad con tu
Espíritu. Que la unción que está en mi vida para este tiempo fluya sin contaminación, llenándome con un propósito renovado. Que esta solo atraiga a quienes tú has ordenado divinamente para ser parte de la obra que estás realizando a través de mí. Te pido que pongas la unción de Samuel sobre mí para que pueda andar en una nueva sensibilidad y obediencia a tu voz. Ayúdame a menguar para que tú puedas crecer. Que mi humildad se refleje en mi capacidad de oír tu voz. Mientras camino en humilde obediencia a ti, deja que tu Espíritu obre en mí para tocar a quienes estén en contacto conmigo hoy. En el nombre de Jesús, amén.*

No estás en la oscuridad

Ya no los llamo siervos, porque el siervo no está al tanto de lo
que hace su amo; los he llamado amigos, porque todo lo que
a mi Padre le oí decir se lo he dado a conocer a ustedes.
—Juan 15:15

Dios no quiere que estemos en la oscuridad acerca de las cosas. Muchos miran a Jesús orando "no se haga mi voluntad, sino la tuya" (Lucas 22:42) en el huerto de Getsemaní y olvidan que cuando que hizo esa oración, no fue porque no supiera la voluntad de Dios. Fue porque Él estaba acordando hacer la voluntad de Dios a pesar del dolor que le causaría. Fue una oración de consagración al duro camino hacia la cruz. No estaba diciendo: "Señor, realmente no sé lo que quieres en este asunto, así que por favor haz lo que creas que es mejor".

Padre, estoy de acuerdo en hacer tu voluntad aunque sea
incómodo. Me consagro a ti. Tu Palabra dice que tus pla-
nes son para darme esperanza y un futuro, así que acep-
to hoy por anticipado las cosas buenas que has preparado
para mí. Deja que tu sabiduría, tu entendimiento y visión
profética estén hoy sobre mí. Hazme caminar en perfecta
sintonía con tu voluntad para mi vida. Oro en el nombre
de Jesús, amén.

La voluntad de Dios puede ser conocida

Por tanto, no sean insensatos, sino entiendan
cuál es la voluntad del Señor.
—Efesios 5:17

Se requiere trabajo constante y un buen crecimiento espiritual, pero la voluntad de Dios no es insondable. Los misterios de Dios están allí para que nosotros los resolvamos, no para que levantemos las manos y digamos: "Bueno, nunca se sabe, así que ¿por qué preocuparse?". Están ahí para hacer mucho más emocionante la búsqueda de conocer a Dios. Y si ser amigos de Dios no es imposible, entonces ¿qué es?

Padre, abre mis oídos a los movimientos de tu Espíritu con una transmisión clara y nítida. Hoy busco un nivel sin precedentes de cercanía a tu corazón. Dame la certeza de que estoy en el centro de tu voluntad y no dejes que mis pies flaqueen en el camino que has ordenado para mí. No dejes que mis oídos o mis ojos se dejen seducir por el espíritu de codicia, o mi mente, por la vanagloria de la vida. Guíame por el camino de la rectitud por amor de tu nombre. Muéstrame tu perfecta voluntad para mi vida y dame nuevas formas de vivir y estrategias mejores. Mejora mi pensamiento con la metodología del Reino y dame disciplina sobrenatural para implementar tu voluntad en mi vida hoy. En el nombre de Jesús, amén.

SOPORTA LOS DOLORES DE PARTO

Oren en el Espíritu en todo momento, con peticiones y ruegos.
Manténganse alerta y perseveren en oración por todos los santos.
—EFESIOS 6:18

El deseo de conocer a Dios y edificar su Reino es lo que hace que las personas oren horas y horas al día y nunca se aburran. Hay cosas por nacer en el espíritu que solo vendrán después de soportar los dolores de parto en oración. Cuando oramos, hay trabajo por hacer en el espíritu que no se realizará si nos detenemos. Jesús es la piedra angular del Reino de Dios, su Palabra es el fundamento, y es en la oración donde recibimos sus planos.

Padre, declaro que nuevos ciclos de victoria, éxito y prosperidad reemplazarán a los antiguos ciclos de fracaso, pobreza, y muerte en mi vida. Mientras soporto los dolores de parto de lo que estás haciendo nacer en mi vida, me afirmo en la promesa de que todo lo que pertenece a mi vida y a la piedad debe ser manifestado en su tiempo señalado. Ordeno que todo se manifieste en el nombre de Jesús. Ya que tu Palabra es lámpara a mis pies y lumbrera a mi camino, no voy a tropezar ni caer. Declaro que mis relaciones son restauradas, mi salud se renueva, y mis finanzas son revitalizadas cuando camino en fe y traigo activamente a la vida tus promesas hoy. En el nombre de Jesús, amén.

¿Cuál es tu estilo de vida de oración?

Manténganse alerta y perseveren en oración por todos los santos.
—Colosenses 4:2

No quiero ponerte un tropiezo de culpa sobre cuánto tiempo pasas en oración. El hecho de que algunas personas oren cada día durante horas en concentrado y enfocado aislamiento no significa que Dios guíe a cada cristiano a hacerlo así. La Biblia no da directrices específicas para la duración y la frecuencia en que debemos orar por una razón: porque hemos de ser guiados por el Espíritu de Dios en la oración como en todo demás en la vida. Puede haber ocasiones en que ores varias horas en un día y otras veces en que simplemente digas cortas oraciones a lo largo del día. Algunos días la oración se sentirá como excavar en la roca y otros días, será "gozo indescriptible y glorioso" (1 Pedro 1:8). Lo importante es que debemos ser devotos en la oración.

Padre, declaro progreso en mi vida de oración. La esclavitud de la culpa por los errores pasados no me impedirá aprender más de ti en oración hoy. Al tener comunión contigo revélame más de ti hoy y haz que soplen los vientos divinos del Espíritu Santo. Desmantela todo poder maligno que obre para frustrar mi día, y toma tu lugar legítimo como la máxima prioridad de mi vida. En el nombre de Jesús, amén.

Sé versado y experimentado

*El que es honrado en lo poco, también lo será en lo mucho; y
el que no es íntegro en lo poco, tampoco lo será en lo mucho.*
—Lucas 16:10

Tenemos que aprender a operar en oración a través de las
pequeñas realidades cotidianas de la vida, para que cuando
Dios nos llame a afrontar los grandes eventos que se presen-
tan una vez en la vida, ya seamos versados y experimentados.
No vamos a aprender a orar por milagros hasta que hayamos
aprendido a orar por el pan nuestro de cada día. Y no seremos disciplinados en las cosas del Espíritu hasta que hayamos
aprendido a ser disciplinados en lo natural.

*Padre, yo decreto que seré hallado fiel con todo lo que
me has dado para poder exaltarme a su debido tiempo y
ensanchar mi territorio. Que sea hallado digno de confianza a tus ojos. Que la unción que has puesto sobre mi vida
repela toda estratagema de los malignos. Sincroniza hoy
mis acciones con tu perfecta voluntad y tu agenda. Purifica
mis motivos y déjame ser un claro ejemplo de tu amor, tu
misericordia y tu gracia para mi generación. Dame la disciplina divina para que todo lo que mi mano toque prospere
para tu gloria. En el nombre de Jesús, amén.*

¿Cómo es tu calendario?

Por eso, si ustedes no han sido honrados en el uso de las
riquezas mundanas, ¿quién les confiará las verdaderas?
—Lucas 16:11

Si deseas comprobar el nivel de compromiso y espiritualidad de una persona, hay cuatro áreas que debes examinar: cómo maneja su calendario diario, sus finanzas, sus relaciones y su destino. Estas cuatro áreas muestran la diferencia entre una vida verdaderamente rica y una vida que está en la pobreza espiritual. ¿Vives cada día maximizando tus puntos fuertes o poniendo excusas por vivir más allá de tus recursos? ¿Estás dando en la vida de otros, o eres el que siempre necesita ser consolado, aconsejado o ayudado a salir de un apuro? ¿Sigues esperando todavía ese gran quiebre antes de ponerte a vivir realmente la vida que quieres vivir, o estás disfrutando cada día por los retos y los éxitos que presenta, viéndolo como una oportunidad para disfrutar, crecer y construir hacia un futuro mejor?

> *Padre, yo declaro que hoy mis decisiones cambiarán la trayectoria de mi futuro y lo pondrán en alineación con tus planes para mí. Donde ponga mis pies, camino en tu autoridad y ensancho mi territorio por amor de tu nombre. Aumenta mi productividad y eficiencia y dame hoy la unción de Salomón para administrar sabiamente los recursos. En el nombre de Jesús, amén.*

¿Qué puedes hacer con lo que tienes?

Prepara primero tus faenas de cultivo y ten listos tus campos
para la siembra; después de eso, construye tu casa.
—Proverbios 24:27

Espero que te des cuenta de que lo que haces con lo que tienes hoy hará más por tu destino que esperar que algún día ganes la lotería o tengas un gran éxito en algún sentido. La verdad del asunto es que esperar por "algún día" nunca te lleva a ninguna parte. Todo lo que necesitas para cumplir los sueños y las metas de tu corazón ya está en tus manos, y solo invirtiéndolo hoy vas a tener lo que necesitas para cumplir las esperanzas y aspiraciones de mañana.

> *Padre, hoy busco oportunidades divinas para hacer avanzar tu Reino. Me muevo con valentía hacia mi destino y me niego a distraerme con cosas insignificantes. Las bendiciones del Señor me seguirán hoy, y estoy colmado de beneficios. Hoy estoy viviendo mi mejor y más bendecido día. Declaro que soy impulsado por un propósito, me rijo por los principios del Reino, estoy orientado al éxito y trabajo según tu agenda. Tú eres mi compañero y me das todo lo que necesito para asistirme en el cumplimiento de mi misión del Reino durante este tiempo. En el nombre de Jesús, amén.*

LA PREPARACIÓN SE ENCUENTRA
CON LA OPORTUNIDAD

Así que toma las flechas añadió. El rey las tomó, y Eliseo le ordenó:
¡Golpea el suelo! Joás golpeó el suelo tres veces, y se detuvo. Ante
eso, el hombre de Dios se enojó y le dijo: Debiste haber golpeado
el suelo cinco o seis veces; entonces habrías derrotado a los sirios
hasta acabar con ellos. Pero ahora los derrotarás sólo tres veces.
—2 Reyes 13:18–19

El mayor valor de nuestra vida proviene de lo que hacemos
con nuestro tiempo, y la única vez que realmente tenemos
control sobre algo es en el momento actual. No hay éxitos
"de la noche a la mañana", solo personas cuya preparación se
encontró con la oportunidad dada por Dios. Si bien las oportunidades y el favor en nuestra vida provienen del Señor, la
preparación depende de nosotros.

Padre, tú me estás equipando no solo con dones y capaci-
dades sobrenaturales, sino también con carácter. Mi vida
te dará gloria porque he esperado a que tu preparación sea
completa. Confieso hoy que el fruto del Espíritu caracteriza
mi vida. Tienes citas y oportunidades divinas preparadas
para mí hoy, y trabajo en perfecta armonía con tu plan.
Voy a estar en el lugar correcto en el momento correcto con
todas las relaciones correctas y los recursos que necesito,
porque tú me has llamado y ungido con un propósito. En el
nombre de Jesús, amén.

¿Estás listo?

*¡Anda, perezoso, fíjate en la hormiga! ¡Fíjate en lo que
hace, y adquiere sabiduría! No tiene quien la mande, ni
quien la vigile ni gobierne; con todo, en el verano almacena
provisiones y durante la cosecha recoge alimentos.*
—Proverbios 6:6–8

Habrá oportunidades increíbles en nuestras vidas, pero ¿estarás listo para ellas? ¿Has pasado los miles de horas cuando nadie te estaba mirando haciendo los preparativos adecuados? ¿Estás utilizando hoy el tiempo para invertirlo en algo que valga la pena o estás haciendo apenas lo suficiente para sobrevivir?

*Padre, declaro que hoy estoy listo para entrar en mi destino. No voy a escuchar a los que tratan de matar mis sueños
o llenan mi mente de dudas e intimidación. Afirmo hoy
por la poderosa fuerza de tu soberanía, gracia, divinidad
y conocimiento que yo nací en esta generación para contribuir con algo significativo. No estoy aquí por accidente.
Tú me has puesto aquí para cumplir tu propósito. Que tu
Espíritu esté conmigo, ante mí, detrás de mí, en mí, debajo de mí, por encima de mí, a mi derecha, a mi izquierda,
cuando me siento, cuando me levanto, cuando hablo, en
mis asuntos de trabajo, en mis negociaciones, en las comunicaciones, cruzando fronteras, y cuando me retire a dormir. En el nombre de Jesús, amén.*

¿Estás dando todo?

¿Has visto a alguien diligente en su trabajo? Se codeará con reyes, y nunca será un Don Nadie.
—Proverbios 22:29

Cada día, seamos un estudiante, un cocinero de hamburguesa en un restaurante de comida rápida, o el presidente de una compañía Fortune 500, tenemos la oportunidad de sobresalir en lo que estamos haciendo: hacer una inversión para mejorar en algo. Podemos trabajar y darlo todo para mejorarnos a nosotros mismos o sentarnos y holgazanear.

Padre, declaro que todas las metas que Dios me ha dado son alcanzables. Al andar en fe, entregado por completo a tu voluntad, aumenta mi productividad y bendíceme con victoria sobre mis circunstancias. Hoy me has dado valentía para andar según mis convicciones e impactar cada ámbito de mi influencia. Me has creado para hacer una diferencia en este mundo, y yo no retengo nada de mi servicio a tu Reino. Que la santidad y la justicia sean mi reputación, y usa mi testimonio—incluso las partes de mi pasado que me causaron dolor y sufrimiento—para tu gloria. Que hoy mis buenas obras conmemoren el maravilloso amor y la misericordia de Dios y que mi vida se caracterice por la excelencia, la integridad, la credibilidad y la honestidad. En el nombre de Jesús, amén.

Disfruta tu pan de cada día

Danos hoy nuestro pan cotidiano.
—Mateo 6:11

¿Estás esperando que tu barco llegue? Bueno, adivina qué. ¡Ya lo hizo! Todo lo que necesitarás siempre para tu prosperidad—y para derramar una bendición sobre la tierra—ya está a tu alcance. El pan nuestro de cada día ya está en tus manos. ¿Qué vas a hacer con él?

Padre, hoy tú me has bendecido sin medida. Todo lo que tengo es tuyo, y estoy eternamente agradecido por todo don bueno y perfecto que viene de arriba. Mis bendiciones, como las estrellas, son demasiado numerosas para contarlas. La salud y la riqueza me siguen, mano a mano. Mis victorias son tan abundantes como los granos de arena. La carencia y la lucha son lejanos recuerdos del pasado. Mis enemigos están sometidos. Soy fructífero en todos mis emprendimientos y tu provisión llena mi vida en todos los sentidos hasta rebosar. Tus bendiciones vienen sobre mí y se me adelantan. Tengo más que suficiente. Te doy gracias. En el nombre de Jesús, amén.

VIVIR EN GARANTÍA

Alégrense en la esperanza, muestren paciencia en
el sufrimiento, perseveren en la oración.
—ROMANOS 12:12

¿Nosotros perseveramos en la oración? ¿Valoramos nuestra relación con Dios más que la vida misma? ¿O somos desviados por dudas y distracciones? Hay un cierto grado de ensayo y error en llegar a conocer a Dios con este tipo de garantía. Muchos renuncian a ella o aceptan la enseñanza de que conocer a Dios de esa manera solo es para unos pocos elegidos. Otro problema es que a fin de estar cerca de Dios, debemos andar por un sendero que nos saca de nosotros mismos y nos exige dejar atrás el equipaje de complejos, dudas, egocentrismo, hábitos destructivos, adicciones y odio. Aunque la senda está bien marcada, es un camino que debemos dominar por nuestra cuenta.

Padre, nada puede separarme de tu amor. Puedo dejar ir mi pasado con valentía y enfrentar cualquier desafío que se halle por delante porque has llenado mi alma con gozo y con paz y mi corazón con valentía. Dondequiera que vaya llevo tu sanidad y tu consuelo a la atmósfera. Protégeme de persecución y acusación falsa, de la tentación y de transigir. Me levanto hoy sabiendo que mi salvación está segura debido a la obra completa de Cristo en el Calvario. En el nombre de Jesús, amén.

No es necesario que trabajes solo

*Vivan en armonía los unos con los otros. No
sean arrogantes, sino háganse solidarios con los
humildes. No se crean los únicos que saben.*
—Romanos 12:16

Cuanto mayor es la visión que Dios te da, más probable es que
Dios haya llamado a otros a trabajar junto a ti para cumplirla.
Es probable, en realidad, que ni siquiera seas el líder del
emprendimiento. Dios comúnmente prueba nuestra dedicación a su plan viendo si somos fieles en ayudar a otro a llevar
a cabo la visión que Él le ha dado.

*Padre, muéstrame hoy la causa que tú me asignas para
defender. Usaré responsablemente los dones que me has
dado para ser una bendición para mi familia, la comunidad y la nación. Tú me has colocado en posición de ayudar
a otros a lograr los sueños que les has dado. Yo puedo dar
mi tiempo, talento y recursos financieros a las organizaciones caritativas y sin fines de lucro cuya atención se centra
en ayudar a los menos afortunados, al huérfano, a la viuda, a los indigentes, a los sin hogar, destituidos e indefensos.
Tengo más que suficiente y puedo dar a los que nunca pueden devolverme el favor. Aumenta mis habilidades y ayúdame a conseguir apoyo para la realización de las visiones
y sueños dados por Dios a otras personas. En el nombre de
Jesús, amén.*

El poder de dos

*Además les digo que si dos de ustedes en la tierra se
ponen de acuerdo sobre cualquier cosa que pidan, les
será concedida por mi Padre que está en el cielo.*
—MATEO 18:19

Imagina por un momento el poder ilimitado de un esposo
y esposa que caminan constantemente de acuerdo; ¡el poder
de una madre y un padre unidos en la crianza de los hijos
que entienden el poder de las relaciones, están saturados de
sabiduría, y llenos de fe! Qué diferente sería nuestro mundo
actual si hubiera más parejas de este tipo. Qué diferente sería
la iglesia. Qué diferentes serían nuestras comunidades. Qué
diferentes serían nuestras naciones.

*Padre, tu Palabra dice que una persona puede poner en fuga
a mil, y dos pueden ahuyentar a diez mil. Fortalece el cerco
de protección alrededor de mi matrimonio y mi familia, y
susurra paz en mis relaciones, ministerio, trabajo y negocios.
Ningún mal se acercará al lugar de mi morada ni a mi
matrimonio. Haz que hoy mis relaciones obren en perfecta
armonía contigo. Rompe todo patrón nocivo en nuestra relación, guarda nuestros pensamientos y palabras, y llénanos
con nuevos niveles de pasión y celo por tu llamado para con
nosotros como pareja. Quita todo obstáculo a la intimidad
divinamente ordenada y a la unidad que tú planeaste para
nuestra relación. En el nombre de Jesús, amén.*

CAMINA EN AMOR

El amor es paciente, es bondadoso. El amor no es envidioso
ni jactancioso ni orgulloso. No se comporta con rudeza, no es
egoísta, no se enoja fácilmente, no guarda rencor. El amor no se
deleita en la maldad sino que se regocija con la verdad. Todo lo
disculpa, todo lo cree, todo lo espera, todo lo soporta. El amor
jamás se extingue, mientras que el don de profecía cesará, el
de lenguas será silenciado y el de conocimiento desaparecerá.
—1 CORINTIOS 13:4–8

Toma un momento para volver a mirar el pasaje anterior, pero esta vez, en cada lugar donde dice "amor", sustituye esa palabra por tu nombre. Eso es andar en amor. Eso es que andes en el perdón proactivo. Eso es que atesores tus relaciones por encima de tus cosas; por sobre tus logros, tus metas y tareas; y por encima de ti mismo. Eso es que vivas la vida más rica posible.

Padre, yo declaro hoy que tu amor me da la paciencia para
sufrir mucho y sin embargo, ser amable. Tu amor hace que
yo no envidie, que no sea jactancioso, ni presumido. Debido
a tu amor, no voy a comportarme con rudeza ni trataré de
satisfacer mis propios deseos egoístas. Tu amor evita que ten-
ga pensamientos de enojo y malicia acerca de otros. No me
regocijo en el pecado, sino que me regocijo en la verdad. Con
tu amor tolero todas las cosas, creo todas las cosas, espero
todas las cosas, y soporto todas las cosas. Estoy seguro de
que tu amor nunca deja de ser. En el nombre de Jesús, amén.

LO QUE HACES CON TU HOY IMPORTA

¿Alguna vez en tu vida le has dado órdenes a la
mañana, o le has hecho saber a la aurora su lugar?
—JOB 38:12

El hoy tiene en la eternidad un lugar que ningún otro día puede tener. Hay cosas que Dios ha establecido que cumplas en este día, y hay cosas que el demonio ha preparado para distraerte. Ciertamente existe libertad de acción en esto, y Dios da una cantidad increíble de gracia, pero lo que hacemos con el hoy importa, no solo para nosotros sino también para los que Dios ha escogido a fin de que los impactemos.

Padre, no doy por sentado el hoy. Descarga hoy en mi espíritu nueva visión y propósito para que pueda sacar ventaja de todas las oportunidades que traes a mi camino. Para el día que tengo por delante tengo una unción fresca que no está contaminada ni comprometida. Por esta unción, todo yugo se rompe de mi vida y toda carga es levantada. Tu yugo es fácil y ligera tu carga. Declaro que un nuevo ciclo de poder y victoria comienza en mi vida ahora. Me libero de las preocupaciones de ayer y no asumiré ningún tipo de preocupaciones acerca del mañana, porque me has dado la gracia que es suficiente para cada día en y por sí misma. Tus misericordias son nuevas cada mañana, y tú me vistes con novedad de propósito mientras espero en ti. En el nombre de Jesús, amén.

¿Qué es el pecado, en realidad?

> *Despojémonos del lastre que nos estorba, en especial del*
> *pecado que nos asedia, y corramos con perseverancia*
> *la carrera que tenemos por delante. Fijemos la mirada*
> *en Jesús, el iniciador y perfeccionador de nuestra fe.*
> —Hebreos 12:1–2

El pecado no consiste solo en un gran fracaso moral; consiste más bien en el fracaso general en cumplir nuestra misión y la tarea asignada por Dios. Mira lo que dice el escritor de Hebreos acerca de la tentación y de la carrera que Dios nos ha llamado a correr. Él pone a Jesús como nuestro ejemplo. Jesús fue sin pecado porque sabía que aun un pequeño pecado lo habría derrotado en la carrera que su Padre puso delante de Él. Y como Jesús vivió sin pecado, tenemos acceso al perdón de nuestros pecados y por lo tanto a la capacidad para correr la carrera que Dios ha puesto delante de nosotros sin las cargas de sus enredos.

Padre, hoy confieso y recibo el perdón de mis pecados y camino con confianza, sabiendo que estoy a cuenta contigo. He sido redimido de la maldición del pecado y de la muerte por la sangre de Jesús, y vivo libre de condenación. Declaro que soy una nueva criatura. Las cosas viejas de mi vida han pasado y todas son hechas nuevas. Ayúdame a lograr todo lo que tú tienes para que yo haga mientras espero con entusiasmo tu regreso. En el nombre de Jesús, amén.

MANTÉN EL CURSO CORRECTO

¿No eres tú desde la eternidad, oh Señor, Dios mío, Santo
mío? No moriremos. Oh Señor, para juicio lo has puesto;
tú, oh Roca, lo has establecido para corrección.
—HABACUC 1:12, LBLA

Satanás nos sacaría una pulgada de la senda de nuestro destino
tan minuciosa y quizás imperceptiblemente que, con el tiempo, volver al cumplimiento del propósito que nos ha dado Dios
parecería monumental, por causa de los errores que hemos
cometido. Sin embargo, si cada día corregimos el curso y mantenemos nuestro corazón abierto a la corrección de Dios en
todo momento, podemos permanecer en el camino. Resistir la
tentación no es negarse a vivir los goces de la vida, como el diablo nos quiere hacer creer. Es disciplinarnos a nosotros mismos
para ganar la carrera que Dios nos ha llamado a ganar. Y a veces
no se trata tanto de las cosas que no hacemos, sino más bien de
mantenernos ocupados haciendo las cosas que debemos hacer.

Padre, busco hoy ser santo porque tú eres santo. Alumbra
con la luz de tu Espíritu cualquier pecado oculto en mí.
Déjame caminar en tal quebrantamiento y sensibilidad a tu
Espíritu que confiese todos y cada uno de los pecados antes
de que se arraiguen en mi vida. Mantén mi vida en curso y
nunca me dejes transigir ni conformarme con menos que lo
mejor que tú tienes para mí. En el nombre de Jesús, amén.

Viaja liviano

*¿No saben que en una carrera todos los corredores
compiten, pero sólo uno obtiene el premio?
Corran, pues, de tal modo que lo obtengan.*
—1 Corintios 9:24

Ningún corredor que se prepara para un maratón se colocará pesado lastre de buceo alrededor de los tobillos mientras se prepara para iniciar su carrera. Tampoco se pondrá pesados jeans y una gruesa chaqueta de invierno. En su lugar se viste tan liviano y liso como puede, listo para correr durante horas sin parar. En nuestra vida como cristianos llamados a desbaratar el reino de las tinieblas y establecer el Reino de la luz, es necesario que nos preparemos y entrenemos para los maratones que Dios ha puesto delante de nosotros, y no solo para las carreras cortas que preferiríamos correr y acabar.

Padre, tomo autoridad sobre mi día y declaro que voy a correr esta carrera con confianza. Estoy equipado para lograr mis metas y obtener el premio del supremo llamamiento en Jesucristo en mi vida. Yo ordeno a este día que coopere plenamente conmigo y clamo a los recursos del cielo que has apartado para que hoy yo cumpla tu propósito y tu plan divino en mi vida. No me cansaré, no tropezaré ni caeré. No solo voy a sobrevivir sino a prosperar. Voy a terminar bien. En el nombre de Jesús, amén.

septiembre

EL ENTRENAMIENTO COMIENZA EN LA OSCURIDAD

*Bendito sea el Señor, mi Roca, que adiestra mis
manos para la guerra, mis dedos para la batalla.*
—SALMO 144:1

Miles de personas pueden reunirse en el estadio para ver el final de un maratón y animar a los participantes, pero el entrenamiento comienza en la oscuridad. No hay nadie alrededor cuando los corredores se levantan a las 5:00 a. m. para entrenar. De la misma manera, las multitudes no se reúnen cuando nos levantamos antes de lo normal para tener más tiempo para la oración, para leer la Biblia y escuchar a Dios. Este es el lugar donde nos preparamos para la carrera a la que Dios nos ha llamado, aligerando la carga al despojarnos de los malos hábitos y debilidades que nos harían tropezar, y al vestirnos con el amor y la gracia que nos fortalecerán a lo largo del día.

Padre, me levanto temprano para reunirme contigo. Tu voluntad es mi misión. Corro esta carrera para ganar el premio. No tomo atajos en mi preparación. Yo declaro que soy fuerte en el Señor y en el poder de su fuerza. Tengo todo lo que necesito para la vida y la piedad. Padre, que tu Palabra me inspire a la justicia. Sin ti yo no podría hacer nada, de modo que te busco a ti primero, y todo lo que necesito para cumplir con tus propósitos se me dará por añadidura. En el nombre de Jesús, amén.

Estate preparado

*Corramos con perseverancia la carrera que
tenemos por delante. Fijemos la mirada en Jesús, el
iniciador y perfeccionador de nuestra fe.*
—Hebreos 12:1–2

Se espera de nosotros que crezcamos en madurez, en sabiduría y en resistencia para ser capaces de manejar cualquier cosa a la cual la carrera de la fe pudiera lanzarnos, y para volver a comprometernos con el autor y consumador de nuestra fe, el Alfa y la Omega de nuestra carrera. Debemos prepararnos hoy, cuando las presiones sobre nosotros son livianas, para poder hacer frente a las vueltas más difíciles de la carrera con gracia y valentía. Los vencedores no nacen; se desarrollan con el tiempo, y la oración es el lugar en que se realiza ese desarrollo.

Padre, la carrera no es dada a los veloces ni a los fuertes, sino a aquel que persevere hasta el fin. Me comprometo una vez más a buscarte fervientemente en oración. Cuando espero en ti en oración, tú renuevas mi fuerza. Cuando te escucho en oración, tú revelas tus secretos. Voy a elegir pasar tiempo contigo cada día, porque es allí donde me equipas para terminar la carrera. En el nombre de Jesús, amén.

VIVE POR EL ESPÍRITU

No sólo de pan vive el hombre, sino de toda palabra que sale de la boca de Dios.
—MATEO 4:4

No somos seres espirituales por defecto; debemos elegir vivir por el Espíritu en lugar de ser gobernados por las cosas que nuestros sentidos y deseos físicos nos dicen que necesitamos. Podemos hacerlo al ayunar, al igual que lo hizo Jesús cuando entró en el desierto antes de comenzar su ministerio. Esto es disciplinar el cuerpo para estar en obediencia al Espíritu en todas las cosas.

Padre, quiero ser guiado solamente por tu Espíritu, y no por la carne. Quita de mí todo lo que no es como tú. Todo lo que escucho en vez de a ti, o además de ti, tiene que irse en el nombre de Jesús. Todo lo que yo busco más que lo que te busco a ti debe ser quitado en el nombre de Jesús. Te doy todo mi corazón y mi atención absoluta. Que mi vida se caracterice por el fruto de tu Espíritu. Que no se halle en mí ningún camino malo. En el nombre de Jesús, amén.

LA ORACIÓN TE PURIFICA

Tú, oh Dios, nos has puesto a prueba; nos
has purificado como a la plata.
—SALMO 66:10

La oración no es solo un lugar donde poner nuestras peticiones ante el cielo y exaltar el santo nombre de Dios en alabanza y adoración. También es un lugar donde somos purificados, quebrantados y remodelados. Es donde nos presentamos ante el Señor para ser podados de los hábitos, los deseos y las ambiciones que serían obstáculos para todo lo que Dios tiene para nosotros. Es el horno donde las impurezas son depuradas del oro de nuestras vidas.

Padre, te permito que te muevas en mi vida. Transforma mi corazón y mi mente. Doy la bienvenida a tu fuego purificador para que mi corazón pueda ser tan puro como el oro. Que cada pizca de tibieza sea reemplazada por el fuego y el celo de Dios. Tú eres fuego consumidor, Dios. Consúmeme. Llena cada centímetro de mi corazón y quema aquello que me impida experimentar todo lo que tú tienes para mí. En el nombre de Jesús, amén.

¿Cómo puedes ayunar?

*Pero tú, cuando ayunes, perfúmate la cabeza y lávate la
cara para que no sea evidente ante los demás que estás
ayunando, sino sólo ante tu Padre, que está en lo secreto; y
tu Padre, que ve lo que se hace en secreto, te recompensará.*
—Mateo 6:17–18

Si tu primer pensamiento al arrodillarte para orar es que
antes de empezar necesitas ir a buscar algo de comer, che-
quear el correo electrónico, o buscar algo en la internet, es
posible que te impacte el mero hecho de que deberías ayunar
unos días o unas semanas. Reemplaza con oración el tiempo
que habrías invertido en esa actividad. Luego ve lo que ocurre.
Creo que al hacer esto, tu fe se renovará. Encontrarás que tu
primer amor por Dios es rejuvenecido, y darás un paso más
hacia la vida que Dios ha estado tratando de darte desde que
le diste tu corazón por primera vez. Comenzará a acrecentarse lo que puedes confiar en Dios y lo que puedes lograr en Él.

*Padre, yo decreto y declaro que voy a buscarte a ti y solo a ti.
No cederé a las distracciones que me rodean. Muéstrame lo
que haya estado poniendo por encima de ti; voy a renunciar
a eso. Muéstrame aquello de lo cual he llegado a depender
más que de ti; lo rindo a ti. Tú te mereces toda mi atención.
En el nombre de Jesús, amén.*

Sigue extendiéndote

No es que ya lo haya conseguido todo, o que ya sea
perfecto. Sin embargo, sigo adelante esperando alcanzar
aquello para lo cual Cristo Jesús me alcanzó a mí.
—Filipenses 3:12

La "extensión" de la fe en nuestras vidas en realidad nunca debería cambiar. A medida que crecemos en Dios también debería crecer la capacidad de lo que podemos lograr en Cristo. A medida que nuestra fe crece, debería crecer la magnitud de nuestros sueños y lo que le pedimos a Dios que haga. De esta manera, nuestra fe se está extendiendo constantemente a cosas que están más allá de nuestra capacidad natural de alcanzarlas.

Padre, extiende mi fe para que pueda seguir adelante hacia
todo lo que has preparado para mí. Ensancha mi territorio. Invísteme de poder para asir todo aquello para lo cual
tú me has asido. Deposita tus sueños y visiones dentro de
mi corazón y renueva mi pasión por los sueños que ya me
revelaste. En el nombre de Jesús yo decreto y declaro que
hoy voy a dar pasos agigantados hacia los sueños que has
implantado en mí. No veo imposibles; solo más oportunidades para que tú muestres tu fuerza y tu gloria a mi favor.
En el nombre de Jesús, amén.

EXTIÉNDETE HACIA DIOS

Pues los dones de Dios y su llamado son irrevocables.
—ROMANOS 11:29

Hay un problema cuando nos instalamos en la zona de confort de nuestros dones y propósitos. Cuando Dios nos llama, también nos equipa sobrenaturalmente con capacidades espirituales de acuerdo a la misión divina y a la función. Independientemente de si en ese propósito buscamos la gloria de Dios o la nuestra propia, los dones y capacidades divinas seguirán funcionando en nuestra vida. Por lo tanto, es posible hacer grandes cosas e incluso ver milagros en nuestros ministerios aunque perdamos a Dios al no seguirlo más.

Padre, no dejes que pierda tu verdadero propósito para mi vida. Te permito extenderme de tal manera que cumpla mi llamado. Incluso aunque tal vez no sea agradable, sé que me hará más fructífero para tu Reino. En el nombre de Jesús, ato todo espíritu de temor y tibieza; no estaré satisfecho con el statu quo. Quiero todo lo que tienes para mí. Resisto y rechazo todas las actividades que alteran el destino en el nombre de Jesús. Yo decreto y declaro que caminaré de acuerdo a tu plan original y a tu propósito para mi vida. En el nombre de Jesús, amén.

¿Dios te conoce?

Muchos me dirán en aquel día: "Señor, Señor, ¿no profetizamos
en tu nombre, y en tu nombre expulsamos demonios e hicimos
muchos milagros?". Entonces les diré claramente: "Jamás
los conocí. ¡Aléjense de mí, hacedores de maldad!".
—MATEO 7:22–23

"Nunca los *conocí*". ¿Te imaginas cómo sería escuchar esas palabras cuando finalmente llegues para encontrarte con Jesús cara a cara? Pero ese es el resultado al que nos arriesgamos si tratamos de hacer la voluntad de Dios sin buscar el rostro de Dios, si nos instalamos en el cómodo patrón de hacer la obra del Señor sin recibir nuestras instrucciones diarias del Señor de la obra. Esto es deslizarse sutilmente del camino que Dios ha puesto delante de nosotros sin siquiera darnos cuenta. Es despreciar la grandeza de lo que Dios quiere hacer a través de nosotros por la comodidad de vivir como estamos, por quedarnos en una vida sin crecimiento.

Padre, no voy a tratar de hacer tu voluntad sin antes reci-
bir tu palabra sobre el asunto. Lo que tú quieres hacer en
mi vida es demasiado grande para que yo lo maneje por
mi cuenta. Ni siquiera puedo comprender todo lo que has
preparado para mí, así que sin duda no puedo llegar a la
línea de llegada por mi propia cuenta. ¡Te necesito! Padre,
ordena mis pasos de acuerdo con tu Palabra. En el nombre
de Jesús, amén.

Concéntrate en la voluntad de Dios

Y no nos dejes caer en tentación, sino líbranos del maligno.
—Mateo 6:13

Orar diariamente para no caer en tentación y ser librados del maligno es centrar cada día en la voluntad de Dios y focalizarte en el bien que vas a hacer, enderezar paso a paso lo malo en nuestro mundo sin volver a caer en viejos hábitos o actitudes complacientes. Las circunstancias pueden traernos contratiempos, pero con Dios, lo que el diablo se propone para mal se convertirá en bien. Debemos abrir nuestros oídos para oír lo que debe cubrirse en oración para la protección de nosotros mismos, de nuestras familias, de los que están dentro de nuestro ámbito de influencia, y de las misiones que Dios nos ha asignado a nosotros y a nuestras iglesias.

Padre, yo declaro que este día está preñado de tus propósitos. Abre mi corazón y mi mente para recibir tu dirección. Muéstrame lo que es necesario cubrir en oración hoy. Padre, fortalece el cerco de protección en torno a mi vida, mis posesiones, mi familia, mis amigos y mis asociados, y mi ministerio. En el nombre de Jesús, no seré complaciente ni volveré a los viejos caminos; avanzaré con valentía. A medida que me centro en seguir tu voluntad, yo decreto y declaro que todo lo que se propuso dañarme se transforma para mi bien. En el nombre de Jesús, amén.

PROTÉGETE CON LA ARMADURA DE DIOS

*Fortalézcanse con el gran poder del Señor. Pónganse
toda la armadura de Dios para que puedan
hacer frente a las artimañas del diablo.*
—EFESIOS 6:10–11

Si cada día seguimos muy de cerca a Dios, nos volvemos peligrosos para el mal, y el mal querrá volverse peligroso para nosotros. Sin embargo, si permanecemos vestidos con la armadura de Cristo, estamos protegidos. Nos ocupamos de nuestros puestos, seguimos las órdenes, y así evitamos que las tentaciones nos hagan tropezar o que el egoísmo entre en nuestro corazón y nos saque de rumbo. Es la única manera de triunfar en la misión y en el propósito a los que Dios nos ha llamado, y oír de un día: "Bien hecho, mi buen siervo fiel".

Padre, hoy me visto con toda tu armadura para poder estar firme contra las asechanzas del diablo. Guárdame de toda seducción, tentación y transigencia. Santifica mi corazón con tu Palabra, para que no me aleje. En el nombre de Jesús, decreto y declaro que triunfaré en la misión que me has asignado. Voy a terminar mi carrera y por tu gracia, te oiré decir: "Bien hecho". En el nombre de Jesús, amén.

Establece el Reino

Venga tu reino, hágase tu voluntad en la tierra como en el cielo.
—Mateo 6:10

¿Cuán dispuesto estás a jugarte para que el Reino de Dios pueda manifestarse en tu medio? Una cosa es predicar el evangelio en nuestras congregaciones y ver a la gente llegar a conocer a Jesús; otra muy distinta es traer la salvación en todos sus aspectos a nuestros vecindarios y comunidades. Para establecer verdaderamente el Reino de Dios en la tierra, es probable que se requiera vidas enteras concentradas; sin embargo, si aplicamos la diligencia de un William Wilberforce o del Dr. King, Dios nos permitirá ver victorias—victorias importantes—en el tiempo de nuestra vida. ¿Estamos dispuestos a pagar el precio del tiempo dedicado a la oración para ver que estas cosas ocurran? ¿Haremos hoy lo que es necesario hacer para que nuestros hijos vivan en un mañana mejor?

Padre, me comprometo a pagar el precio para ver la transformación en la tierra. Por la autoridad que tengo a través de la sangre de Jesús, pido la paz en lugar de la delincuencia y la violencia; el crecimiento económico en vez de la carencia; líderes servidores en vez de codiciosos y corruptos. Padre, llena la atmósfera sobre mi comunidad y sobre mi nación con tu gloria y hazla propicia para el empoderamiento económico y la renovación espiritual. Venga tu reino y hágase tu voluntad. En el nombre de Jesús, amén.

Echa mano de la salvación

Yo te aseguro que quien no nazca de agua y del
Espíritu, no puede entrar en el reino de Dios.
—Juan 3:5

En un mundo frecuentemente lleno de corrupción y de odio, tenemos mucho trabajo por hacer para que la voluntad de Dios sea asequible para todos. La demanda de justicia social, así como una renovada y transformadora investidura de poder del mensaje del evangelio, son cruciales para la necesaria corrección de rumbo. Ciertamente, debemos proclamar el evangelio completo de Jesucristo y el poder de lo que Él hizo en la cruz como entrada al Reino de Dios. Pero, ¿es suficiente para la gente tropezar en el portal y *ver* el Reino de los cielos? ¿No deberíamos incluso echar mano de todo lo que significa la salvación y además *entrar* en él?

Padre, úsame para traer tu Reino a la tierra. Muéstrame la causa que se me asignó para defender. Déjame portar la luz de tu gloria y tu verdad para que la gente pueda verlas y encontrar el camino hacia ti. Padre, sana la tierra. Trae renovación y restauración. Inviste de poder al Cuerpo de Cristo para vivir fieles a nuestros valores fundamentales y a los principios de Cristo. Me comprometo a hacer mi parte tomando una posición firme en contra de la violencia, el crimen y la injusticia social. Úsame para organizar una corrección de rumbo divina. En el nombre de Jesús, amén.

13 de septiembre

¿Qué visión has recibido?

*En verdad, nada hace el Señor omnipotente sin antes
revelar sus designios a sus siervos los profetas.*
—Amós 3:7

Se requerirá de las oraciones diarias de los cristianos devotos de todas partes para que el Cuerpo de Cristo se convierta en el catalizador para el cambio positivo que Jesús lo llamó a ser. Es a partir de las "burbujas" manifiestas de la presencia de Dios, que son invitadas a la tierra por medio de la oración, que el Reino de Dios se torna evidente en nuestras vidas para tocar las vidas de otros. Es en esas manifestaciones de su presencia donde recibimos la visión del cielo de cómo deberían ser las cosas. Y al meditar en las cosas que Dios descarga en nuestro espíritu, sus estrategias divinas, la sabiduría y la resolución interna crecen en nuestras vidas. Estas nos permiten llevar a cabo sus planes en la tierra para cumplir su propósito y su llamado para nuestras vidas.

Padre, mientras paso tiempo en oración hoy, descarga en mi espíritu tus estrategias divinas y tu sabiduría. Haz que me decida a crecer, capacítame para cumplir tus planes en la tierra. Doy la bienvenida a tu presencia en mi día. Que esté conmigo, delante de mí, detrás de mí, en mí, debajo de mí, encima de mí, a mi derecha y a mi izquierda. Al rendirme a tus planes y propósitos para este día, úsame para tocar las vidas de otros. En el nombre de Jesús, amén.

Declara bendición sobre *tu* día

¿Cómo es tu fruto?

*Por sus frutos los conocerán...todo árbol bueno da
fruto bueno, pero el árbol malo da fruto malo.*
—MATEO 7:16–17

Una cosa es *oír* del cielo, pero ¿*haremos* lo que se requiere para llevar a cabo nuestra misión y asignaciones todos y cada uno de los días? Jesús nunca dijo que seríamos juzgados por lo que decimos creer, sino por los frutos de las acciones dictadas por lo que realmente creemos. De la disciplina y la estrategia inteligente viene la victoria, tanto en el campo de batalla como en la guerra en general. Si nos estamos conectando correctamente en oración y oímos la voz de Dios en relación a cada día, estamos conectados con el Reino, con el poder y la gloria que son para siempre solo de Dios.

Padre, yo te busco hoy, porque tú eres mi la fuente de mi poder. No es suficiente para mí declarar tus palabras sobre mi día. Invísteme de poder para alinear mis acciones con lo que confieso. Rechazo y repelo toda incredulidad en el nombre de Jesús. En el nombre de Jesús ordeno a mi mente y a mi corazón que entren en acuerdo con lo que tú estás diciendo acerca de mi vida y mi futuro. Rompo toda barrera mental que me impedía aceptar tu verdad. Decreto y declaro que seré conocido por los buenos frutos que has elegido para que yo dé. En el nombre de Jesús, amén.

VE LO QUE DIOS VE

Después de esto miré, y allí en el cielo había una puerta abierta. Y la voz que me había hablado antes con sonido como de trompeta me dijo: Sube acá: voy a mostrarte lo que tiene que suceder después de esto.
—APOCALIPSIS 4:1

Se requiere ser conscientes de Dios y tener visión espiritual para orar desde la perspectiva de Dios. Debes ver las situaciones y a las personas como Dios las ve, o de lo contrario tus oraciones en realidad pueden estar obrando en contra de los designios de Dios y no de acuerdo con ellos. Tú necesitas quedarte sentado en la esfera celestial—en Cristo—para poder atestiguar de los movimientos del adversario y pararte en la brecha por los que todavía no entienden la verdadera naturaleza de las cosas del Espíritu. Cuando puedes ver el panorama y el territorio como Dios los ve, cuando puedes ver el diseño estratégico del plan de Dios, entonces tus oraciones adquieren una potencia y una intensidad que aniquila las trincheras satánicas.

Padre, tú me has sentado en los lugares celestiales en Cristo. Dame una nueva revelación de quién soy yo en ti y del increíble acceso que tengo como hijo tuyo. Eres el único Dios grande y temible, y te pido humildemente que abras mis ojos espirituales para ver las cosas desde tu perspectiva para poder orar con precisión profética y aniquilar las fortalezas del enemigo. En el nombre de Jesús, amén.

CRECE EN TUS SENTIDOS

El ser humano sólo puede reproducir la vida humana,
pero la vida espiritual nace del Espíritu Santo.
—JUAN 3:6, NTV

Cuando nacemos de nuevo, de repente tenemos un conjunto de sentidos completamente nuevo, sentidos que perciben en la esfera del Espíritu de la misma manera en que nuestros sentidos naturales perciben en la esfera física. Sin embargo, aunque no recordamos qué difícil fue aprender a utilizar nuestros sentidos al crecer de bebés a niñitos y de niñitos a niños, como cristianos a menudo tropezamos con estas mismas dificultades al tratar de entender las cosas que percibimos espiritualmente. Al igual que el hombre que Jesús sanó de ceguera, quien primero veía a los hombres que "parecen árboles que caminan" (Marcos 8:24), necesitamos un toque adicional de Cristo o más aprendizaje por experiencia para ver, antes de que realmente comprendamos la naturaleza abrumadora del percibir y entender las cosas espirituales.

Padre, acepto otro toque de ti para poder obtener una mayor comprensión de las cosas del espíritu. Agudiza mis sentidos; mi sensibilidad oye tus palabras, gusta tu bondad, siente tu presencia, huele tu aroma, y ve tu gloria. Quita todo aquello que me impedía crecer en el conocimiento de ti. En el nombre de Jesús, amén.

17 de septiembre

Tú no puedes hacerlo solo

*…porque no te lo reveló ningún mortal, sino
mi Padre que está en el cielo.*
—Mateo 16:17

A fin de orar y guerrear por nuestras comunidades conforme a las estrategias del cielo, debemos llegar a captar el hecho de que no hay victoria que ganar ni territorio que tomar por nuestra propia cuenta. Nosotros no podemos vencer al diablo, pero Cristo ya lo ha derrotado. No es por la publicidad inteligente de nuestras iglesias, la eficiencia de nuestros programas, o el carisma de nuestros predicadores que las almas son salvas. Es la revelación de Jesús por quién es Él y lo que ha hecho. Esa revelación no viene de otras personas, sino del Padre. La oración efectiva no es, pues, una cuestión de vencer a los demonios sino de revelar a Cristo. ¿Qué mejor manera hay de orar que hacer las mismas oraciones que Jesús está haciendo mientras intercede a la diestra del Padre?

Padre, dame una revelación más profunda de quién soy en Cristo y de la autoridad que tengo en Él. Agudiza mi sensibilidad para sintonizar el cielo y alinear mis oraciones con las de Jesús, el Gran Intercesor. Te doy gracias, Señor, que porque Cristo venció a Satanás en la cruz, batallo desde un lugar de victoria cuando decreto tu voluntad y tu palabra sobre mi vida. En el nombre de Jesús, amén.

Declara bendición sobre *tu* día

Presenta batalla al enemigo

Pues la visión se realizará en el tiempo señalado; marcha hacia su cumplimiento, y no dejará de cumplirse. Aunque parezca tardar, espérala; porque sin falta vendrá.
—Habacuc 2:3

Esta es la etapa final de la oración que pocos parecen alcanzar: cuando podemos pasar de nuestras diarias oraciones defensivas pidiendo protección a presentar batalla al enemigo según Dios nos dirija. Esta es la esfera de la oración alcanzada por los verdaderos héroes de la fe. A menudo sabemos los nombres de los predicadores y evangelistas, pero no los de aquellos que prepararon el camino en el Espíritu. Estos no buscan el centro de atención, solo la presencia continua de Dios. Después de haber cubierto las cosas defensivamente en sus oraciones, fueron galardonados con el privilegio de estar en la mesa de batalla en el centro del alto mando estratégico de Dios, y aprender sus planes para la tierra, y luego se les permitió tomar parte para verlos concretarse.

Padre, llévame a nuevas dimensiones espirituales para que pueda estar entre los que se encuentran en tu mesa de batalla celestial, aprenden tus planes, y manifiestan estratégicamente tu voluntad en la tierra. Prepara mi corazón para la responsabilidad de ese lugar en el espíritu. Te pido que me invistas de poder para orar defensivamente y ver una transformación verdadera como resultado. En el nombre de Jesús, amén.

¿EL ENEMIGO TE ESTÁ VIGILANDO?

Practiquen el dominio propio y manténganse alerta. Su enemigo
el diablo ronda como león rugiente, buscando a quién devorar.
—1 PEDRO 5:8

Satanás desea emboscar nuestras almas para hacer que tengamos miedo. Su única posibilidad de victoria es evitar que oremos, y si no puede lograrlo, quiere mantener nuestras oraciones cortas e ineficaces. Él saca sus armas de tentación, acusación, engaño y vacías esperanzas para que nos acobardemos en un rincón y no entremos en la lucha. Quiere mantenernos abatidos, desanimados, y dudando de la importancia de la oración. Sin embargo, nuestra lucha en oración no tiene límites. Como la Palabra de Dios mora en nosotros, no hay duda de que tiene el poder de transformar la forma en que vemos el mundo. Se hace evidente que las mejores tácticas del enemigo son convencernos de que no debemos responder a la campana para el siguiente asalto de la pelea.

Padre, al estudiar tu Palabra, dame una revelación más profunda de tu verdad. Que esta se arraigue profundamente en mi corazón y transforme mi forma de pensar. Nunca dejes que pierda de vista quien soy en ti. En ti soy victorioso sobre el enemigo. Yo decreto y declaro que no voy a caer en la trampa de Satanás, sino que permaneceré fiel en oración hasta que la batalla esté ganada. En el nombre de Jesús, amén.

ORA VALIENTEMENTE

No se inquieten por nada; más bien, en toda ocasión, con
oración y ruego, presenten sus peticiones a Dios y denle gracias.
—FILIPENSES 4:6

Tú debes orar valientemente y sin cesar, sabiendo que es Dios quien batalla a nuestro favor—es Dios quien adiestra tus manos para la batalla, y será para Dios la victoria final. Puedes orar con valentía porque no tienes nada que perder. Todo lo que tienes le pertenece a Dios y a Él volverá. Él es el Señor de todo, y es digno de un pueblo que confía en Él implícitamente y luchará sin temor. Esta es la esfera de la oración que cambia las cosas en la tierra, el lugar donde tienes tanta fe en Dios que nada—ni siquiera el miedo a la muerte en el campo de batalla al que eres llamado—te impedirá realizar la misión dada por Dios. Te vuelves como Pablo, presentando batalla a las puertas del infierno, en vez de quedarte de pie en tu propia puerta y orando que el diablo no pueda entrar.

Padre, declaro que soy valiente en la lucha, sabiendo que tú
batallas a mi favor. Al orar sin cesar, espero que la situa-
ción cambie para mejor. Te doy todo a ti, por causa del lla-
mado que pusiste sobre mi vida. No tengo nada que perder,
así que voy a orar sin miedo. Confío completamente en ti.
En el nombre de Jesús, amén.

SÉ VALIENTE EN LA FE

Ya te lo he ordenado: ¡Sé fuerte y valiente! ¡No
tengas miedo ni te desanimes! Porque el Señor tu
Dios te acompañará dondequiera que vayas.
—JOSUÉ 1:9

En cualquier nueva empresa o posición que es justa, se requiere una gran fe y una gran fe siempre está acompañada de acción. El obstáculo para la obediencia al llamado de Dios está cuando la fe es desafiada por el temor de una manera tal que el creyente está paralizado y no hace nada. Los cobardes no se verán en el cielo (Apocalipsis 21:8). ¿Por qué? Porque si tenemos miedo, no tenemos el amor de Dios en nosotros, porque su perfecto amor echa fuera el temor (1 Juan 4:18).

Gracias, Señor, por tu amor perfecto que echa fuera el
temor. Yo decreto y declaro que soy fuerte y de gran valor.
No les temo a los gigantes de mi tierra prometida. No creo
que mis problemas sean más grandes que tú. Me afirmo en
la fe, siempre dispuesto a obedecer tu Palabra, porque sé
que tú estás conmigo dondequiera que vaya. En el nombre
de Jesús, amén.

Vence el temor con el amor

*Pues, una vez que depositamos nuestra fe en Cristo Jesús,
de nada sirve estar o no circuncidado. Lo importante
es la fe que se expresa por medio del amor.*
—GÁLATAS 5:6, NTV

A fin de avanzar en la fe, el amor de Dios debe estar establecido en nuestra conciencia. Tenemos que conocer y experimentar el amor inagotable de Dios. Nuestra valentía, entonces, no demuestra que no tenemos temor, sino que hemos evaluado la situación y consideramos que la Palabra de Dios tiene mayor impacto. El temor de Dios no es algo que deba darnos miedo ante Él, sino algo que debe liberarnos de temer cualquier otra cosa. Si realmente hemos experimentado la presencia de Dios, entonces ¿qué cosa podría jamás darnos temor de hacer lo que Él nos ha instruido hacer?

Padre, agudiza mi conciencia de tu presencia y de tu poder hoy. Déjame conocer y experimentar tu amor de una manera más profunda, para no ceder al temor. Eres el único Dios grande y temible. Nada que afronte en este día o en cualquier día es más grande que tú. Confío en tu Palabra y creo que tú me das poder para vencer. Sitúa tu misericordia en mi conciencia y satura mi corazón con un santo temor de ti. Yo decreto y declaro que te temo solo a ti. No temeré seguir tus instrucciones. En el nombre de Jesús, amén.

Ora valientemente

Ellos lo han vencido por medio de la sangre del Cordero
y por el mensaje del cual dieron testimonio; no valoraron
tanto su vida como para evitar la muerte.
—Apocalipsis 12:11

Porque oramos y sabemos cómo encontrar a Dios en oración, tenemos valor y oramos con valentía. No tememos orar por las cosas que son imposibles para el hombre, porque su amor ha echado fuera el temor y nos permite ser partícipes de su victoria sobre el mundo.

Gracias, Padre, por tu amor perfecto que echa fuera el temor. Porque tú me amaste lo suficiente como para morir en la cruz, haciéndome más que un vencedor, puedo ser partícipe de tu victoria sobre el mundo. Lo que es imposible para el hombre es fácil para ti. Vengo ante ti con valentía en oración, porque tú has vencido al mundo, y sin duda tú eres más que capaz de manejar cualquier cosa que venga a mi camino hoy. Gracias por ser tan fiel a mí. En el nombre de Jesús, amén.

Prepárate para la batalla

O supongamos que un rey está a punto de ir a la guerra contra otro rey. ¿Acaso no se sienta primero a calcular si con diez mil hombres puede enfrentarse al que viene contra él con veinte mil?
—Lucas 14:31

Presentar batalla a las puertas del enemigo no es el trabajo de un novato. Hay una confianza y una autoridad que deben ganarse en una firme dedicación a la oración. Sé que hay muchos que querrán practicar vivirla antes que todos los otros, pero no funciona de esa manera. Un principiante no tiene la sabiduría necesaria porque le faltan la experiencia y la capacitación necesarias. Por eso, las Escrituras advierten sobre poner demasiado rápidamente a un novato en el liderazgo espiritual. Debemos considerar el costo antes de participar en la lucha.

Padre, ayúdame a crecer continuamente en ti. Me someto a tu campo de entrenamiento, para no ser un novato en la batalla, sino completamente maduro y formado por tu Palabra y por tu Espíritu a fin de estar listo para la guerra. Decreto y declaro que permaneceré firme en la oración y me moveré continuamente de gloria en gloria y de fe en fe. En el nombre de Jesús, amén.

Echa mano de la sabiduría

Dichoso el que halla sabiduría, el que adquiere
inteligencia. Porque ella es de más provecho que
la plata y rinde más ganancias que el oro.
—Proverbios 3:13–14

Nadie tiene que permanecer en la ignorancia o la imprudencia. El libro de Proverbios da dirección, y la Escritura da el poder para echar mano de la sabiduría. La sabiduría es la unión de la comprensión de los protocolos de la esfera celestial y el conocimiento de la respuesta apropiada en la esfera terrenal. Una viene por medio del estudio de la Palabra, y el otro, por medio de la experiencia y la revelación. Ambos requieren tiempo.

Padre, tu Palabra dice que si alguno carece de sabiduría, debería pedírtela a ti. Así que te pido sabiduría. Abre mis ojos y mis oídos a las cosas del espíritu y protégeme de la ceguera y la sordera espiritual. Enséñame el protocolo del cielo y dame comprensión divina de los tiempos y las estaciones para que sepa exactamente cómo orar. Ilumina los ojos de mi entendimiento, Padre, para que yo pueda crecer en ti. En el nombre de Jesús, amén.

ORA SABIAMENTE

Mejor es la sabiduría que las armas de guerra.
—ECLESIASTÉS 9:18

Cuando oras sabiamente, siempre oras de acuerdo a los principios de la Palabra de Dios que has aprendido. La sabiduría es poderosa. La sabiduría de Dios supera la inventiva cargada en la sabiduría de los seres humanos. Cuando oras sabiamente, oras en acuerdo con la Palabra de Dios y puedes lograr más en un suspiro que muchos de los que pasan años maniobrando hábilmente para obtener lo que quieren. Para hacerlo, debes orar la Palabra, no tus preocupaciones. Carga la Palabra en tu corazón y transforma la boca en un arma semiautomática de precisión, hablando solo lo que está de acuerdo con Dios. Lo que hablas debe mostrar que conoces a Dios lo suficientemente bien como para estar confiado al tomar su Palabra.

> *Padre, yo declaro que soy sabio, y por lo tanto oro en conformidad con tu Palabra. No confío en mi propia fuerza o conocimiento, porque eso hacen los que son necios. Oro tu Palabra, no mis preocupaciones. Escondo tu Palabra en mi corazón, Señor. Que ella cambie mis pensamientos y mi hablar para que mis palabras siempre estén alineadas con lo que está en la Escritura y con lo que se dice en el cielo. Porque confío absolutamente en tu Palabra, no seré avergonzado. En el nombre de Jesús, amén.*

Crece en el conocimiento de Dios

Y esta es la vida eterna: que te conozcan a ti, el único
Dios verdadero, y a Jesucristo, a quien tú has enviado.
—Juan 17:3

Cuando lees y meditas en la Palabra de Dios en oración, llega a ser como leer cartas escritas personalmente para ti. Como pasa con un amigo cercano, después de un tiempo empiezas a completar las frases del otro y sabes exactamente lo que el otro quiere decir incluso cuando no pueden expresarlo por sí mismos. Hay cosas que llegarás a saber acerca del Padre tales que nadie logrará convencerte de lo contrario. Obtienes un conocimiento de Él que Dios ha elegido revelarte específicamente a ti. Entonces, cuando presentas las peticiones en oración, tienes una clara ventaja, ya que has aprendido sutilezas particulares de cómo pedir a fin de apelar a lo que a Él le gusta o le disgusta. Oras con conocimiento: simplemente te pones de acuerdo con Dios en oración, haciendo las mismas oraciones que Jesús cuando Él intercede por la tierra. ¿Puede haber una oración de acuerdo más poderosa que esa?

Padre, acércame a ti hoy. Purifica mi corazón con tu Pala-
bra. Revélate a mí de una manera más profunda. Alinea
mis palabras y mis pensamientos con tus palabras y tus
pensamientos para que mis oraciones estén en sincronía
con la intercesión que se hace en el cielo. En el nombre de
Jesús, amén.

Deja los motivos ulteriores

Y conocerán la verdad, y la verdad los hará libres.
—Juan 8:32

Conocer la verdad y conocerte a ti mismo realmente te ayudan a dejar las fachadas y a buscar a Dios por su propósito divino para ti en vez de engañarte con tus propios motivos ulteriores. Esto te permite orar conforme al corazón de Dios, orando proféticamente cuando Él te da las palabras para quitar las barreras que impiden su voluntad en la tierra.

Padre, como Pablo deseo conocerte a ti y el poder de tu resurrección y la participación de tu sufrimiento para poder llegar a ser más como tú. Libérame de falsas pretensiones por medio del conocimiento de tu Palabra y aumenta mi conocimiento de quién soy yo en ti. Limpia mi corazón de mis propios motivos ulteriores. Rompe en mi vida toda barrera que me impida oírte claramente. Alinea hoy todo lo que no estaba en alineación divina a fin de que mis palabras y acciones obren para hacer avanzar solamente los planes de tu Reino. En el nombre de Jesús, amén.

PARTICIPA EN LAS PROEZAS DE DIOS

*Timoteo, hijo mío, te doy este encargo porque tengo en
cuenta las profecías que antes se hicieron acerca de ti.
Deseo que, apoyado en ellas, pelees la buena batalla.*
—1 TIMOTEO 1:18

Al orar las palabras de Dios así como su Palabra, nos
conectamos con el genio y legislamos sus oráculos en la esfera terrenal. Es Dios el que ha sentado las bases para nuestro progreso hacia su imagen y semejanza, y será Dios quien
cuide que sus palabras se cumplan. Las personas que hablan
por el Espíritu de Dios harán grandes proezas en su nombre.
Hacerlo significa llegar a un acuerdo con las palabras inspiradas por Dios declaradas en la ley y los profetas, así como
las palabras individualizadas de dirección reveladas y recibi-
das de Dios por medio de nuestro espíritu. Como planifica-
dores y estrategas consumados, debemos seguir cada palabra
que procede de la boca de Dios y orar proféticamente, como
Pablo le aconsejó a Timoteo que hiciera.

*Padre, vivo de toda palabra que procede de tu boca. Ellas ali-
mentan mi espíritu y cambian mi perspectiva. Abro mi corazón para recibir nueva revelación de ti hoy. Entro en acuerdo
con las palabras que me has hablado; se cumplirán, porque tú
cuidas que tu palabra se cumpla. Me comprometo a hablar
por tu Espíritu y no por mí mismo, para poder hacer grandes
proezas en tu nombre. En el nombre de Jesús, amén.*

Escapa incólume

Entonces Sadrac, Mesac y Abed-nego salieron de en medio del fuego ni aun el cabello de sus cabezas se había quemado; sus ropas estaban intactas, y ni siquiera olor de fuego tenían.
—Daniel 3:26–27, rv60

El enemigo de tu alma se para asombrado cuando arroja sus mecanismos más destructivos, y una simple táctica del Señor hace que se vea como si tú nunca hubieras estado en el fuego o en la inundación que Satanás dirigió contra ti. Te vas luciendo bien y oliendo bien, y el reino de las tinieblas queda derrotado y confundido. Como Sadrac, Mesac y Abed-nego, sales regocijándote en el poder de tu Salvador.

Te alabo hoy por todas las veces que me has llevado a través de situaciones que parecían sin esperanza. Gracias por todas las veces que cambiaste completamente las situaciones. Cuando estaba en pecado, me limpiaste y me hiciste de nuevo. Cuando merecía castigo, me mostraste la gracia y me diste lo que no merecía. Me maravillo ante ti, Dios. Decreto que las obras del diablo están destruidas y que los planes y propósitos de Dios prevalecerán. Declaro que estoy haciendo avanzar la causa de Cristo en cada región. Yo estoy apoyando al Rey y proclamando que su Reino está aquí. En el nombre de Jesús, amén.

octubre

Mantente incansable

Pero nosotros no somos de los que se vuelven atrás y acaban
por perderse, sino de los que tienen fe y preservan su vida.
—Hebreos 10:39

Obtendrás tenacidad de espíritu cuando te mantengas concentrado alerta e incansablemente en buscar a Dios en oración. Mira con atención los asuntos que Dios ha expuesto en la esfera del Espíritu. Ora con fuerza y con perseverancia. Una vez que tu foco está bajo llave, la intensidad de la oración debe acrecentarse hasta desmantelar los movimientos ilegales del reino satánico. El término *vigilante* connota una mirada fija o una contemplación que desafía cualquier cosa que se mueva fuera de tiempo o de orden. Es un privilegio moverse con esta clase de intensidad en oración sin distraerse ni inmutarse.

En el nombre de Jesús, yo declaro que oro vigilantemente.
No me muevo fuera del tiempo de Dios, y mis oraciones no
tienen obstáculos ni distracciones por el poder de la sangre
de Jesús. Padre, yo te busco sin cesar. Abre mis ojos y mis
oídos para experimentar la esfera sobrenatural y milagrosa.
Quiebro lo que es infranqueable e impenetrable en la esfera
de lo milagroso. Yo decreto y declaro que no soy tibio sino
que tengo un espíritu tenaz como guerrero del Reino. En el
nombre de Jesús, amén.

Revisa tus opciones

Por tanto, no nos desanimamos. Al contrario,
aunque por fuera nos vamos desgastando, por
dentro nos vamos renovando día tras día.
—2 Corintios 4:16

En cada situación, lo mejor es revisar los resultados posibles antes de empezar a elegir el curso de acción. Debes conocerte a ti mismo, tu propia fe, lo que Dios prometió, y lo que es su voluntad para cualquier circunstancia dada. No puedes permitirte el lujo de ser impetuoso y adelantarte a Dios. Debe prestar atención a la inteligencia que viene de la sala del trono del cielo. Sin ella, no puedes entender lo que está ocurriendo y te desanimarás.

Padre, no voy a adelantarme a ti hoy. Estaré atento para oír la inteligencia que proviene de tu salón del trono a fin de que mis oraciones estén estratégica y proféticamente alineadas para dar victoria. Yo decreto y declaro que no me desanimo en la oración, porque espero tus instrucciones y no sigo mis propios planes. En el nombre de Jesús, amén.

¿QUÉ PASA SI. . .?

*Recuerden las cosas pasadas, aquellas de antaño; yo soy
Dios, y no hay ningún otro, yo soy Dios, y no hay nadie
igual a mí. Yo anuncio el fin desde el principio; desde
los tiempos antiguos, lo que está por venir. Yo digo: Mi
propósito se cumplirá, y haré todo lo que deseo.*
—ISAÍAS 46:9–10

¿Qué pasa si Dios decide no moverse como esperabas o tiene un horario diferente? ¿Y si Dios realinea tu vida de modo que no tengas ninguna muleta, sino a Él? ¿Puede ser posible que Dios cumpla las palabras que te ha dicho a ti o acerca de ti de manera diferente a la que has imaginado? No importa cuáles sean las respuestas, tienes que ver el fin desde el principio y tener una respuesta que concuerde con los mandatos del Reino. Nada de esto puede hacerse realmente hasta que tengas práctica en el arte del conocimiento espiritual, algo que solo viene orando hasta obtener la respuesta.

Padre, vuelvo hoy a ti por las respuestas que busco. Acepto tu respuesta, aunque sea diferente de lo que yo esperaba. Confío en que tú cumples tus promesas para mí de la manera que crees conveniente. Espero pacientemente tu tiempo. En el nombre de Jesús, amén.

LA PALABRA DE DIOS NO VOLVERÁ VACÍA

Anda, pues, delante de ellos, y grábalo en una tablilla.
Escríbelo en un rollo de cuero, para que en los días
venideros quede como un testimonio eterno.
—ISAÍAS 30:8

Si Dios lo prometió, tú puedes esperar que ocurra, pero la manera depende de Dios y solo puede descubrirse si lo preguntas. Cuando vas a Él con esas oraciones, no dejes que tu mente divague o se pregunte. Ten muy presente en tu enfoque las cosas que Dios ha incorporado e inscrito en tu corazón. Lo que has oído de Dios o lo que has leído en su Palabra que tocó tu espíritu y encendió tu alma, esa palabra hablada a ti, no volverá a Dios sin producir resultados. Dios hizo grandes y preciosas promesas, y se cumplirán.

Padre, me paro en fe hoy creyendo que las palabras proféticas que me has hablado se cumplirán a su debido tiempo. Sé que tus palabras no volverán a ti vacías; cumplirán aquello para lo cual fueron enviadas. Llamo a las promesas que dejé morir debido a la duda y la incredulidad. En el nombre de Jesús les ordeno que vivan. Decreto y declaro que cada palabra se cumplirá y producirá una gran cosecha para tu Reino. En el nombre de Jesús, amén.

Dios lo ha asignado

Hará conmigo lo que ha determinado; todo
lo que tiene pensado lo realizará.
—Job 23:14

La esfera espiritual es la esfera causal, por tanto espera que todo lo que estás orando se cumplirá una vez que sepas que ha sido sellado en el Espíritu. Dios ya ha manifestado esas cosas antes de la fundación de la tierra. Ha asignado un tiempo y una época específica para que se cumplan. No seas incoherente en tus oraciones orando una cosa y confesando otra. Sé consecuente sabiendo que todo lo que te comprometiste a desatar y que pertenece a tu vida, será desatado—positivo o negativo, en fe o en incredulidad—y todo lo que ates será atado. ¿Entiendes? La Biblia dice que todo—bueno o malo, pequeño o grande—se cumplirá.

En el nombre de Jesús, decreto que disciplino mi boca para hablar palabras de fe y desato solamente los planes y propósitos de Dios en mi vida. No minaré mi intercesión, orando una cosa y confesando otra. Yo decreto que habrá sinergia entre lo que digo en oración y lo que digo a lo largo de mi día. Declaro que nada impedirá que la Palabra de Dios dé frutos en mi vida. En el nombre de Jesús, amén.

DEJA QUE EL ESPÍRITU TE ENSEÑE

Y de igual manera el Espíritu nos ayuda en nuestra debilidad;
pues qué hemos de pedir como conviene, no lo sabemos, pero el
Espíritu mismo intercede por nosotros con gemidos indecibles. Mas
el que escudriña los corazones sabe cuál es la intención del Espíritu,
porque conforme a la voluntad de Dios intercede por los santos.
—ROMANOS 8:26–27, NTV

Cuando se dice que debemos orar en el Espíritu, la dinámica
que realmente buscamos lograr es la alineación con el ritmo
y la mente de Dios. A medida que buscamos esto, el Espíritu
del Señor nos enseña cómo orar. Él habla a nuestro corazón
para hacer que aceptemos los protocolos del cielo y nos ayuda
a diario para dar los pequeños pasos que nos ponen de acuerdo con el cielo. El orar en el Espíritu de esta manera reconoce
que hay mucho que el cielo tiene que impartirnos. A veces no
sabemos qué orar o cómo orar, por lo que el Espíritu de Dios
nos ayuda en nuestra incapacidad.

Padre, haz que mis oraciones estén alineadas con el ritmo
y la mente de Dios. Enséñame a orar en el Espíritu. Habla
a mi corazón y muéstrame cómo debo orar. Edúcame en
los protocolos del cielo. Yo decreto que entro en un acuerdo
con tus palabras, y que veré tu voluntad manifestada en mi
vida. En el nombre de Jesús, amén.

SE TRATA DE LIBERACIÓN

...mi iglesia, y las puertas del reino de la
muerte no prevalecerán contra ella.
—MATEO 16:18

Nuestra suprema responsabilidad es no estar a la defensiva y protegiendo lo que tenemos, sino ser ofensivos para que su Reino pueda avanzar más allá de las puertas del propio infierno (o al menos en los burdeles de Bangkok, las minas de estaño llenas de esclavos del Congo, los secuestradores de niños invisibles de Darfur, los laboratorios de metanfetamina de tu ciudad, o cualquier otro agujero en que Satanás haya atrapado a los seres humanos para succionar sus almas). Nos equivocamos si pensamos que Dios no puede llegar a esos lugares y traer la liberación, pero además nos equivocamos si pensamos que todo depende de su soberanía. Nosotros debemos invitarlo a nuestro mundo para que Él cambie las cosas, y tenemos que luchar en los lugares celestiales hasta que sus respuestas se abran camino a la tierra.

Porque nada es demasiado difícil para ti, Dios, espero que
mis oraciones traigan resultados. Batallo en los cielos el
avance en la tierra. Decreto que todo lo que el enemigo ha
tragado debe ser soltado y liberado. Mi familia, mis finan-
zas y mi comunidad deben ser desatadas y liberadas en el
nombre de Jesús. Veré la transformación al perseverar en
oración. En el nombre de Jesús, amén.

Ten integridad en la oración

*Cuando oren, no sean como los hipócritas, porque a
ellos les encanta orar de pie en las sinagogas y en las
esquinas de las plazas para que la gente los vea. Les
aseguro que ya han obtenido toda su recompensa.*
—Mateo 6:5

No importa lo bien que te ves ante la gente de la iglesia o del
trabajo. No importa cuál sea tu reputación en tu comunidad,
o si tienes una pequeña fortuna en el banco. No importa si
te presentas en cada reunión de oración, o si pasas todas las
horas de la vigilia de oración de veinticuatro horas de tu iglesia sobre tu rostro llorando delante de Dios. La única manera
de tener una verdadera integridad es si tienes integridad en tu
cuarto de oración personal delante Dios. No se trata de ser
visto por los demás, ni de lo que piensen los demás; se trata
de lo que Dios piensa y cuánto confía en ti respecto de lo que
Él está haciendo en la tierra.

*Padre, que yo sea conocido por ti por mi integridad; lo que
hago en el lugar secreto de oración cuando nadie me mira
sino solo tú. Mi prioridad no es ser visto como justo por
los hombres, sino ser visto como justo por ti. Crea en mí
un corazón limpio, Señor, para que me puedan ser confia-
dos tus planes estratégicos. Anhelo ser tu compañero en
el avance de tu Reino en la tierra. En el nombre de Jesús,
amén.*

Pon primero la oración

Amo a todos los que me aman. Los que buscan, me encontrarán.
—Proverbios 8:17, ntv

Si lees las historias de los grandes generales de oración del pasado, comenzarás a ver algunos patrones. Uno de los más importante es que no acomodaban la oración en torno a su programa de actividades y charlas; insertaban sus actividades y compromisos en torno a sus horas de oración. Como recomienda Stephen Covey, tienes que poner las piedras grandes—las cosas más importantes—en primer lugar en tu calendario, o todas las pequeñas distracciones y los asuntos urgentes de tu día no te dejarán espacio para hacer lo que es importante. La oración—o para decirlo más sencillo, la reunión con el Señor—debe tener el primer lugar en todo lo que hacemos si vamos a conocer su plan, ser libres de las cargas mundanas y terrenales, y tener su sabiduría en todos los asuntos.

Padre, reunirme hoy contigo es mi prioridad. No oro con la esperanza de obtener tu sello de aprobación en mis planes. Oro para obtener tu plan y establecer mi agenda en torno a él. Nada en mi agenda de hoy es más importante que tú. Me tomo el tiempo que necesito hoy para buscarte. Espíritu de Dios, te permito dirigir mi día de acuerdo a tu agenda y a tu calendario. En el nombre de Jesús, amén.

Párate en el borde de la eternidad

*Así como no sabes por dónde va el viento ni cómo
se forma el niño en el vientre de la madre, tampoco
entiendes la obra de Dios, creador de todas las cosas.*
—Eclesiastés 11:5

A menos que hagamos de ello una prioridad, nunca obtendremos las descargas del cielo que necesitamos para cumplir nuestros propósitos en la tierra. Eso probablemente signifique tener que pasar mucho tiempo al filo de la eternidad clamando en lo que sientes como un vacío, golpeando la puerta del cielo y sintiendo como si no hubiera nadie en casa. Pero lo que las cosas parecen y lo que realmente son, son dos cosas diferentes.

Aunque pueda parecer que te traigo las mismas peticiones, golpeando la puerta del cielo sin respuesta, yo confío en que tú estás obrando de maneras que no puedo comprender. Me paro al filo de la eternidad, sigo pidiendo y sigo llamando hasta que llegue el cambio. Como una semilla que se abre y echa raíces antes de que su brote se pueda ver por encima de la tierra, así son mis oraciones que traen fruto. Te doy gracias, Padre, que siempre estás obrando a mi favor. En el nombre de Jesús, amén.

PLANTA SEMILLAS DE PENSAMIENTOS

El que le suple semilla al que siembra también le suplirá
pan para que coma, aumentará los cultivos y hará que
ustedes produzcan una abundante cosecha de justicia.
—2 CORINTIOS 9:10

Como en toda semilla, el poder de dar vida reside en toda palabra hablada. Este principio ilustra cómo opera la ley espiritual de incubación y manifestación. Todo lo que ves en lo natural comenzó como una semilla espiritual, es decir, como un pensamiento. Cuando plantas una semilla en el suelo, no sabes lo que le pasa hasta que empuja a través del suelo. Habrá días e incluso semanas en que podrías pensar que no pasa absolutamente nada, pero está creciendo y germinando y preparándose para dar fruto. La oración es similar. Lo que hacemos en secreto puede incluso ser secreto para nosotros por un tiempo, pero cuando se manifieste y germine, Dios será glorificado en eso ante todos los hombres.

Te doy gracias, Señor, que siempre estás obrando a mi favor,
aun cuando no puedo ver los resultados. Sigo constante en
la oración hoy, sabiendo que a su debido tiempo voy a segar.
Cumple tus propósitos en su tiempo apropiado. Te esperaré
pacientemente, sabiendo que la respuesta está en camino.
En el nombre de Jesús, amén.

VIVE POR LA NATURALEZA DIVINA

Su divino poder, al darnos el conocimiento de aquel que nos
llamó por su propia gloria y potencia, nos ha concedido todas
las cosas que necesitamos para vivir como Dios manda.
—2 PEDRO 1:3

Por medio del conocimiento de Dios, recibiremos todas las cosas necesarias para la vida y la piedad, la semejanza a Dios, si quieres decirlo así. Esto es ser más como Jesús, anunciando más del Reino de los cielos a la tierra, luchando por la misma justicia por la que lucharon los cristianos a lo largo de toda la historia para proclamándola a cada generación. Tenemos promesas grandísimas y preciosas que nos han sido dadas para que podamos vivir conforme a la naturaleza divina que Dios ha puesto en todo el que cree que Jesús murió por sus pecados y resucitó, para que vivamos por la plenitud del Espíritu Santo sembrado en nosotros como anticipo de todo lo que Dios planea hacer en nosotros, a través de nosotros y por nosotros.

Yo declaro que tengo todo lo que necesito para la vida y la
piedad. Cada día me estoy volviendo más como Jesús, y
cada día se manifiesta más de tu Reino en la tierra. Ten-
go preciosas y grandísimas promesas en ti, y decreto que se
manifestarán a su debido tiempo. Por causa de tu poder
que obra dentro de mí, declaro que haré grandes proezas
para mi Rey y para tu Reino. En el nombre de Jesús, amén.

¿Necesitas arrepentirte?

*¡Recuerda de dónde has caído! Arrepiéntete y vuelve
a practicar las obras que hacías al principio.*
—Apocalipsis 2:5

Hay momentos en que con toda seriedad nos negamos a admitir la verdad de nuestra situación o de las circunstancias que rodean a otros. Muchas veces culpamos al diablo por nuestros problemas cuando en realidad se deben a nuestra propia falta de diligencia, disciplina, valentía, convicción, o carácter. El Espíritu de verdad, el Espíritu Santo, es capaz de ayudarnos a discernir en qué posición estamos realmente con Dios en tales situaciones. Aunque Dios está siempre a nuestro lado, hay veces en que es necesario que se produzca el arrepentimiento genuino antes de que Él pueda abordar con eficacia lo que sucede en nuestras vidas. Dios no está buscando sacar de apuros a personas que no crecen ni asumen responsabilidades, pero está pronto a defender a los que desean crecer lo suficiente para poder alcanzar y ayudar a otros.

Espíritu de Dios, te doy libertad para que examines hoy mi corazón. Ve si hay en mí algún camino de injusticia. Si he estado orando mal, si mis motivos no han sido puros, o si he caído en pecado, a sabiendas o sin saberlo, me arrepiento. No quiero que nada me separe de ti ni obstaculice mis oraciones. Asumo toda la responsabilidad por mis acciones. Padre, hazme más como tú. En el nombre de Jesús, amén.

LA INTEGRIDAD GANA

Bienaventurados los de limpio corazón, porque ellos verán a Dios.
—MATEO 5:8, RV60

Cuando el Reino de los cielos y el reino de este mundo estén en pugna, estarán los que han oído del cielo que suministrarán las estrategias para la victoria. Estarán los de vida de oración más íntegra—puros, honestos, sanos, fuertes, sin manchas y estables—que se levanten con las respuestas y la convicción de ver que la lucha llegue a su fin.

Padre, dame un corazón puro delante de ti, y quita todo bloqueo que me impida comunicarme contigo. Levanto mi voz como una trompeta en Sion para declarar que tú eres el Señor. Tú reinas sobre mi vida. Tú deshaces las obras del enemigo. Atraviesa la oscuridad con la luz de tu presencia. En el nombre de Jesús, amén.

No retengas nada

*Acercaos a Dios, y él se acercará a vosotros. Pecadores, limpiad
las manos; y vosotros los de doble ánimo, purificad vuestros
corazones. Humillaos delante del Señor, y él os exaltará.*
—Santiago 4:8, 10, RV60

Dios se especializa en transformar vidas, no importa dónde comencemos o qué poca influencia podamos haber tenido antes, nos da poder para transformar el mundo que nos rodea si estamos dispuestos a tener un encuentro con Él y a entregarnos a Él sin retener nada. Una persona y Dios pueden constituir la mayoría. Esto muestra cómo la oración no solo nos cambia, sino que también cambia las circunstancias— y no solo cambia las circunstancias, sino que además puede cambiar los corazones y las mentes de las generaciones venideras. La maldad de un dictador o un tirano puede regir por algunas décadas, pero el bien hecho por los hombres y mujeres de carácter e integridad influye por siglos.

> *Contigo nada será imposible para mí. Cuando entras en escena, tú traes transformación completa. Padre, paraliza lo que me impide moverme hacia la grandeza. Haz rodar las rocas que están bloqueando mi avance financiero, social, físico o espiritual. Destruye toda estratagema maligna, toda estrategia o tecnología creada para mi fracaso. Por medio de Cristo derribo toda barrera de mi camino. En el nombre de Jesús, amén.*

Declara bendición sobre *tu* día

Tú tienes poder

Sí, les he dado autoridad a ustedes para pisotear
serpientes y escorpiones y vencer todo el poder
del enemigo; nada les podrá hacer daño.
—Lucas 10:19

En verdad vivimos en un tiempo en que cosas horribles están sucediendo en la tierra, pero no estamos impotentes para cambiarlas para bien. Podemos mostrarnos reacios a lo que podemos lograr porque no tenemos autoridad o acceso a las salas de los gobiernos nacionales, pero olvidamos que tenemos autoridad para influir en las decisiones tomadas en las salas del consejo del propio Creador del universo. Tenemos influencia. Somos agentes de cambio. Tenemos autoridad en las regiones celestiales. Somos, realmente, las claves para marcar una diferencia para miles, si no millones de personas. Nosotros lo hacemos por medio del poder atómico de la oración.

Padre, declaro que soy un agente de cambio en la tierra.
Uso mi influencia para traer tu Reino y hacer una dife-
rencia en el mundo que me rodea. Caminaré con valentía
en mi propósito hoy y todos los días, sabiendo que tú me
has dado autoridad sobre el enemigo. Decreto y declaro que
nada estorbará tus planes y tus propósitos. Vendrá tu Rei-
no y tu voluntad será hecha. En el nombre de Jesús, amén.

Dios te ha llamado

Por lo cual asimismo oramos siempre por vosotros, para que nuestro Dios os tenga por dignos de su llamamiento.
—2 Tesalonicenses 1:11

Es hora de quitar los ojos de nuestras circunstancias y ponerlos en el Dios que llamó a José de la celda de la prisión, a Moisés del desierto, a David de los campos, a Pedro de su barco pesquero, y a Pablo de su terrorismo. Dondequiera que estés en el tiempo y el espacio, ese es el lugar en que Dios te ha puesto para que veas lo que ves y te preocupes por lo que te preocupas. Lo más probable es que lo que te molesta también le moleste a Dios. Tú eres su agente. Estés donde estés, haz que las cosas sean diferentes.

Por la autoridad que tengo en ti para decretar una cosa y que sea establecida, hablo al clima espiritual, económico, social y político que me rodea, y le ordeno que cambie ahora en el nombre de Jesús. Altero el ambiente que me rodea y declaro que ahora es adecuado para que mi ministerio, mis seres queridos, mi trabajo, y mis ideas prosperen. Establezco un ambiente sobrenatural para que los milagros ocurran. Decreto que dondequiera que esté se produce el cambio. Que solo se haga tu voluntad en y a través de mí. En el nombre de Jesús, amén.

LA ORACIÓN ES UNA FUERZA ESPIRITUAL

Clama a mí, y yo te responderé, y te enseñaré
cosas grandes y ocultas que tú no conoces.
—JEREMÍAS 33:3, RV60

La oración es una tecnología del Reino y un arma espiritual de destrucción masiva contra el mal. En lo natural, la tecnología es la aplicación real de metodologías científicas, especialmente con objetivos sistémicos, industriales o comerciales. La oración es la aplicación de las metodologías del cielo que sistemáticamente llevan a cabo el plan de Dios para el hombre. La oración es una fuerza espiritual que ejerce y ejercita una influencia continua y decisiva tanto en el mundo natural como en el espiritual, efectuando cambios dentro de sus sistemas y habitantes. Por lo tanto, la oración debe ser la característica más destacada de la estrategia de vida de todo creyente. Sin ella, estamos condenados. Con ella, somos más que vencedores.

Gracias por ser un Dios que oye y que contesta la oración. Yo me levanto como más que vencedor debido al poder de la cruz. Te busco a diario en oración, y declaro que tus planes serán hechos manifiestos en mi vida. Quito los límites de mi forma de pensar y avanzo hacia un nuevo territorio. Declaro que tu agenda del Reino para mi vida, mi ministerio, mis seres queridos, mi lugar de trabajo, mi comunidad y mi nación será establecida por el poder de la oración. En el nombre de Jesús, amén.

¿Dónde estás tú?

Pon en manos del Señor todas tus obras,
y tus proyectos se cumplirán.
—Proverbios 16:3

¿Dónde estarás cuando Dios venga a ti con su grandioso plan para tu vida? ¿Estarás abierto a entrar en él, o necesitarás ser educado en el fondo del desierto como lo fue Moisés? ¿Necesitarás pasar por un proceso humillante tan riguroso como el de José? La diferencia estará determinada por tu vida de oración, de una manera u otra.

Espíritu Santo, te invito a buscar en mi corazón hoy para ver si hay algo en mí que no es como tú. Límpiame y renueva un espíritu recto dentro de mí, para que no me resista a lo que deseas hacer en mi vida. Me humillo ante ti. Te rindo mi voluntad y mi camino, sabiendo que tus planes son siempre mejores. Al buscarte a diario en oración, mantén mi corazón recto ante ti para que no pierda nada de lo que quieres traer a mi vida. En el nombre de Jesús, amén.

LLAMADO Y APARTADO

Apártenme ahora a Bernabé y a Saulo para
el trabajo al que los he llamado.
—HECHOS 13:2

Vemos dos eventos distintos que ocurren en la vida de todos los héroes de la Biblia: un punto de un llamado y un punto de lanzamiento a ese llamado, o lo que muchos han calificado como ser *llamado* y luego *apartado*. Pablo había sido llamado a la obra de Dios desde antes de nacer (Gálatas 1:15), pero que no fue apartado para ese llamado hasta que Dios vio que estaba listo para ser el hombre capaz de caminar en ese llamado. Vemos que siempre hay un tiempo de preparación cuyo componente más importante es la oración íntima y constante.

Padre, prepárame en la escuela de la oración para lo que tú me llamas. Deseo influir en el mundo que me rodea para tu gloria. Anhelo promover y proclamar tu majestad en la tierra, así que me someto al entrenamiento en el cual me estás poniendo. No me quejaré porque yo sé que todo es para mi bien. En la oración me acerco más a ti. Oigo tu corazón y aprendo tus secretos y descubro cómo orar por cualquier circunstancia hasta que haya victoria. No voy a tratar de eludir este proceso. Más bien, te doy gracias por permitir que me capacite contigo, y por hacerme fuerte y valiente para tu Reino. En el nombre de Jesús, amén.

21 de octubre

Nos necesitamos unos a otros

Ahora bien, ustedes son el cuerpo de Cristo, y
cada uno es miembro de ese cuerpo.
—1 Corintios 12:27

Sin el Cuerpo, Cristo, la cabeza no tiene vehículo para poner en acción sus pensamientos, sus conceptos, sus ideologías, sus ideas, sus preceptos, sus filosofías, o sus estrategias. Él habla proféticamente estas cosas en la atmósfera de la Iglesia—en la "burbuja" de su presencia, que es su Cuerpo en la tierra—buscando a los que escucharán y pondrán en marcha sus planes. Pero cada uno de nosotros tiene solo una parte del "misterio" del plan de Dios para la tierra. Nos necesitamos unos a otros para obtener el cuadro completo. Así, la Iglesia no es un edificio; es un conjunto de todos los que oyen y obedecen la voz de Dios. Es la compilación e integración de todos los que saben cómo orar, cómo oír del cielo, y luego buscar las maneras de hacer que lo que oyen se haga realidad en la tierra.

No estoy solo en mis esfuerzos por hacer cumplir tu voluntad en la tierra. Soy parte de una comunidad de personas que en todo el mundo también están derribando fortalezas y liberando cautivos por medio de la oración. A causa de la cruz, nuestra victoria es segura. En el nombre de Jesús, declaro y decreto que aun en medio de persecución la Iglesia crecerá. Nos levantaremos con valentía y haremos avanzar tu Reino. En el nombre de Jesús, amén.

Declara bendición sobre *tu* día

LOS ÁNGELES NOS OBSERVAN

*El fin de todo esto es que la sabiduría de Dios, en toda su
diversidad, se dé a conocer ahora, por medio de la iglesia, a los
poderes y autoridades en las regiones celestiales, conforme a
su eterno propósito realizado en Cristo Jesús nuestro Señor.*
—EFESIOS 3:10–11

Hasta los ángeles del cielo están esperando entender el misterio del plan de Dios de las edades para nuestro universo y no lo aprenderán yendo a preguntarle a Dios. Solo pueden aprenderlo observando a la Iglesia en la tierra y viendo el misterioso plan de Dios revelado a través de nosotros. Como Pablo afirmó anteriormente en Efesios, "nos ha dado a conocer su misterioso plan ideado para cumplir el buen propósito de Dios" (Efesios 1:9, NTV). Es una gran responsabilidad y un gran privilegio al mismo tiempo. Y de algún modo creo que es mucho más que añadir nombres a nuestra lista de personas cuyas almas fueron salvas a través de nuestros ministerios. Dios tiene mayores misterios para revelar al mundo. Él todavía tiene "mayores obras" (Juan 14:12) por hacer.

*Es un privilegio para mí ser parte de tus planes y conocer
el misterio de tu voluntad. Realiza tus "mayores obras" a
través de mí. Capacítame en la escuela de la oración para
cumplir la misión a la que he sido llamado para que la
tierra sea llena de tu gloria. En el nombre de Jesús, amén.*

Embajadas de Dios en la tierra

Les suplico, hermanos, en el nombre de nuestro Señor Jesucristo, que todos vivan en armonía y que no haya divisiones entre ustedes, sino que se mantengan unidos en un mismo pensar y en un mismo propósito.
—1 Corintios 1:10

Nuestras iglesias deben ser embajadas que representen el Reino de Dios aquí en la tierra. Han de ser centros de creatividad, arte, innovación y transformación. Tienen que ser lugares donde las medias ideas se encuentren entre sí para convertirse en un todo; donde la diversidad engendre nuevos niveles de comprensión; donde las piezas del gran rompecabezas del misterio de Jesucristo puedan encontrarse y conectarse. Han de ser centros educativos que ayuden a la gente a aprender a ver como Dios ve. Entramos y nos unimos a nuestras iglesias locales como personas que buscan la ciudadanía en un nuevo Reino, pero debemos salir preparados para ser embajadores y representantes de ese Reino por doquier.

Que yo nunca sea un espectador en la iglesia. Permíteme estar siempre creciendo y contribuyendo para que mi iglesia llegue a ser como un centro de transformación. Dame nuevos niveles de comprensión y sinergia para que tu Cuerpo en todo el mundo camine en unidad y se convierta en embajadores del Reino que hablen tus palabras y revelen tu voluntad en la tierra. En el nombre de Jesús, amén.

Haz retroceder al enemigo

Proclamad esto entre las naciones, proclamad guerra,
despertad a los valientes, acérquense, vengan todos los
hombres de guerra. Forjad espadas de vuestros azadones,
lanzas de vuestras hoces; diga el débil: Fuerte soy.
—Joel 3:9–10, rv60

El destino es dado, revelado y dirigido por Dios, o no es nada. Por eso, nosotros, la Iglesia, debemos renovar nuestro vigor y disciplinarnos en la oración. Debemos volver a entenderla. Tenemos que transformar al mundo y necesitamos las ideas de Dios para hacerlo. La única manera de obtenerlas consistirá una vez más en afinar el velo entre el cielo y la tierra por medio de la oración. Todos tenemos un papel que desempeñar. Cada uno de nosotros tiene dones, llamados, capacidades, habilidades y talentos que Dios nos ha dado de manera única para impactar nuestros puestos de trabajo, comunidades, naciones y el mundo. Es tiempo de llevarlos a los frentes de batalla y empezar a hacer retroceder a los enemigos de nuevo hacia el mar, y que tomemos nuestros puestos en la batalla.

Padre, dirígeme a mi destino. Mientras oro hoy, deposita
tus ideas en mi espíritu. Usa todo lo que has puesto en mis
manos para tu gloria. Soy un soldado de tu ejército y hago
retroceder al enemigo hacia el mar. Declaro y decreto que
soy fuerte en ti y que iré valientemente dondequiera que me
guíes. En el nombre de Jesús, amén.

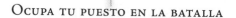

Ocupa tu puesto en la batalla

Yo he buscado entre ellos a alguien que se interponga
entre mi pueblo y yo, y saque la cara por él para
que yo no lo destruya. ¡Y no lo he hallado!
—Ezequiel 22:30

En nuestra generación, hay necesidad de que salgamos de las sombras de la timidez hacia el foco central del liderazgo moral y ético. Hay un lugar para cada uno de nosotros en la lucha entre la bondad y la oscuridad en este planeta. Si no nos mantenemos en nuestros lugares en los frentes de batalla, habrá brechas en nuestras defensas, y toda la autoridad del cielo significará muy poco. La autoridad no ejercida o no reconocida no es autoridad en absoluto. Tenemos el lugar correcto donde establecernos y aplicar la Palabra de Dios a fin de revertir los sistemas y organizaciones que han mantenido esclavizada, empobrecida y subyugada a nuestra generación.

Tomo mi lugar en la batalla. Me comprometo a portar tu luz como agente de cambio en un mundo de oscuridad. Decreto y declaro que no habrá brechas en mis defensas. Estaré firme en el lugar al que he sido llamado, en la autoridad que me ha sido dada por medio de Cristo, y oraré con diligencia para manifestar tu voluntad en la tierra. En el nombre de Jesús, amén.

VALOR QUE VENCE TODO TEMOR

Porque no nos ha dado Dios espíritu de cobardía,
sino de poder, de amor y de dominio propio.
—2 TIMOTEO 1:7, RV60

El coraje que vence todo temor es el coraje que es nacido de Dios, quien coloca un gen divino vencedor y valiente dentro de ti por su Espíritu. Mira bien adentro de ti y encontrarás el coraje para dar un paso adelante y tomar posición. La Biblia nos dice: "…ustedes…pertenecen a Dios. Ya lograron la victoria… porque el Espíritu que vive en ustedes es más poderoso que el espíritu que vive en el mundo" (1 Juan 4:4, NTV). Se manifiesta cuando tú desarrollas una perspectiva saludable y realista de quién eres en Dios, y cuando adviertes para hacer qué te ha conectado y lo que llegarás a ser.

Declaro y decreto hoy que el temor no tiene lugar en mi vida. El justo será valiente como los leones, y mayor es el que está en mí que el que está en el mundo. Padre, aumenta mi conocimiento de quién soy yo en ti y cuál es tu voluntad para mi vida. Sé que ya me has equipado para hacer exactamente lo que tú me has llamado a hacer. Seguiré mi destino sin temor, porque tú me has llamado y eres fiel para completar tu obra en mí. En el nombre de Jesús, amén.

MANTENTE FIRME EN TU PUESTO

Manténganse firmes Oren en el Espíritu en todo
momento, con peticiones y ruegos. Manténganse alerta
y perseveren en oración por todos los santos.
—EFESIOS 6:14, 18

El enemigo luchará contra ti en el área que más temes. Para resistir la tentación de agitar la proverbial bandera blanca que significa que te estás dando por vencido, mantente firme en la oración. Estarás equipado con la mente de Cristo. Mantente firme en tu puesto como representante terrenal de Dios. Sé valiente. La valentía hará que establezcas metas posibles y te atrevas a superar las expectativas de los que se te opongan. La valentía es lo que se requiere para llevar a cabo los planes de Dios para tu vida.

Yo decreto y declaro que soy audaz y valiente en ti. Me mantengo firme en mi puesto como tu embajador aquí en la tierra. He sido equipado con la mente de Cristo, por lo tanto, establezco metas asequibles y supero toda expectativa. Soy fuerte y valiente, y todo lo que Dios ha planeado para mi vida se cumplirá. En el nombre de Jesús, amén.

Enfrenta tus miedos

No envidies en tu corazón a los pecadores; más bien,
muéstrate siempre celoso en el temor del Señor.
—Proverbios 23:17

¿Sabías que todos somos desafiados en algún punto del trayecto de nuestra vida con alguna clase de temor? Incluso las personas a quienes podemos percibir como que no tienen temor alguno han tenido momentos en los que debieron rechazar el temor. La bendición no está en no tener miedo, porque hay temor saludable, como el temor de Dios. La bendición, sin embargo, radica en los esfuerzos que realizas para volverte más fuerte mental, emocional y espiritualmente, y más capaz en lo que fuiste "conectado" para hacer hasta que estés investido de poder para enfrentar y vencer tus temores.

En el nombre de Jesús, tomo autoridad sobre el espíritu de temor. Yo declaro y decreto que no tendrá ningún efecto sobre mi vida. Saldré de mis antiguas y temerosas maneras de pensar, hacia una nueva mentalidad que está llena de valentía. Me coloco el yelmo de la salvación para proteger mi mente de pensamientos negativos que desviaban tus propósitos y tus planes para mí. Yo soy justo, por lo tanto, estoy confiado como un león. Yo decreto y declaro que me enfrento a todo temor, los venzo y avanzo a mi destino, en el nombre de Jesús, amén.

CONDICIONA TU MENTE

Así que no temas, porque yo estoy contigo; no te
angusties, porque yo soy tu Dios. Te fortaleceré y te
ayudaré; te sostendré con mi diestra victoriosa.
—ISAÍAS 41:10

Dios le dio a Josué el aliento que necesitaba (Josué 1:6), y él se convirtió en uno de los comandantes más poderosos que haya tenido la nación de Israel. Él tenía que aprender el arte de condicionar su mente para tener éxito en la vida y ganar. Tú también debes aprender el arte del acondicionamiento mental. No renuncies ni cedas a tus temores. Asume la postura de un conquistador.

Porque tú estás conmigo, no voy a ceder al temor. Tú me
fortaleces, como fortaleciste a Josué, y me sostienes con tu
mano. Todo lo que necesito para cumplir mi misión en
el Reino ya me ha sido provisto. En el nombre de Jesús,
rompo los patrones malignos e inapropiados de mi mente.
Declaro y decreto que tengo una mente nueva que es forta-
lecida y resuelta. Ningún problema es más grande que tú.
Soy un conquistador en ti, y no voy a darme por vencido
hasta que se cumpla lo que has hablado sobre mi vida. En
el nombre de Jesús, amén.

ORA SIENDO ESPECÍFICO

Si permanecen en mí y mis palabras permanecen en
ustedes, lo que quieran pedir se les concederá.
—JUAN 15:7

Los generales de oración hacen algo más que describirle a Dios lo que Él ya sabe. En realidad ellos desbloquean la bóveda celeste para desatar las provisiones del cielo. Es solo después de que haces el pedido que los helicópteros y aviones espirituales divinos se despliegan, cargados con suministros, y todo lo que necesitas llevar a ese pueblo. Al orar de manera específica, puedes establecer tu propio pedacito de cielo en la tierra justo en medio de una zona de batalla. Pide lo que quieras, y será hecho. Eso es exactamente lo que has sido llamado a hacer dondequiera que Dios te haya plantado. Debes hacer conocidas tus peticiones a Dios.

Tú has contado todos los cabellos de mi cabeza; seguramente estás interesado en cada detalle de mi vida. Te traigo mis peticiones específicas porque tú anhelas darme una respuesta específica. Según Job 38, tú provees comida a los cuervos y diriges el león a su presa. Los relámpagos se reportan a ti. ¿Cuánto más cuidas de mis necesidades? No tendré temor de traerte todas mis peticiones, porque te gozas en responder mi oración. Gracias por ser tan fiel en satisfacer mis necesidades. En el nombre de Jesús, amén.

Poder versus autoridad

He aquí os doy potestad de hollar serpientes y escorpiones,
y sobre toda fuerza del enemigo, y nada os dañará.
—Lucas 10:19

Una de las cosas de las que debemos darnos cuenta es que la autoridad y el poder son cosas diferentes, aunque solemos usarlas intercambiablemente. El poder está en el gobierno o en el reino que respalda el individuo, pero la autoridad está investida en el individuo como representante del gobierno o reino. Cuando los reinos se enfrentan, el ejército con superior entrenamiento y equipamiento, el que tiene más sofisticado arsenal y armamento, será el que emerja como poder dominante. Nuestro Reino, el Reino de los cielos, no solo tiene el poder, sino también la autoridad para gobernar.

Decreto y declaro que tengo autoridad para gobernar como tu embajador en la tierra. Por esa autoridad, ordeno que todo lo que el enemigo ha tragado sea liberado. Todo milagro, toda bendición, toda oportunidad deben ser desatados ahora en el nombre de Jesús. Por ti, Dios, corro a través de las tropas; por ti, salto por encima de los muros hacia nuevos ámbitos de poder y autoridad. Vivo en la esfera de las posibilidades ilimitadas. No seré cobarde; sino que establezco mi autoridad superior por la sangre de Jesús. Oro en tu nombre, amén.

noviembre

LA ORACIÓN ES UN DIÁLOGO

El que es de Dios, las palabras de Dios oye.
—JUAN 8:47

La oración es, ante todo, una forma esencial de abrir la comunicación con la sala del trono de Dios. Probablemente hayas escuchado esto antes, pero tengo la esperanza de que lo veas bajo una luz más plena. La oración no es un soliloquio sino un diálogo. Si no es una comunicación a doble vía, no es oración: no que Dios no nos oiga, pero si no estamos abiertos y somos lo suficientemente pacientes para recibir las respuestas y estrategias que Él nos envía, entonces ¿para qué lo consultamos?

Padre, vengo ante ti y escucho tu voz. Abre mis oídos espirituales para que oiga con claridad. Crea en mí un corazón que sea receptivo a las cosas del espíritu. Libera descargas celestiales que me den hoy discernimiento profético y dirección. Declaro que tú tienes acceso libre y sin obstáculos a mi mente y a mi espíritu. Gracias por ser un Dios que escucha y contesta la oración. Gracias por renovar mis fuerzas durante el tiempo que paso en tu presencia. En el nombre de Jesús, amén.

LA ORACIÓN ES ASOCIACIÓN

Entonces tus oídos oirán a tus espaldas palabra que diga:
Este es el camino, andad por él; y no echéis a la mano
derecha, ni tampoco torzáis a la mano izquierda.
—ISAÍAS 30:21

La oración no es delegación. No le damos a Dios una lista de "cosas para hacer" y luego nos sentamos a esperar que Él se haga cargo de ellas. La oración es una asociación. Hay algunas cosas—como las preocupaciones, ansiedades y heridas—que debemos llevar a los pies de Jesús y dejar allí para que Él las maneje. Pero también hay asuntos que le traemos a Jesús para que Él derrame luz cuando no sabemos qué hacer ni qué decir. Ayunamos y oramos para poder perforar mejor el velo entre las esferas espiritual y física, a fin de ser más fuertes en el fruto y los dones del Espíritu, de modo que estemos capacitados para satisfacer las necesidades de otros que acuden a nosotros. Nos hacemos puentes del amor y el poder de Dios en la tierra. Profundizamos en la oración, no porque queramos cambiar a Dios, sino para ser cambiados por Él.

Gracias por el privilegio de ser tu socio en la oración. Espíritu Santo, tienes permiso para moverte en mi vida. Purifica mi corazón. Elimina todos los obstáculos que me impidan oírte hoy con claridad. Haz que tu verdad perfore mi entendimiento para que sepa qué decir y hacer. En el nombre de Jesús, amén.

¿Cuál es tu misión?

Que Dios mismo, el Dios de paz, los santifique por
completo, y conserve todo su ser —espíritu, alma y cuerpo—
irreprochable para la venida de nuestro Señor Jesucristo.
—1 Tesalonicenses 5:23

Dondequiera que estés en el mundo en este momento —cualesquiera sean las "esferas" que tocas a medida que avanzas cada semana en la iglesia, en el trabajo, en la comunidad, como ciudadano de una nación y del mundo,— Dios tiene misiones y tareas de las que quiere que te ocupes. Es probable que cualquier cosa que veas hoy que toque tu corazón también toque el corazón de Dios. Él quiere llegar a ese lugar y arreglar las cosas, pero necesita manos para llegar, y esa es responsabilidad de su cuerpo. No está pidiendo una mano que llegue en su nombre y haga *algo*: Él quiere extender la mano y hacer lo que *dispuso*.

Padre, yo soy tus manos y tus pies en la tierra. Invísteme
de poder para cumplir la misión que me has asignado hoy.
Hazme sensible a las cosas que tocan tu corazón y muéstra-
me dónde quieres que intervenga. Declaro y decreto que no
solo haré "algo"; voy a recibir tu sabiduría divina y haré "lo
que tú dispusiste" en tu tiempo perfecto. En el nombre de
Jesús, amén.

Sinergia del Espíritu y la Palabra

Toda la Escritura es inspirada por Dios, y útil para enseñar,
para redargüir, para corregir, para instruir en justicia.
—2 Timoteo 3:16

La principal manera en que Dios nos habla es a través de su Palabra, y nunca se aparta de las prácticas y políticas que ha establecido en las Escrituras. Por lo tanto, la meditación de las Escrituras es el sistema de "controles y contrapesos" de nuestras acciones. Somos gente del Espíritu y de la Palabra. No se trata tanto de que posean la misma autoridad: es más que esa sinergia entre ellos. Una persona que entiende su autoridad como está indicada en la Palabra y confirmada por el Espíritu Santo llega a ser más que la suma de las partes individuales. Es muy parecido a la diferencia entre el poder de la suma y el poder de la multiplicación. Los incrementos iniciales no son muy diferentes, pero a medida que avanzas, la curva comienza a dispararse casi directamente hacia arriba en lugar de que cada paso del camino tenga el mismo incremento que el paso anterior.

Declaro que soy una persona de la Palabra y del Espíritu.
Como no descuido ni su Palabra ni su Espíritu, mi pisada
es firme y el poder de Dios está trabajando en y a través de
mí. Gracias, Padre, por equiparme para destruir las obras
del enemigo y adelantar la agenda de tu Reino. En el nom-
bre de Jesús, amén.

Conoce el Reino de Dios

*Porque la palabra de Dios es viva y eficaz, y más cortante
que toda espada de dos filos; y penetra hasta partir el
alma y el espíritu, las coyunturas y los tuétanos, y discierne
los pensamientos y las intenciones del corazón.*
—Hebreos 4:12

Tenemos que aprender a ver con nuestros ojos espirituales tan fácilmente como vemos con nuestros ojos físicos. Debemos llegar a comprender cuánto mayor es Dios que todo lo que podamos enfrentar aquí en la tierra. Tenemos que profundizar en el espíritu en oración, para estar cómodos con el Reino de Dios y la forma en que funciona. Y, por supuesto, la Biblia es nuestro manual para todas las cosas espirituales. Es un alimento espiritual que fortalece y nutre el espíritu humano dentro de nosotros. Es el entrenador personal del alma para que podamos discernir los pensamientos y las intenciones del corazón.

Padre, santifícame mediante tu Palabra. Haz que mis palabras se alineen con lo que el cielo está diciendo hoy de mí. Abre mis ojos para ver las realidades espirituales. Permíteme ascender a nuevas alturas en ti y caminar en el reino de lo sobrenatural, donde lo milagroso es un lugar común. Tú eres el único Dios, grande y temible, y estoy admirado en tu presencia. Nada de lo que enfrentemos podría compararse contigo. Padre, ordena mis pasos en tu Palabra hoy. En el nombre de Jesús, amén.

FORTALECE TU MENTE

*Lo que es nacido de la carne, carne es; y lo
que es nacido del Espíritu, espíritu es.*
—JUAN 3:6, RV60

Una cosa es entender la promesa, pero otra es permitir que la Palabra de Dios fortalezca tu mente para que tengas más confianza en la esfera espiritual de la que tienes en la esfera física. Con demasiada frecuencia nos quedamos abrumados por lo que vemos en la esfera natural como opuesto a las fuerzas de Dios que nos están respaldando. Las cosas del espíritu son eternas e imbatibles. Debemos aprender a profundizar en la esfera invisible; tiene recursos a los que nunca podremos acceder en el mundo natural, físico.

Padre, haz que la esfera de lo sobrenatural sea más real para mí que la natural. Es en la esfera de lo sobrenatural donde se produce el cambio. Permíteme aprovechar la frecuencia de los cielos y recibir tus instrucciones sobre cómo debo orar hoy. Porque todo lo que desate en el cielo será desatado en la tierra, mando al enemigo que suelte todo lo que ha retenido ilegalmente; él debe dejar de lado todo lo que me pertenece, en el nombre de Jesús. Padre, yo decreto y declaro que cumpliré la misión que tienes para mí hoy, sin obstáculo alguno. Tengo todo lo que necesito para cumplir tu voluntad. En el nombre de Jesús, amén.

Presenta tu caso

Venid ahora, y razonemos, dice el Señor.
—Isaías 1:18, lbla

La confianza, la fe y la audacia con la que tomas tu posición en oración son fundamentales para presentar tus apelaciones y solicitudes. Tu comunicación en el Espíritu con tu Abogado, Jesucristo, te da una comprensión revolucionaria de cómo presentar correctamente tu caso y razonarlo con Dios para que recibas las respuestas y estrategias que necesitas.

Me levanto hoy en tu gran fortaleza y con el conocimiento de que yo nací en esta generación para contribuir con algo significativo. No estoy aquí por casualidad. Tú me has puesto aquí para cumplir tu propósito. Padre Dios, razonemos para que yo sepa cuál estrategia emplear para tomar el territorio que vas a darme. Que nada me impida caminar en la plenitud de lo que tú tienes para mí. Permite que tu perfecta voluntad se haga hoy en y a través de mí. En el nombre de Jesús, amén.

NO LIMITES TU PENSAMIENTO

Porque en él fueron creadas todas las cosas, las que hay en los cielos y las que hay en la tierra, visibles e invisibles todo fue creado por medio de él y para él.
—COLOSENSES 1:16

Tenemos mucho trabajo que hacer en el espíritu. Este tipo de cambio no sucede de la noche a la mañana, sino que ocurre de manera gradual y progresiva a medida que buscamos entender la esfera de lo espiritual más de lo que entendemos el mundo en que caminamos físicamente todos los días. Al hacerlo, es posible una transformación que va más allá de cuanto hayamos podido imaginar. No debemos limitarnos por el pensamiento del mundo que nos rodea. Dios tiene más, y está ansioso por liberarlo en la tierra, pero solo lo puede hacer a través de su cuerpo. Si va a ocurrir, vendrá a través de nosotros, y solo va a venir a través de nosotros si entendemos cómo orar y escuchar al cielo de maneras revolucionariamente nuevas.

Decreto y declaro que tengo la mente de Cristo y por lo tanto, busco las cosas de arriba y no de abajo. Asciendo en nuevas esferas de poder y accedo a nuevas dimensiones de la revelación divina. Declaro que cada bloqueo mental se borra, dándole al Espíritu Santo acceso irrestricto a mi mente, alma y espíritu. Padre, revela tus asignaciones y la agenda que tienes hoy para mí; voy a trabajar en correcta sincronización contigo. En el nombre de Jesús, amén.

Ejerce tu autoridad legal

*Y David dijo con vehemencia: ¡Quién me diera a beber
del agua del pozo de Belén que está junto a la puerta!
Entonces los tres valientes irrumpieron por el campamento
de los filisteos, y sacaron agua del pozo de Belén que estaba
junto a la puerta; y tomaron, y la trajeron a David.*
—2 Samuel 23:15–16

Muchos creyentes están desesperados por conseguir un gran avance, pero los avances se deben perseguir. Tú debes prevalecer sobre los espíritus territoriales para poseer tus posesiones. Debes activar y ejercer tu dominio sobre una región dentro de una esfera, sistema, reino, industria, campo y disciplina. David tenía un deseo divino por lo que Dios había preparado para él antes de la fundación del mundo. El enemigo había adquirido derechos de residencia hasta que David ejerció su autoridad legal sobre una región que le pertenecía a él.

Padre, coloca en mí la unción de un guerrero. Cada dominio y sistema que me has asignado, yo se lo confisco al enemigo. Desato la ley de expropiación; a cada okupa satánico o demoníaco que se encuentre en mi tierra, propiedad o territorio, le ordeno irse en el nombre de Jesús. Yo soy más que vencedor. En el nombre de Jesús, amén.

EXIGE LA RESTITUCIÓN

El ladrón no viene sino para hurtar y matar y destruir.
—JUAN 10:10

El enemigo se ha apoderado ilegalmente de muchas de nuestras posesiones y debemos hacer que las devuelva: nuestra reputación, nuestro matrimonio, nuestros hijos, nuestras comunidades, nuestras naciones. Él no nos las dará hasta que se lo exijamos. Debemos aprender cómo golpear a las puertas del cielo mediante la oración y demandar la restitución de lo que nos ha robado. Él es un ladrón y debe entregar lo que por derecho nos pertenece a cada uno de nosotros.

Yo declaro y decreto que todo lo que pertenece a mi vida y a la piedad y todo lo que fue preparado para mí antes de la fundación del mundo, debe serme entregado en el tiempo señalado. Yo mando que todas las cosas que el enemigo ha tragado sean escupidas y soltadas. Que no haya invasión demoníaca. Si hubiera okupas satánicos, en el nombre de Jesús, que salgan de mi propiedad, que salgan de mi territorio, que se vayan fuera de mi ámbito de influencia, salgan de mi familia, salgan de mis relaciones, salgan de mis finanzas, salgan de mi cuerpo, y salgan de mi mente. Tienen que irse ahora en el nombre de Jesús, amén.

La oración no es un libro de reglas

Entren por la puerta angosta. Porque la puerta y el camino que
llevan…a la vida son angostos y difíciles, y pocos los encuentran.
—Mateo 7:13–14, dhh

Mucha gente busca un libro de reglas para la oración. Quieren el paso uno, dos, tres y así sucesivamente, así no tienen que pensar o verter mucho de sí mismos en sus oraciones. Solo quieren cubrir los pasos y sentir que han cumplido con su deber. Pero la oración no funciona así. Las batallas no funcionan así. Aunque puedas tener un plan cuando vas a la lucha, tras el primer contacto con el enemigo todo cambia. ¿Vas a mantener el rumbo aunque la gente te llame loco? ¿Vas a invertir en la oración tanto de ti mismo que sientas que puedes morir si no consigues eso por lo que estás orando? Los tiempos desesperados reclaman oraciones desesperadas.

Padre, no oro por obligación sino porque estoy desesperado
por ti, desesperado por tu presencia y tu poder en mi vida.
Clamo a ti como lo hizo David. Él lloró y tú le contestaste.
Dame respuestas, Señor. Dame revelación divina y discer-
nimiento para saber lo que está en tu corazón. Que mis
palabras traigan vida y libertad. No voy a ser disuadido
por lo que veo, persistiré en oración hasta que logre avanzar.
En el nombre de Jesús, amén.

LA ORACIÓN ES ADAPTACIÓN

*Entonces dijo David al filisteo: Tú vienes a mí con espada y lanza
y jabalina; mas yo vengo a ti en el nombre de Jehová de los ejércitos,
el Dios de los escuadrones de Israel, a quien tú has provocado.*
—1 SAMUEL 17:45

La oración, como el luchar en un campo de batalla, suele tener
más que ver con la adaptación que con la solidez del plan que
teníamos al entrar en ella. Se trata más de cooperar y menos
de coaccionar. ¿Vamos a dejar que Dios nos cambie una vez
que estemos en medio de la lucha? Eso puede significar la diferencia entre el éxito y el fracaso. Cuando oras, frecuentemente
tienes el enemigo de la duda, la frustración, el antagonismo y
la incredulidad escondido en el corazón de otros. No pueden
ver lo que estás viendo: las cosas que Dios te muestra por revelación o coloca en tu corazón como un deseo. En el fragor de
la batalla el general sabio leerá el campo y adaptará su plan de
batalla original para que coincida con lo que está viendo.

*Padre, ayúdame a mantenerme hoy sensible a tu voz.
Limpia mi corazón de toda carnalidad, racionalización e
insensibilidad. Le doy la bienvenida a tu revelación y a
la comprensión divina. Haz que mis ojos espirituales funcionen con visión 20/20 para la correcta comprensión del
tiempo señalado. Mientras coopero con tu plan de batalla
úngeme para avanzar. En el nombre de Jesús, amén.*

MANTENTE FLEXIBLE

*Y sabemos que el Hijo de Dios ha venido y nos ha dado
entendimiento a fin de que conozcamos al que es verdadero.*
—1 JUAN 5:20

El zigzag es nuestra metáfora de mantenernos flexibles. Tú
debes cooperar con el movimiento coreográfico del Espíritu.
En el fragor de la batalla debes aprender a discernir los soni-
dos para escuchar los informes de la inteligencia de los cielos que te permitan entender a los jugadores participantes, los
terrenos espirituales por los que tienes que viajar, así como
una gran variedad de otras cosas. El general que gana no siempre es el que tiene el plan de batalla aparentemente más sofisticado sino el que se adapta mejor y responde eficazmente
cuando la batalla se está desarrollando.

*Padre, ayúdame hoy a mirar tus movimientos y a cooperar
con tus planes para mí. Hazme sensible a tu Espíritu para
oír el informe de tu divina inteligencia y saber cómo nave-
gar por este terreno en el espíritu. Permite que tu sabiduría y comprensión sobrenaturales estén hoy sobre mí. Abre
mis oídos para que escuche los movimientos sinfónicos del
Espíritu con una transmisión clara y nítida. Haz que me
mueva en sintonía con tu perfecta voluntad para mí, mi
familia, mi iglesia, mi trabajo y mi comunidad. En el nombre de Jesús, amén.*

Haz el mundo mejor

Porque el reino de Dios no consiste en palabras, sino en poder.
—1 Corintios 4:20

Creo que la oración es una de las contribuciones más poderosas que un cristiano puede dar para hacer de este mundo un lugar mejor. Tú no aprendes a orar con poder y eficacia leyendo un manual de cómo hacerlo. Aprendes *cómo* orar cuando *oras*. Cuando lo hagas, descubrirás que no hay continente, ni nación, ni organización, ni ciudad, ni oficina, ni situación, ni circunstancia, ni condición, ni gobierno, ni caso, ni problema, ni batalla que esté fuera del alcance de la fuerza de su efecto. No hay persona, ni política, ni poder político en esta tierra que pueda dejar de lado la oración. La oración es un elemento de cambio. La oración hace la diferencia.

Yo soy tu representante en la esfera terrenal. Me paro en la autoridad que tengo en ti y ordeno al clima espiritual que cambie, a la situación económica que cambie, al clima social que cambie, al clima político que cambie y a la atmósfera que me rodea que esté llena de la gloria de Dios. Yo declaro y decreto que el ambiente de mi casa, de mi lugar de trabajo, y de mi región es adecuado para mi ministerio, mi familia, mis negocios y mis ideas para prosperar y que serán utilizadas para el avance de tu Reino. En el nombre de Jesús, amén.

La oración crea cambios

Confíen en Dios. Les aseguro que, si tienen confianza y no dudan del poder de Dios, todo lo que pidan en sus oraciones sucederá. Solo deben creer que ya está hecho lo que han pedido.
—Marcos 11:22–24, tla

Si la oración fuera un deporte, sería un deporte de contacto. La oración es el punto de contacto entre el cielo y la tierra—o quizá sea mejor decir que la persona que ora es ese punto de contacto. Tu lugar de oración es tu lugar de poder. Tu lugar de oración es el lugar donde gestionas el cambio. Podemos crear cambios mediante la fuerza de voluntad y la persuasión inteligente, pero no van a durar. El cambio real, irrevocable solo viene a través de la oración.

Padre, me comprometo a llevar tu luz como agente de cambio en un mundo de oscuridad. Oro hoy con la confianza de que no solo oyes mis oraciones, sino que te deleitas en responderlas. Permíteme acceder a la esfera de lo sobrenatural para que ore con entendimiento divino y revelación profética. Padre, abre los cielos y derrama tu bendición. No abandonaré mi puesto de oración. Voy a persistir en oración hasta que el cielo invada la tierra. En el nombre de Jesús, amén.

SÉ DEDICADO Y LLENO DE FE

Dios… el cual da vida a los muertos, y llama
las cosas que no son, como si fuesen.
—ROMANOS 4:17

Cuando oras, asegúrate de no vacilar en tu fe. Aférrate a lo que has aprendido y a la confianza que has recibido en tu relación con Cristo. Dios puede resucitar una vida muerta, un sueño, cualquier cosa que esté muerta, si tienes fe. Si Dios puede vivificar a los muertos, puede poner a tu matrimonio, tu negocio, tu trabajo, y tu fe en alineación divina con sus promesas. Pero la mayoría de las veces esto requiere más que enviar un rápido "¡Ayúdame, Dios mío!". Requiere oración dedicada, fiel, llena de fe en la que te presentes ante Dios dispuesto a cambiar y listo para hacer lo que te pida.

Yo profetizo hoy a las cosas que han muerto prematuramente y se han secado. Yo les ordeno activarse y volver a la vida. Declaro que las partes muertas de mi propósito, destino, finanzas, trabajo, familia y ministerio deben venir a la vida. Sopla nueva vida en cada esperanza que haya muerto. Padre, abre las compuertas del cielo y manda lluvia. Pon fin a la sequía espiritual, económica y creativa. Llévame a tiempos de refrigerio en el nombre de Jesús, amén.

No dudes

Mantengamos firme, sin fluctuar, la profesión de
nuestra esperanza, porque fiel es el que prometió.
—Hebreos 10:23

No puedes ser indeciso cuando oras: un día confías en Dios, al siguiente no lo haces. Un día oras esto, al día siguiente quieres lo opuesto. Le dices una cosa a Dios en fe, y luego vas a tomar café con tus amigos y hablas de que nunca podrá ocurrir. Eres endeble en lo que quieres y a dónde vas. Esto no puede ser así si estás al mando de tu entorno en el poder de Dios.

En el nombre de Jesús yo rechazo todas las formas de vaci-
lación; no le daré lugar en mi vida. Yo decreto y declaro
que solo recibo lo que emana de la mente de Dios, semillas
de esperanza y de fe. Padre, limpia mi mente con tu Pala-
bra. Decreto y declaro que al igual que Daniel me manten-
dré firme en oración y fe, y no vacilaré. En el nombre de
Jesús, amén.

Ponte de acuerdo con la Palabra de Dios

Y si alguno de vosotros tiene falta de sabiduría, pídala a
Dios, el cual da a todos abundantemente y sin reproche, y
le será dada. Pero pida con fe, no dudando nada; porque
el que duda es semejante a la onda del mar, que es
arrastrada por el viento y echada de una parte a otra.
—Santiago 1:5–7

Que no haya malentendidos: al orar puedes decir palabras
que no crees, y no producirán ningún resultado. Repetir algo
que oíste decir a otro o leer algo sin convicción no produce la
alineación divina. Toma la deliberada y consciente decisión
de ponerte de acuerdo con la Palabra de Dios y, a continua-
ción, pon tu corazón a creer y tu boca a hablar sin importar
lo que pase.

Elijo estar de acuerdo con la Palabra de Dios, y alineo mi
discurso con lo que tú estás diciendo. Padre, renueva mi
mente con tu Palabra. Deja que transforme mi corazón y
mi voz. Mientras estudio tu Palabra, aumenta mi fe y llena
mi mente con el conocimiento de mi verdadera identidad
en ti, para que pueda ejercer la autoridad y el poder que me
has dado. Gracias, Padre, por darme tu palabra, porque es
vida y verdad. En el nombre de Jesús, amén.

Aprovecha lo que es tuyo

El reino de los cielos sufre violencia, y los violentos lo arrebatan.
—Mateo 11:12

¡No seas un cobarde! No estás rogando, no estás llorando, y no estás persuadiendo: estás viniendo a tomar lo que es legalmente tuyo de acuerdo a la Palabra de Dios. Debes venir con valentía como lo haría un niño a un padre, como un príncipe o princesa lo haría a un rey, como lo haría un demandante agraviado ante un tribunal de justicia.

Padre, tú me has dado autoridad sobre todo poder del enemigo. Hoy yo camino en esa autoridad y decreto que tomo posesión de mis bienes y los llevo por la fuerza. Como mis tiempos están en tus manos, declaro y decreto que mi lucha ha terminado. Yo decreto sorpresas súbitas, aumento sobrenatural, favor e influencia. Declaro que soy ungido para una nueva estación. Las cosas viejas pasaron, he aquí todas son hechas nuevas. Yo estoy completo y fuerte, mi corazón está lleno de paz, mi mente está centrada, y mi vida brilla con tu gloria. En el nombre de Jesús, amén.

No debes mendigar

Pero sin fe es imposible agradar a Dios; porque es
necesario que el que se acerca a Dios crea que le
hay, y que es galardonador de los que le buscan.
—Hebreos 11:6

Si sientes que debes mendigarle a Dios lo que Él te prometió, tú no conoces al Dios de los cielos. Él es un galardonador. No es tacaño en el cumplimiento de su Palabra. Pero si no entras en su presencia como si pertenecieras allí, entonces tu fe y comprensión necesitan una actualización. No se trata de que seas humilde; se trata de si conoces a Dios como el amoroso Padre que realmente es.

Yo decreto y declaro una actualización profética de mi vida
de pensamiento; los procesos de pensamiento negativos, con-
traproducentes, están bajo mis pies. Ahora poseo un para-
digma del Reino, que me otorga nuevas formas de pensar,
trabajar y vivir. Declaro que nuevos ciclos de victoria, éxi-
to y prosperidad están reemplazando en mi vida los viejos
ciclos de fracaso, pobreza y muerte. Yo decreto que todo lo
preparado para mí antes de la fundación del mundo, debe
ser liberado en el nombre de Jesús. Gracias, Padre, por
coronarme de tu amor y misericordia. Me satisfaces con
tantas cosas buenas. En el nombre de Jesús, amén.

Ora a través de los ojos de Dios

*Y como Moisés levantó la serpiente en el desierto, así es
necesario que el Hijo del Hombre sea levantado, para que todo
aquel que en él cree, no se pierda, mas tenga vida eterna.*
—Juan 3:14–15

No estamos llamados a tomar venganza de nadie; si se debe
tomar venganza, será Dios quien lo haga. No estamos llamados a ser jueces de los autores de ninguna fechoría. Estamos
llamados a ser salvadores y sanadores. Estamos llamados, como
Moisés cuando levantó la serpiente de bronce, a ponernos entre
el pueblo y el daño, a levantar a Jesús para que los que levanten
la vista de este mundo a Él también sean salvos. Debido a esto
debemos orar para ver a los que nos hacen daño o a la gente por
quien estamos orando a través de los ojos de Dios. Debemos
orar para que Dios los pare en seco como lo hizo con Pablo y
se vuelvan. No podemos tener fe para algo si no estamos caminando en amor, porque la única cosa que aprovecha es "la fe que
obra por el amor" (Gálatas 5:6).

*Señor, dame sabiduría sobrenatural para saber cómo orar
por otros. Ayúdame a ver a través de tus ojos y perdonar a
los que me han lastimado. Dejo la venganza en tus manos.
Invísteme hoy de poder para levantarte y que la gente pueda mirar hacia ti y ser salva. En el nombre de Jesús, amén.*

BUSCA LA VERDAD

*Pero cuando venga el Espíritu de verdad, él
os guiará a toda la verdad.*
—JUAN 16:13

Hay momentos en que estamos negando sinceramente la verdad acerca de una situación, o que estamos confundidos acerca los hechos o de la forma en que interpretamos las cosas. Pero uno de los nombres del Espíritu Santo es "el Espíritu de Verdad". Si nos abrimos a Él en oración y escuchamos más de lo que hablamos, damos lugar al Espíritu Santo para que ajuste nuestra perspectiva. Él nos dará la perspectiva de la sala del trono de Dios, que nunca conseguiríamos por nuestra cuenta.

Padre, ordena mis pasos con tu Palabra, y guíame a toda verdad. Que tu Palabra renueve mi mente y cambie mi perspectiva. Luego permite que el resto de mi vida se alinee, para que yo ejemplifique el fruto de tu Espíritu. Mientras te busco con diligencia y estudio tu Palabra, transforma mi vida y mis oraciones. Ayúdame a escuchar más y esperar la revelación desde tu trono para que mis oraciones sean estratégicas y eficaces. En el nombre de Jesús, amén.

ORA LA VERDAD

Jesús le dijo: "Yo soy el camino, la verdad y la vida".
—JUAN 14:6

No necesariamente debemos orar "los hechos": lo que debemos orar es la verdad. Los hechos pueden ser que el doctor dijo que vas a morir en seis meses, pero la verdad es "por su llaga fuimos nosotros curados" (Isaías 53:5). Los hechos pueden ser que tengas una gran cantidad de facturas pendientes de pago sobre tu escritorio, pero la verdad es: "Mi Dios, pues, suplirá todo lo necesario conforme a sus riquezas en gloria en Cristo Jesús" (Filipenses 4:19). Dios no necesita que le digamos los hechos—los conoce mejor que nosotros,—pero necesita que estemos de acuerdo con sus promesas para que podamos recibir la provisión que Él desea proporcionarnos. Después de todo, la Biblia no dice: "Debéis reconocer los hechos y los hechos os harán libres", sino que dice: "Y conoceréis la verdad, y la verdad os hará libres" (Juan 8:32).

> *Padre, gracias por la verdad que trae libertad. Creo tu Palabra sobre los hechos de las situaciones que enfrento. A medida que declare tu verdad, mis circunstancias cambiarán para mejor. Gracias, Padre, por hacerme victorioso sobre todos los obstáculos que se me presenten hoy. En el nombre de Jesús, amén.*

No podemos perder la oración

Estad firmes y constantes, creciendo en la obra del Señor siempre,
sabiendo que vuestro trabajo en el Señor no es en vano.
—1 Corintios 15:58

La oración nunca es desperdiciada. Sé por experiencia personal que un minuto de oración puede lograr más que una vida en otras actividades. Aférrate a las promesas de Dios en la oración, sin importar cómo sean las cosas en lo natural. Dios te responderá, si lo buscas con todo tu corazón. (Ver Jeremías 29:11–14.)

Padre, me aferro a tus promesas. Aunque la visión tarde, voy a esperarla, sabiendo que tú harás que se cumpla. Tu Palabra declara que todas las promesas de Dios son sí y amén en ti así que voy a persistir en oración hasta lograrlas. Tú eres el único Dios verdadero, que hace que todas las cosas operen en conjunto y que hace que todas las cosas obren para bien a través de su más excelente armonía. Gracias por escuchar fielmente y responder a la oración. En el nombre de Jesús, amén.

Deja que la pasión informe tus oraciones

Elías era hombre sujeto a pasiones semejantes a las nuestras, y oró fervientemente para que no lloviese, y no llovió sobre la tierra por tres años y seis meses. Y otra vez oró, y el cielo dio lluvia, y la tierra produjo su fruto.
—Santiago 5:17–18

La vida nos da sorpresas, y aunque tenemos diferentes antecedentes e historias personales, todos tenemos emociones, sueños y pasiones. Cuando nos comprometemos emocionalmente en una lucha, tenemos la tendencia a orar menos en vez de orar más. Si queremos tener vidas de oración triunfantes, tenemos que volcar esas emociones y pasiones en la oración en lugar de dejar que se conviertan en un obstáculo para ella.

Padre, haz que mi voluntad trabaje en perfecta armonía con la tuya. Has puesto semillas de transformación en mi boca. No dejaré que las circunstancias me convenzan de que no eres capaz de llenar mis necesidades hoy. Les recordaré a mis circunstancias la grandeza de mi Dios. Como David, voy a correr a ti en los momentos de angustia, no voy a huir de ti. Mi socorro viene solo de ti. Gracias por darme un sentido predominante de paz, amor, misericordia, favor y la certeza absoluta de que tú tienes el control. En el nombre de Jesús, amén.

Está dispuesto a luchar

*Así se quedó Jacob solo; y luchó con él un varón hasta que
rayaba el alba. Y dijo: Déjame, porque raya el alba. Y
Jacob le respondió: No te dejaré, si no me bendices.*
—Génesis 32:24, 26

Jacob tuvo que luchar con Dios para obtener su bendición.
Tenemos que venir a Dios con seriedad como lo que somos y
estar dispuestos a seguir orando—aunque estemos enojados o
frustrados—hasta que obtengamos la respuesta de Dios. Dios
entiende las emociones: ¡Él las creó! Tenemos que estar dispuestos a expresar con seriedad todo lo que tenemos y estar
preparados para que Dios lo cambie o corrija.

*Padre, como Jacob, no te voy a dejar ir hasta que me bendi-
gas. No te voy a dejar ir hasta que llegue el cambio. Prosigo
adelante orando por un gran avance. Te necesito, Dios. Sin
ti nada puedo hacer. Tú eres mi única esperanza para las
respuestas que busco. Ayúdame a orar más, a alabar más,
a dar más, a creer más y a esperar más. Dame una mente
fortalecida que sea estable y resuelta y fe que sea firme e
inquebrantable. Trae estabilidad a mis emociones. Te alabo por adelantado por las grandes cosas que vas a hacer en
y a través de mí hoy. En el nombre de Jesús, amén.*

En el nombre de Jesús

*Por lo cual Dios también le exaltó hasta lo sumo, y le dio un
nombre que es sobre todo nombre, para que en el nombre
de Jesús se doble toda rodilla de los que están en los cielos, y
en la tierra, y debajo de la tierra; y toda lengua confiese
que Jesucristo es el Señor, para gloria de Dios Padre.*
—Filipenses 2:9–11

Orar en el nombre de Jesús no es solo un cierre que se supone debe utilizarse antes de decir "Amén". Orar en el nombre de Jesús es venir al trono de Dios tal como un embajador llegaría al trono de un rey extranjero "en el nombre de" su propio rey. Usar el nombre de Jesús es otro privilegio "en Cristo" y el sello de nuestra autoridad como representantes de Jesús. Cuando oramos en el nombre de Jesús, oramos en la autoridad de Jesús. El nombre de Jesús te dará el poder para vencer cuando realmente oras en ese nombre.

*Yo soy tu embajador, que represento tu Reino en la tierra.
Oro desde un lugar de victoria porque ya has conquistado al enemigo. Cuando oro en tu nombre, de acuerdo a tu
Palabra, mi petición puede darse por cumplida. Solo debo
esperar a que se manifieste. Gracias, Padre, por haberme
dado autoridad en tu nombre, autoridad que me da poder
para derrotar a los enemigos y superar todos los obstáculos.
En el nombre de Jesús, amén.*

Tu camino es único

*¿No se venden dos pajarillos por un cuarto? Con todo, ni
uno de ellos cae a tierra sin vuestro Padre. Pues aun
vuestros cabellos están todos contados. Así que, no
temáis; más valéis vosotros que muchos pajarillos.*
—Mateo 10:29–31

Así como cada uno de nosotros tiene un llamado o una tarea
diferente que hacer para Dios, cada uno de nosotros va a reco-
rrer un camino ligeramente diferente para entender lo que realmente es la oración. Dios le hablará a cada uno de nosotros de
diferente manera, y la forma en que Dios habla a una persona
puede ser muy diferente de la manera en que habla a otra. ¿Por
qué? Porque Dios no está interesado en conseguir que aprenda-
mos reglas y requisitos de vida ni que vivamos siguiendo meramente los dictados de un reglamento. Quiere que vayamos a Él
para que lo conozcamos por nosotros mismos. Quiere una relación única con cada uno de nosotros así como nos creó a cada
uno como individuos únicos. Lo esencial para Dios es la relación, y la llave maestra es la oración.

*Padre, me acercaré a ti a través de la oración. Escucho tus
instrucciones y oro para que tu voluntad sea hecha en la
tierra. Pero lo importante de la oración no es solo cumplir
la misión que se me ha asignado, sino también la comunión
contigo. Gracias por mostrarme mi propósito único mientras
paso tiempo en tu presencia. En el nombre de Jesús, amén.*

LA ORACIÓN ES DINÁMICA

Pero tú, cuando ores, entra en tu cuarto, cierra la
puerta y ora en secreto a tu Padre. Y tu Padre, que ve
lo que haces en secreto, te dará tu recompensa.
—MATEO 6:6, DHH

Hasta cierto punto, aprender a orar es una experiencia de ensayo y error. En muchos niveles la oración es algo tan simple como abrir nuestros corazones al cielo y decirle a Dios cómo nos sentimos, pero también es algo sublime. Una vida entera dedicada a la oración nunca será monótona si no nos retiramos y dejamos de crecer en su práctica. Es un viaje único que Dios ha diseñado para cada de nosotros. Esto no quiere decir que no podemos aprender acerca de la oración el uno del otro, de lo contrario ¿qué sentido tendría que yo escribiera todos estos libros sobre ella? Pero si todo lo que tú haces es leer libros, nunca entenderás realmente en qué consiste la oración. Yo puedo hablarte al respecto, pero tú debes experimentarla por ti mismo para entenderla.

Padre, no me dejes complicar la oración o convertirla en un
ritual religioso. Hoy mi fuerza viene de estar en quietud
delante de ti, diciéndote lo que está en mi corazón, y luego
escuchar para oír lo que hay en el tuyo. Es tan simple, y sin
embargo es lo más importante que voy a hacer hoy. Gracias,
Padre, por escuchar y responder a la oración. En el nombre
de Jesús, amén.

No dejes de orar

También les refirió Jesús una parábola sobre la
necesidad de orar siempre, y no desmayar.
—Lucas 18:1

No puedes dejar nunca, nunca, nunca que una oración sea una parte estancada de tu vida. Es vital para quien eres como cristiano y aún más vital para cumplir la misión de Dios y tu misión en la tierra. No hay nada que le agrade más al diablo que un cristiano que no ora, porque esa persona es alguien por la que no tiene que preocuparse. De hecho, su estrategia global a través de los años parece ser la de que estemos demasiado ocupados para orar y hacernos pensar que en realidad no necesitamos orar porque Dios ya conoce nuestras necesidades, así que ¿por qué molestarlo con ellas al orar? Sin embargo, John Wesley dijo la famosa frase: "Yo oro dos horas cada mañana. Eso si no tengo mucho que hacer. Si ese día tengo mucho que hacer, entonces oro tres horas".

Renueva hoy mi celo por buscarte a diario en oración. Coloca sobre mí la unción de Débora para el equilibrio, para que nunca meta en mi día tanto que no me quede tiempo para ti. Es tu voluntad que yo ore siempre porque es así como me preparo para los retos que enfrentaré. Tú mueves montañas cuando oro, así que no voy a detenerme. Te buscaré a ti primeramente. En el nombre de Jesús, amén.

diciembre

Establece el Reino

*Pero corra el juicio como las aguas, y la
justicia como impetuoso arroyo.*
—Amós 5:24, rv60

No es suficiente con vislumbrar el Reino a la distancia y correr a deslizarse por debajo de la puerta justo antes de que se desplome; debemos presionar y ver el Reino establecido dondequiera que vayamos. La salvación no es una única decisión que garantiza el cielo, sino una vida vivida manifestando justicia en nuestro mundo en todos los niveles. Si hemos de vivir según el mandamiento de Cristo de amarnos unos a otros, la justicia va a ser asunto nuestro a todos los niveles. Y nada hace caer la justicia como establecer el Reino de Dios en un lugar.

Padre, venga tu Reino y hágase tu voluntad. Muéstrame la causa que se me asigna para defender. Dame el coraje para reunir a otros alrededor de metas plausibles para la reconstrucción social, el desarrollo comunitario, la renovación espiritual, el empoderamiento económico y la reforma educativa. Padre, remueve a los líderes egoístas y sustitúyelos por verdaderos líderes-siervos. Que el cuerpo de Cristo viva fiel a nuestros principios bíblicos. Que cambie el clima espiritual en apoyo de un mover de Dios y reclamemos los territorios perdidos para ti. En el nombre de Jesús, amén.

Obtener descargas de Dios

*Vino, pues, palabra de Jehová a mí, diciendo: Antes que
te formase en el vientre te conocí, y antes que nacieses
te santifiqué, te di por profeta a las naciones.*
—Jeremías 1:4–5, rv60

A cada uno de nosotros se le han dado asignaciones para una
actividad específica que solo pueden ser realizadas eficaz y eficientemente cuando están bañadas en oración. A medida que
Dios se haga más accesible, ¡los que mejor escuchen al cielo
participarán en las cosas más increíbles! Lograremos grandes hazañas en su nombre hasta que los reinos de este mundo
sean el Reino de nuestro Señor y de su Cristo, hasta que Él
reine por los siglos de los siglos. Debemos recordarle a Dios
su Palabra, descargar los planes y tácticas de Dios y reclamar
sus promesas para esta generación.

*Padre, despeja cualquier distracción para que hoy pueda
oírte con claridad. Permíteme oír al cielo y orar con discernimiento. Dame visión profética de las cosas que has preparado para mí hoy y de la asignación que debo cumplir.
Ansío hacer grandes hazañas que glorifiquen tu nombre y
promuevan e impulsen tu Reino. Reclamo todas tus promesas para mi vida en el nombre de Jesús, amén.*

Prepárate para el día de Dios

Porque cercano está el día de Jehová sobre todas las naciones; como
tú hiciste se hará contigo; tu recompensa volverá sobre tu cabeza.
—Abdías 1:15, rv60

A medida que el día del Señor se acerca, también nosotros debemos acercarnos más a Él. Será un momento emocionante para estar en la tierra, y creo que estamos listos para hacer nuestra parte precisamente donde estamos hoy. Es tiempo de orar, ayunar, obedecer y mostrar el poder de Dios. Y todo comienza contigo atrincherándote y librando la batalla que tienes ante ti en este momento. El cielo ya tiene los planes para tu victoria: es hora de descargarlos y caminar en ellos.

Padre, tú estás cerca de todo aquel que te invoca, así que sé
que hoy estás cerca de mí. Busco la sabiduría del cielo tan-
to para saber como vivir como para orar. Ansío hacer tu
voluntad. Haz que camine en sintonía con tu tiempo per-
fecto. Alinea divinamente todo lo que esté desalineado. Y
suelta en tu tiempo señalado todo lo que preparaste para mí
antes de la fundación del mundo. Gracias porque ya tienes
los planes para mi éxito. Te alabo de antemano por darme
la victoria. En el nombre de Jesús, amén.

354   Declara bendición sobre *tu* día

No transijas nunca

Ninguna arma forjada contra ti prosperará, y condenarás toda lengua que se levante contra ti en juicio. Esta es la herencia de los siervos de Jehová, y su salvación de mí vendrá, dijo Jehová.
—Isaías 54:17, rv60

Así como Daniel, a pesar de la persecución y las pruebas, prosperó mediante la oración trayendo una clara demarcación de justicia en su esfera de influencia, y así como Jesús hizo avanzar el Reino viviendo deliberadamente de manera tal que su vida transformó personas, tú puedes no arrodillarte ante el dios de este mundo ni comprometer tus convicciones a medida que Dios te promueve y prospera. Recuerda, cuando Dios te hace ser cabeza y no cola—un líder de la industria, un pionero y un agente de cambio—y cuando te comprometes a desarrollar una vida de oración, niégate a mantener el *statu quo*.

Padre, no voy a transigir. Como Daniel, voy a ser conocido como alguien que es ejemplo de integridad, moralidad y credibilidad. Tu Palabra ilumina mi camino. Padre, sincopa hoy mis acciones y actividades con el ritmo del cielo. Mientras paso tiempo contigo en oración, dame el coraje para caminar en mis convicciones y la sabiduría para impactar mis esferas de influencia. En el nombre de Jesús, amén.

Dios te exaltará

*Así que humíllense ante el gran poder de Dios y, a
su debido tiempo, él los levantará con honor.*
—1 Pedro 5:6, ntv

Usar la doctrina o la tradición para mantener sometido un grupo de personas para el mejoramiento de otro no es el método de operación de Dios. Dios es un poder transformador. Él quiere tomar a los débiles y humillados, a los humildes y mansos, y verlos exaltados. Si humilla a los orgullosos, es solo porque Él quiere ser el exaltador y no ver que ellos mismos se exaltan hacia su propia destrucción. Su camino es maximizar el potencial de cada persona que vendrá a Él. Quiere que cada persona llegue a ser todo lo que puede ser de acuerdo a su plan original para cada uno. Si vamos a ser como Él y a hacer una diferencia en la tierra, es necesario que operemos de la misma manera.

Padre, invísteme hoy de poder para maximizar mi potencial. Al caminar humildemente delante de ti, hazme ascender en nuevos territorios, ámbitos y dimensiones. Abre puertas que el hombre no puede abrir y cierra puertas que nadie podría cerrar. Muéstrame cómo utilizar los dones y recursos que me has dado para hacer campaña para el empoderamiento de otros. Dame oportunidades divinas para ayudar a otros a tener éxito y convertirse en todo lo que los has llamado a ser. En el nombre de Jesús, amén.

ESTABLECE LA JUSTICIA DE DIOS

*Porque también la creación misma será libertada de la
esclavitud de corrupción, a la libertad gloriosa de los
hijos de Dios. Porque sabemos que toda la creación gime
a una, y a una está con dolores de parto hasta ahora.*
—ROMANOS 8:21–22, RV60

El mundo no fue construido como un lugar que pueda manejar la corrupción que viene del pecado. La tierra misma gime con terremotos y calamidades, esperando que la justicia sea establecida en la tierra. Cuanto más se oscurecen las cosas, más grita la tierra para que se establezca la justicia de Dios.

Padre, deja que la tierra sea llena de tu gloria. La creación gime por la revelación de los hijos de Dios. Úsame hoy para establecer tu rectitud y justicia en la tierra. Haz que la atmósfera espiritual cambie y se vuelva propicia para el avivamiento. Déjame caminar delante de ti con integridad, honrándote con mis palabras y mis acciones. Declaro y decreto que vivo fiel a los principios bíblicos y que mi nombre se asocia con la honestidad, la humildad, la gracia, la alegría, la paz, la generosidad y la sabiduría. A través de ti hago una diferencia en el mundo que me rodea. En el nombre de Jesús, amén.

Sé un alma fiel

*Porque no hará nada Jehová el Señor, sin que
revele su secreto a sus siervos los profetas.*
—Amós 3:7, rv60

Vemos que Dios perdonará una ciudad o incluso toda una nación por un alma fiel que se pone en la brecha a su favor. En nuestra era, eso significa que Dios está buscando a quienes en la tierra están escuchando instrucciones del cielo sobre las necesidades por las que hay que orar, y por las que es necesario orar antes de que sucedan. Cuando no hay un intercesor dispuesto a ponerse en la brecha y orar hasta que la justicia de Dios pueda superar la corrupción de la tierra, algo real y tangible—con el potencial para hacer una diferencia real—se pierde.

Padre, yo no voy a renunciar a mi puesto. Voy a ponerme en la brecha para que tu justicia venga sobre la corrupción de la tierra. Dame hoy instrucciones celestiales para saber exactamente cómo orar. Abre mis ojos y oídos a las cosas que están en tu corazón. Fue por esta razón que se manifestó el Hijo de Dios, para destruir las obras del diablo. Úsame para manifestar tu gloria en la tierra y hacer que tus planes y propósitos prevalezcan. En el nombre de Jesús, amén.

PELEA LA BUENA BATALLA

David le contestó: "Tú vienes contra mí con espada, lanza
y jabalina, pero yo vengo a ti en el nombre del Señor
Todopoderoso, el Dios de los ejércitos de Israel, a los que has
desafiado. Hoy mismo el Señor te entregará en mis manos;
y yo te mataré y te cortaré la cabeza. Hoy mismo echaré los
cadáveres del ejército filisteo a las aves del cielo y a las fieras
del campo, y todo el mundo sabrá que hay un Dios en Israel".
—1 Samuel 17:45–46

Para que una comunidad prospere, el mal debe ser continuamente derrotado. De otro modo todo lo que sucede son continuos conflictos y luchas internas. Mucha gente se ha desilusionado porque siente que es una batalla sin fin. Pero tú debes tener valor; no debes desanimarte. La batalla en que estamos envueltos terminará en victoria. Por lo tanto, debes pelear la buena batalla de la fe y no dudar. No debes ceder a la incredulidad.

Padre, le hablo a mi espíritu y declaro que quiero persistir
en la oración. Voy a pelear la buena batalla de la fe y no
me rendiré. Ya tengo la victoria en ti; soy más que vence-
dor. Rechazo y repelo toda duda e incredulidad. Declaro
que camino por fe y me guio por tu Palabra. Que cada plan
para frustrar tus planes y propósitos sea expuesto y demo-
lido. Decreto y declaro que ningún arma forjada contra mí
prosperará, porque el Señor de los ejércitos celestiales ya ha
derrotado al enemigo. En el nombre de Jesús, amén.

LUCHAR PARA VENCER

*Antes, en todas estas cosas somos más que
vencedores por medio de aquel que nos amó.*
—ROMANOS 8:37, RV60

El poder y bondad de Dios que están dentro de nosotros son mucho más poderosos que cualquier mal. Conquista los enemigos de la duda e incredulidad interiores, y tus enemigos serán vencidos. Vencerás tropiezos personales, tendencias, hábitos y adicciones de tu vida privada, y ganarás la lucha contra la injusticia en todo el mundo. Anhelamos que la voluntad de Dios—su misericordia, su salvación, su curación, su abundancia—sea hecha en la tierra como en el cielo. Tenemos que luchar para ganar. Esta es nuestra guerra.

Padre, yo declaro hoy que tu poder y bondad son mayores que todas las batallas internas que enfrento. Tu perfecto amor echa fuera el temor. Tu gracia cubre mi pecado. Por causa de tu misericordia no estoy abrumado. Nada puede separarnos de tu amor. Deja que todo rastro de duda e incredulidad sea expuesto y echado fuera. Revela todas las áreas que no te he confiado a ti—todo hábito, tendencia o adicción—para que pueda ponerla bajo tu autoridad. Que se haga tu voluntad en mi vida, como en los cielos. Ansío reflejar tu gloria. Hazme más como tú en el nombre de Jesús, amén.

Nada es inimaginable

Porque las armas de nuestra milicia no son carnales, sino
poderosas en Dios para la destrucción de fortalezas, derribando
argumentos y toda altivez que se levanta contra el conocimiento de
Dios, y llevando cautivo todo pensamiento a la obediencia a Cristo.
—2 Corintios 10:4–5, rv60

Es en la oración donde sondeamos las realidades espirituales,
nos comunicamos con Dios, accedemos al arsenal de los cielos,
y expandimos el Reino de Dios sobre la tierra. Es tan simple como apartarte a un lugar tranquilo y abrirle tu corazón
a Dios y tan dinámico como aprovechar el poder y la imaginación que crearon el cosmos. Así como con Dios nada es
imposible, igualmente con la oración nada es inverosímil. La
oración le da permiso al cielo para invadir la tierra. A través
de esta disciplina, somos capaces de orar para que el cielo baje
a evitar que el infierno crezca.

> *Padre, que el cielo invada la tierra y traer cambios sobre-*
> *cogedores. Contigo nada es imposible, por lo que no pongo*
> *límites a mi pensamiento sobre lo que quieres y no quieres*
> *hacer. Hoy quito las barreras y elevo mi nivel de expecta-*
> *tivas. Tú eres el grande y poderoso Dios, que es capaz de*
> *hacer más de lo que yo pudiera pedir o pensar. Decreto y*
> *declaro hoy que cada situación y circunstancia de mi vida*
> *debe dar paso al poder y el propósito de Dios. En el nombre*
> *de Jesús, amén.*

Permite que Dios manifieste
su poder a través de ti

Ni dirán: Helo aquí, o helo allí; porque he aquí
el reino de Dios está entre vosotros.
—Lucas 17:21, rv60

Dios está aquí contigo, viviendo dentro de ti, listo para manifestar su Reino a través de ti. Cada creyente es equipado con un arsenal de increíble poder que cambia las vidas y el mundo. Para los que estiman correctamente el privilegio de acceder a la armería de posibilidades de Dios, cada palabra hablada a través de o por esa persona tiene un enorme potencial de energía innovadora, creativa y recreativa.

Decreto y declaro hoy que estoy ungido para este el tiempo señalado. He sido investido de poder por el Espíritu Santo para orar con autoridad y cumplir mi destino. Espíritu de Dios, te autorizo a moverte libremente en mi vida. Decreto y declaro que no veo imposibilidades. Solo veo más oportunidades para que puedas mostrar tu fuerza a mi favor. En el nombre de Jesús, amén.

DIOS LO SOSTENDRÁ

*Podemos hacer nuestros planes, pero el
Señor determina nuestros pasos.*
—PROVERBIOS 16:9, NTV

Todo lo que Dios haga nacer a través de ti en oración, también lo sostendrá. Mira, no importa que los seres humanos desarrollen, planifiquen y elaboren estrategias sobre la tierra, porque en última instancia nada de ello llegará a nada. Dios es un Dios grande que creó un mundo grande para que tú puedas hacer algo grande en él. Él siempre está tratando de comunicarse contigo. La oración es el medio por el cual puedes relacionarte con Él.

Tú eres fiel, Dios. Tú me llamaste, y completaré la obra que me llamaste a hacer. Nada es demasiado difícil para ti. Aún las cosas que exceden mis sueños más audaces son fáciles para ti. Decreto y declaro que tú, que hiciste la tierra con tu poder, que estableciste el mundo por tu sabiduría y extendiste los cielos por tu entendimiento, estás ordenando hoy mis pasos para cumplir tus propósitos. Tú eres un Dios grande, con grandes planes para mi vida, y voy a caminar en todo lo que tienes para mí. Declaro que derribarás cada muro de Jericó para que yo pueda poseer el territorio que has preparado para mí. En el nombre de Jesús, amén.

Escucha la conversación de Dios

Ustedes han hecho todas estas cosas "afirma el Señor", y
puesto que una y otra vez les he hablado y no me han querido
escuchar, y puesto que los he llamado y no me han respondido.
—Jeremías 7:13

En este momento se está realizando una gran conversación, y Dios está compartiendo algunas grandes ideas. Tienes que entrar en la gran conversación en la sala de guerra del cielo ahora mismo. Dios siempre está hablando. ¿Tú estás escuchando? Si participas en la oración correcta, consistente, fiel y persistentemente, Dios te permitirá escuchar la conversación, y por casualidad oirás precisamente lo que debes hacer para avanzar de continuo en tu vida, cumplir con tu propósito, y maximizar tu potencial.

Padre, inclino mi oído para escuchar su voz. Anhelo estar
en la gran conversación que tiene lugar en el cielo. Humil-
demente te pido que me permitas ascender a nuevas esferas
de autoridad y acceder a nuevas dimensiones de revela-
ción divina, así sabré cómo debo orar. Limpia las líneas de
comunicación para que tengas acceso irrestricto a mi mente
y espíritu. Que tus instrucciones divinas fluyan libremente
hoy, y me hagan caminar en tu perfecta voluntad. En el
nombre de Jesús, amén.

SÉ MADURO

Hermanos, no seáis niños en el modo de pensar, sino sed
niños en la malicia, pero maduros en el modo de pensar.
—1 CORINTIOS 14:20, RV60

Debemos crecer y madurar en nuestra fe, si queremos hacer alguna diferencia para el Reino de Dios. A medida que crecemos en Cristo, aprendemos nuevas habilidades y desarrollamos hábitos divinos. Aumentan los niveles de competencia en nuestras habilidades y talentos. Nos distinguimos por la excelencia alcanzada y la aparente facilidad con que seguimos a Jesús. En cualquier emprendimiento, el dominio de habilidades y técnicas te distingue como alguien que no es descuidado en su desempeño.

Padre, yo elijo crecer en ti. Me niego a permitir que cualquier expresión de infantilismo o inmadurez me impida incursionar en nuevas esferas del espíritu. Someto mi vida a tu superior autoridad, y no rechazaré el proceso por el cual estás aguzando las habilidades y talentos que me has dado. Todo lo que tengo viene de ti, y yo libremente te lo entrego para que lo uses para tu gloria. No te busco casualmente, estoy en la búsqueda incesante de ti. Acepto abiertamente todo tu entrenamiento para crecer en la plenitud de la madurez en Cristo. En el nombre de Jesús, amén.

VIVE EN LA ESFERA ESPIRITUAL

Y los bendijo Dios, y les dijo: Fructificad y multiplicaos; llenad la tierra, y sojuzgadla, y señoread en los peces del mar, en las aves de los cielos, y en todas las bestias que se mueven sobre la tierra.
—GÉNESIS 1:28, RV60

En el Reino de los cielos, la experiencia terrenal del creyente está llena de la esencia de la justicia que es Dios. Es una esfera espiritual donde los creyentes tienen el privilegio de existir y funcionar a niveles prósperos, mientras físicamente viven en la tierra. Esta vida es vivida con la perspectiva originalmente prevista por Dios—es decir, cumpliendo el mandato original de Dios a la humanidad—de que debemos tener dominio sobre la tierra.

Padre Dios, no voy a limitar mis expectativas a lo que puedo ver en lo natural. Mi vida está escondida en ti. Existo en una esfera sobrenatural que desafía las limitaciones naturales. Yo recibí las cosas adicionales que vienen con ser un ciudadano del Reino de Dios. Decreto y declaro que las obras de mis manos están bendecidas. Mi vida está bendecida. La alegría, la paz, la prosperidad, el éxito y la influencia son mis constantes compañeros. Tú me creaste para tener dominio. Ese es mi mandato de Reino, y voy a caminar en él. Padre, empodérame para mantener una perspectiva de Reino. En el nombre de Jesús, amén.

LA ORACIÓN TE ENTRENA

*Bienaventurado el hombre a quien tú, JAH, corriges, y en tu
ley lo instruyes, para hacerle descansar en los días de aflicción.*
—SALMO 94:12–13, RV60

Dios plantó en cada uno de nosotros querer hacer una
diferencia en nuestro mundo; es una diferencia que traerá bien
en vez de mal, paz en vez de conflicto, prosperidad en vez de
pobreza. Pero muy pocos se dan cuenta de que las bases de
este estilo de vida superador se sientan en nuestros lugares
secretos de oración. Es el lugar de formación y preparación.
Es el campo de entrenamiento para superarse. Así como aquel
que no practica el arte de la espada no puede blandir una ade-
cuadamente, no hay persona en esta tierra que pueda utilizar
correctamente la Palabra de Dios si no ha sido entrenada en
ella por el propio Maestro. La oración es el lugar de formación,
así como el lugar de superación.

*Padre Dios, profundiza hoy mi comprensión de tu Palabra.
Que limpie mi corazón y renueve mi mente. Tu Palabra
es una espada de dos filos que divide el alma del espíritu
y discierne las intenciones del corazón. Es lámpara a mis
pies que ilumina el camino que debo andar. Porque amo la
verdad, me disciplino en estudiar tu Palabra y someterme
a tu campo de entrenamiento para superarme. En el nombre de Jesús, amén.*

Permite a Dios disciplinarte

*Es verdad que ninguna disciplina al presente parece ser
causa de gozo, sino de tristeza; pero después da fruto
apacible de justicia a los que en ella han sido ejercitados.*
—Hebreos 12:11, rv60

Aunque, como cristianos, tenemos todo el poder detrás de
nosotros, ¿cuán bien estamos actuando en esa autoridad?
Somos vencedores, pero ¿nos estamos superando? La deter-
minación de si seremos victoriosos o derrotados depende de
respuestas sinceras a estas preguntas. Por lo tanto, la cuestión no es el poder de nuestro Dios, sino cuán disciplinados y
preparados estamos para ganar las batallas de nuestra guerra
espiritual en oración.

*Padre, en el nombre de Jesús hoy declaro y decreto que
no solo hablo sobre la autoridad que tengo en ti; también
camino en ella. Proclamo al Rey y su Reino, y ando en tu
poder. Tomo dominio sobre este día y declaro que cooperaré con tu agenda y calendario. Cancelo todo actividad
que quiera alterar mi destino en el nombre de Jesús. Me
ha sido dada autoridad sobre toda fuerza del enemigo, y
decreto que mi vida se caracteriza por la libertad. Entrena mis manos para la batalla. Llévame a nuevos niveles
de poder y autoridad a medida que me someto a ti. En el
nombre de Jesús, amén.*

Debes luchar

Someteos, pues, a Dios; resistid al diablo, y huirá de vosotros.
—Santiago 4:7, rv60

Aunque la victoria es siempre del Señor, no se manifestará en la tierra si tú como creyente no luchas por ella. Este es tu tiempo en la tierra para ver que la voluntad de Dios se haga durante tu turno de guardia. Tú, que tienes jurisdicción sobre la tierra mientras estés aquí, debes estar en la brecha y decirle a Satanás: "No, no quiero saber nada con tus tonterías". Orar fervientemente—y en última instancia victoriosamente—en tales asuntos es esforzarse en el espíritu mediante el dominio de las técnicas y disciplinas de la oración.

Me levanto hoy y declaro como el profeta Isaías que un niño ha nacido para nosotros, un hijo nos ha sido dado, y el principado sobre su hombro; que lo dilatado de su imperio y la paz no tendrán fin. Como embajador de ese Reino, persisto en la oración hasta que cada muro impenetrable caiga, hasta que todas las barreras, bloqueos y obstáculos a los propósitos de Dios para este día se hagan añicos. Haré avanzar la causa de Cristo. Decreto y declaro que el Rey y su Reino están aquí, y que su voluntad se hará en la tierra como en el cielo, en el nombre de Jesús, amén.

ORA PERSISTENTEMENTE

Pero si esperamos lo que no vemos, con paciencia lo aguardamos
—ROMANOS 8:25, RV60

En el momento en que una oración es pronunciada, huestes angélicas se mueven a través de las atmósferas en favor de los que oran, erradicando y destruyendo fortalezas arraigadas que han causado estragos en las vidas. Entonces Dios meticulosamente planta y nutre, una por una, las respuestas para contrarrestar esos males, hasta que todo está alineado con su voluntad. Así como le llevó mucho tiempo al enemigo engendrar sus diabólicas redes y atrapar a la gente en ellas, también llevará tiempo desenredar y reposicionar a las personas para que reciban las bendiciones del Señor. Por lo tanto, debemos orar paciente, persistente y apasionadamente. Permanecer firmes en oración sobre estos asuntos hasta que llegue la respuesta no solo es la clave de la victoria, sino que también madura nuestra fe de una manera que ninguna otra práctica lo puede hacer.

Padre, te doy gracias porque las eficaces, fervientes oraciones del justo pueden lograr mucho. Voy a seguir orando hasta que vea la manifestación de tus promesas. Mientras oro, envía tus huestes angélicas a guerrear a mi favor. Encárgales que me refuercen a medida que avanzo en nuevos niveles, dimensiones, esferas y territorios para promover e impulsar tu Reino. En el nombre de Jesús, amén.

Recibe estrategias divinas

Que todo hombre nos considere de esta manera: como servidores
de Cristo y administradores de los misterios de Dios.
—1 Corintios 4:1, lbla

Cuando pasamos tiempo orando constante y fervientemente, conociendo a Dios, discerniendo su voz y andando en sus caminos llegamos a conocerlo tan íntimamente como a quienes viven con nosotros en nuestros hogares. Eso nos abre a comprender los misterios de Dios y permite que Dios nos revele estrategias exactas para orar por personas concretas, crecimiento de nuestras iglesias, cambio en nuestras comunidades, y la manifestación del Reino de Dios sobre la tierra. También permite a la sabiduría de Dios influir en nosotros respecto a cómo llevar adelante nuestros negocios, cómo invertir y administrar nuestro dinero, lo que debemos hacer para nutrir nuestras relaciones, y cómo disciplinarnos para mantener nuestro cuerpo en forma y fuerte.

Padre, mientras paso tiempo contigo, da forma a mi actitud y a mis acciones para que reflejen tu carácter. Revélame estrategias sobrenaturales para el éxito, el crecimiento espiritual, la buena salud y la prosperidad. Dame nuevas maneras de vivir. Actualiza mi pensamiento con la tecnología del Reino y la metodología del Reino para cumplir tu voluntad. Hoy recibo la disciplina sobrenatural para ponerlas en práctica. Hazme más como tú. En el nombre de Jesús, amén.

SE REQUIERE UN COMPROMISO

*No temas en nada lo que vas a padecer…Sé fiel hasta
la muerte, y yo te daré la corona de la vida.*
—APOCALIPSIS 2:10, RV60

Dejar tu marca en el mundo como alguien que ora es difícil.
Si fuera fácil, todo el mundo lo haría. Pero se necesita paciencia, se necesita compromiso, y hay un montón de fracasos a lo
largo del camino. La verdadera prueba no consiste en que evi-
tes fracasar, porque no lo lograrás. Consiste en ver si permites
que eso te desaliente y te haga resignarte a la inactividad.

*Declaro que soy más que vencedor. Padre, protégeme hoy
del desaliento y del sabotaje. Decreto y declaro que no me
rendiré ante las dificultades. Voy a orar ferviente y constantemente, y tú te mostrarás con fuerza en mi vida. En el
nombre de Jesús, amén.*

Siéntate y espera

*Tenía ella [Marta] una hermana llamada María
que, sentada a los pies del Señor, escuchaba lo que él
decía…Marta, Marta—le contestó Jesús—, estás inquieta
y preocupada por muchas cosas, pero sólo una es necesaria.**
María ha escogido la mejor, y nadie se la quitará.
—Lucas 10:39–42

Gran parte del tiempo veo a los cristianos que van de una reunión a otra tratando de obtener la mejor enseñanza posible—y hay una gran cantidad de buena enseñanza ahí afuera—pero al mismo tiempo veo a Jesús parado en la parte posterior de esas mismas reuniones mirando y preguntándose cuando van a venir a pasar algún tiempo aprendiendo a sus pies. Son como los paparazzi de Dios, corriendo y con la esperanza de echar un vistazo a alguna cosa o persona importante, con la esperanza de sacar provecho de estar en el lugar correcto en el momento adecuado, pero sin la disciplina para dedicar tiempo a esperar en Dios por sí mismos.

Padre, hoy me siento a tus pies a escuchar tu voz. Tú siempre quieres hablarme. Quiero aprender de ti en tu presencia. Gano fuerza en tu presencia. Mi perspectiva es cambiada en tu presencia. Déjame ascender a alturas superiores; llévame a mayores profundidades en el nombre de Jesús. Ningún deseo se compara contigo. Amén.

ESPERA EL TIEMPO SEÑALADO

*Ahora bien, la fe es la garantía de lo que se
espera, la certeza de lo que no se ve.*
—HEBREOS 11:1

Tenemos el derecho de establecer cosas en el espíritu y comenzar a demandar cosas que han sido divinamente incubadas, y esperan la hora señalada para su manifestación. Se requiere fe para luchar por esas manifestaciones. Desde el principio de la tierra, Dios preparó respuestas que recién has pedido ahora. Estas respuestas tienen un tiempo señalado para su manifestación. Pero solo pueden ser liberadas por la fe. Los ojos naturales no las perciben, ni los oídos naturales pueden detectarlas. Deben ser distinguidas por el espíritu y activadas por la fe.

Padre, pongo hoy una demanda en el cielo y pido todo lo reservado para mí que se manifestará en su tiempo señalado. Todo lo preparado para mí antes de la fundación del mundo debe ser desatado. Mando que todo lo que el enemigo ha ocupado ilegalmente sea liberado ahora en el nombre de Jesús. Mi familia, finanzas, avance y milagros deben ser liberados. No habrá sustitutos, ni retrasos, ni contratiempos ni demoras en el nombre de Jesús, amén.

¿Eres un general de oración?

Nosotros somos de Dios, y todo el que conoce a Dios nos escucha;
pero el que no es de Dios no nos escucha. Así distinguimos
entre el Espíritu de la verdad y el espíritu del engaño.
—1 Juan 4:6

Un general de oración ora hasta que ve resultados. Tales guerreros de oración se han ganado sus galones viendo llegar batallas a su final victorioso. Son personas que pueden reconocer la voz de Dios, saben cómo descargar estrategias de los cielos, y pueden ponerlas en práctica con éxito hasta que se alcanzan los resultados esperados. Esta es una persona que no solo ora con la misma regularidad con que respira, sino que también, cuando toma tu mano para orar de acuerdo contigo, tú sientes que el Espíritu de Dios te envuelve como una niebla caliente. Estas son personas que hablan con una unción tal que sus palabras son golpes en tu estómago si son palabras de corrección o néctar refrescante si son palabras de aliento.

Padre, mientras paso tiempo contigo en oración, profundiza mi comprensión de las realidades espirituales. Llévame a nuevas esferas del espíritu y úngeme para avanzar. Dame discernimiento para distinguir la verdad del error y tu voz de mi propio razonamiento, para que mis oraciones salgan como misiles y derriben el mal de su lugar. En el nombre de Jesús, amén.

EMBAJADORES DE ESPERANZA

Hoy les ha nacido en la ciudad de David un Salvador, que es Cristo el Señor. Esto les servirá de señal: Encontrarán a un niño envuelto en pañales y acostado en un pesebre.
—LUCAS 2:11–12

Muchas personas quieren orar como si en realidad pudieran empujar a Dios a que haga o no haga lo que está en su providencia hacer. La verdad es que hemos entrado en el reposo de Dios cuando desistimos de ser propietarios del asunto. Reposa seguro, Dios siempre responde nuestras oraciones. El resultado puede no ser el que planeaste, pero será mucho mayor de lo que puedas haber concebido. También debes confiar en Dios para saber cuál respuesta es mejor para tu vida.

Padre, descanso en la seguridad de que tú tienes completo control. Confío en ti para el resultado de mis oraciones. Responde a mis peticiones según tu perfecta voluntad, no la mía. Sé que tu camino es siempre el mejor. Traigo mis peticiones ante ti, y no me preocupo porque la paz de Dios que sobrepasa todo entendimiento guarda mi corazón y mi mente. Gracias, Padre, por haberme permitido entrar en tu reposo. Pongo mi confianza en ti. En el nombre de Jesús, amén.

Resultados de confiar en Dios

Padre, si quieres, no me hagas beber este trago amargo;
pero no se cumpla mi voluntad, sino la tuya.
—Lucas 22:42

Cuando ores, no te permitas vacilar en tu fe. Aférrate a lo que has aprendido y a la confianza que has recibido en tu relación con Cristo, aun en las cosas que crees que están muertas y sepultadas, que son irreversibles o imposibles. Dios puede resucitar una vida que pensabas que había terminado. Él puede sanar a los enfermos terminales, salvar al peor de los pecadores, y derrocar gobiernos tiránicos. Tú reconoces su capacidad para hacer vivir las cosas muertas cuando eres fiel en la oración. Cuando mantienes tu posición en fe, y sigues creyendo en Dios, Él se complace, los avances se aseguran, las intervenciones divinas son garantizadas y la vida eterna es aprehendida por ti y aquellos por quienes oras.

Padre, nada es demasiado difícil para ti. Así como Ezequiel hablo al valle de los huesos secos, les hablo a las esperanzas muertas, a los sueños muertos y a las situaciones imposibles y les mando que vivan en el nombre de Jesús. Nada está terminado hasta que tú dices que se acabó, así que me niego a perder el ánimo. Declaro que mi fe no fallará. Voy a pedirte audazmente, creyendo, sin pensarlo dos veces, y esperando que tú que te muevas a mi favor. En el nombre de Jesús, amén.

No desistas nunca

Por lo tanto, mis queridos hermanos, manténganse firmes
e inconmovibles, progresando siempre en la obra del Señor,
conscientes de que su trabajo en el Señor no es en vano.
—1 Corintios 15:58

En tu comunicación a, con y en nombre de Dios, planta los pies bien separados en la esfera espiritual, afianza tu reclamo, sé firme y constante, y desafía a todas y cada una de las circunstancias a que te muevan de tu posición en la oración. En los días en que Dios está extrayendo pecados y el mal y replantando con salvación, podemos no ver ninguna evidencia sobre la tierra porque Él está obrando bajo la tierra. Pero no podemos darnos el lujo de dejar de orar justo cuando los resultados están a punto de irrumpir. Las plántulas necesitan de tu constancia para salir adelante y florecer. No te rindas. Empuja; persevera. Nunca, nunca te rindas ni claudiques. Es tiempo de ser firmes y esperar en el Señor. Dios, en quien pones tu confianza, es siempre fiel para contestar.

Decreto y declaro que soy firme y constante, abundando
siempre en la obra del Señor, sabiendo que mi trabajo no
es en vano. Todo cuanto impide mi avance debe dar paso
al poder y el propósito de Dios. Decreto y declaro que mi
avance está en camino, y voy a prevalecer en la oración
hasta que la respuesta brote, en el nombre de Jesús, amén.

Eres un embajador del Cielo

Como la gente lo escuchaba, pasó a contarles una parábola,
porque estaba cerca de Jerusalén y la gente pensaba que el
reino de Dios iba a manifestarse en cualquier momento.
—Lucas 19:11

El deseo del cielo es que el Reino de Dios sea restaurado sobre la tierra, pero los cielos necesitan representantes y embajadores en la tierra que les den derecho legítimo a intervenir y establecer jurisdicción. Es solo a través de nuestras apelaciones—nuestras oraciones—que el cielo adquiere el derecho a habitar la tierra. En otras palabras, la oración legaliza las intervenciones del cielo.

Decreto y declaro que el reino del mundo pasará a ser el
Reino de nuestro Señor y de su Mesías, y que Él reinará
por los siglos de los siglos. Padre, revélame tu voluntad en
oración y úsame para hacerla realidad en la tierra. Pon tu
palabra en mi boca para que mi discurso se alinee con tus
planes y propósitos. Empodérame hoy para representarte
bien en mis tratos y vivir fiel a tus principios. Que mi vida
refleje tu gloria y divinidad. En el nombre de Jesús, amén.

LUCHA POR ELLAS

Te he dado a elegir entre la vida y la muerte,
entre la bendición y la maldición. Elige, pues, la
vida, para que vivan tú y tus descendientes.
—DEUTERONOMIO 30:19

La tierra es el dominio de las decisiones. Es donde los seres humanos tienen derecho a escoger la vida o la muerte. Pero estas cosas no vienen solamente por elegirlas, también hay que luchar por ellas. Porque la tierra es también el lugar de las batallas y las guerras, la derrota y la victoria, la abundancia y la necesidad, el riesgo y la recompensa, y la prosperidad y la calamidad. Debemos darnos cuenta de que estar en la tierra significa que vivimos en el corazón de la zona de guerra entre el cielo y el infierno, el bien y el mal, la vida eterna y la muerte eterna. Es nuestro lugar de pruebas y luchas, pero también el único lugar donde podemos experimentar la victoria y ganar la recompensa, aunque no llegarán sin luchar.

En el nombre de Jesús, declaro que mi hombre espiritual
está vestido con la armadura de Dios y las armas de la luz.
Yo tengo la mente de Cristo; cada fortaleza de mi mente es
derribada y la inspiración y sabiduría divinas fluyen libre-
mente. Tomo cada territorio que me haya sido asignado.
Nada va a impedir los planes y propósitos de Dios para mi
vida. Padre, te alabo por haberme hecho más que vencedor
en el nombre de Jesús, amén.

RECIBE TUS INSTRUCCIONES

—Yo mismo iré contigo y te daré descanso—respondió el Señor.
—ÉXODO 33:14

Lees la Biblia para entender las leyes de Dios, la historia de su pueblo, y su naturaleza. Su revelación, sin embargo, proviene de su presencia, que experimentas principalmente a través de la oración. Es solo a través de la oración que recibes revelación de lo que es especial para ti como individuo. Es través de la oración que recibes las instrucciones y estratagemas específicas para luchar las batallas en la parte que te corresponde de la guerra total por la justicia en la tierra. Es a través de la oración que Dios te da una palabra fresca específica para tu situación actual y te revela dónde estás en su plan para tu vida.

Padre, tú te deleitas en los detalles. Has contado los cabellos de mi cabeza. Recoges cada una de mis lágrimas. Conoces cada una de mis preocupaciones antes de que yo te la traiga en oración. Tú tienes una estrategia específica para este día, y un plan claro para mi vida y mi futuro. Revélame tus instrucciones mientras espero en tu presencia. Dame una palabra fresca para este día, una estrategia única de los cielos, por la que pueda obtener todo lo que tienes para mí. En el nombre de Jesús, amén.

Eres un luchador de la resistencia

*Porque nuestra lucha no es contra sangre y
carne…Por tanto, tomad toda la armadura de
Dios, para que podáis resistir en el día malo…*
—Efesios 6:12–13, lbla

Dentro del sistema mundial, eres considerado un luchador de la resistencia. Tu misión es la de unirte a la fuerza de oración de la resistencia y devolver la tierra a su propietario y gobernante original. Has sido elegido para seguir a Cristo y restablecer el Reino de los cielos y luego expandir sus fronteras tanto como puedas. No es una tarea que puedas hacer por ti solo, sin embargo. Debes unirte a otros de la misma mente y la misma preciosa fe. Esta es una revolución que muy probablemente no será transmitida en el noticiero de la noche. Lo más probable es que no vayas a ganar mucha atención ni a recibir los elogios que corresponden a un héroe. Sin embargo, debes aceptar el reto de convertirte en un héroe de Dios. Dios no te forzará a hacerlo. Tú debes tomar una decisión.

Tomo mi lugar en la batalla y declaro que el Rey y su Reino han llegado. La luz de tu presencia y poder sobrepasará la oscuridad. Decreto y declaro que nada obstaculizará la voluntad de Dios en mi vida y en la tierra; que los planes y propósitos originales de Dios para mi vida, mi familia, y mi generación prevalecerán. En el nombre de Jesús, amén.

NOTAS

FEBRERO

1. ThinkExist.com, "Albert Einstein Quotes," (Citas de Albert Eionstein) http://thinkexist.com (consulta en línea 30 de agosto de 2013).

2. James Allen, *As a Man Thinketh* (Cosimo, Inc., 2005). (*Como un hombre piensa, así es su vida.* Editorial Obelisco, 2009).

3. ThinkExist.com, "Henry David Thoreau Quotes," http://thinkexist.com (consulta en línea 30 de agosto de 2013).

4. Tal como es citado por John Foppe en *What's Your Excuse?* (*¿Cuál es su excusa?*) (Thomas Nelson, 2002).

JULIO

1. Brother Lawrence, *The Practice of the Presence of God: The Best Rule of Holy Life* (Hendrickson Publishers, 2004), ix. (Hermano Lorenzo. La práctica de la presencia de Dios. Editorial Peniel. Buenos Aires, 2007).

CINDY TRIMM

CINDY TRIMM

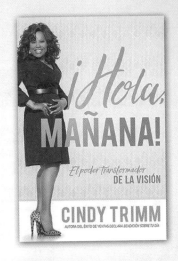

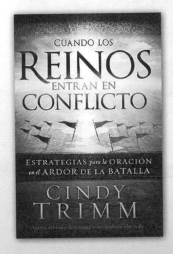

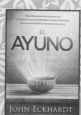

JOHN ECKHARDT

Te invitamos a que visites nuestra página web, donde podrás apreciar la pasión por la publicación de libros y Biblias:

www.casacreacion.com

Para vivir la Palabra